Metafísica do Belo

FUNDAÇÃO EDITORA DA UNESP

Presidente do Conselho Curador
Mário Sérgio Vasconcelos

Diretor-Presidente
Jézio Hernani Bomfim Gutierre

Superintendente Administrativo e Financeiro
William de Souza Agostinho

Conselho Editorial Acadêmico
Danilo Rothberg
Luis Fernando Ayerbe
Marcelo Takeshi Yamashita
Maria Cristina Pereira Lima
Milton Terumitsu Sogabe
Newton La Scala Júnior
Pedro Angelo Pagni
Renata Junqueira de Souza
Sandra Aparecida Ferreira
Valéria dos Santos Guimarães

Editores-Adjuntos
Anderson Nobara
Leandro Rodrigues

Arthur Schopenhauer

Metafísica do Belo

Tradução, Apresentação e Notas
Jair Barboza

© 2001 da tradução brasileira Editora UNESP

Título original em alemão: *Metaphysik des Schönen*

Direitos de publicação reservados à:
Fundação Editora da UNESP (FEU)
Praça da Sé, 108
01001-900 – São Paulo – SP
Tel.: (0xx11) 3242-7171
Fax: (0xx11) 3242-7172
www.editoraunesp.com.br
www.livrariaunesp.com.br
atendimento.editora@unesp.br

Dados Internacionais de Catalogação na Publicação (CIP)
(Câmara Brasileira do Livro, SP, Brasil)

Schopenhauer, Arthur, 1788-1860.
   Metafísica do belo / Schopenhauer, Arthur;
tradução, apresentação e notas Jair Barbosa. –
São Paulo: Editora UNESP, 2003.
   256 p.

   Título original: Metaphysik des Schönen
   Bibliografia.
   ISBN 85-7139-465-2

   1. Arte e ciência 2. Estética 3. Filosofia –
História 4. Filosofia alemã 5. Metafísica
I. Título.

03-2658   CDD-111.85

Índices para catálogo sistemático:

1. Belo: Metafísica: Filosofia   111.85
2. Estética: Metafísica: Filosofia   111.85

Editora afiliada:

Asociación de Editoriales Universitarias
de América Latina y el Caribe

Associação Brasileira de
Editoras Universitárias

Sumário

Apresentação
Estado Estético e Conhecimento   7

Capítulo 1
Sobre o Conceito de Metafísica do Belo   23

Capítulo 2
Sobre as Ideias   29

Capítulo 3
Sobre o Correlato Subjetivo da Ideia   41

Capítulo 4
Diferença entre Ideia e Fenômeno   51

Capítulo 5
Oposição entre Ciência e Arte   57

Capítulo 6
Do Gênio   61

Capítulo 7
Da Finalidade da Obra de Arte   83

Capítulo 8
Da Parte Subjetiva da Satisfação Estética   89

Capítulo 9
Da Impressão do Sublime   103

Capítulo 10
Da Parte Objetiva da Satisfação Estética ou da Beleza Objetiva   119

Capítulo 11
Arquitetura e Hidráulica   127

Capítulo 12
Jardinagem e Pintura de Paisagem   149

Capítulo 13
Pintura de Animais   155

Capítulo 14
Pintura Histórica, Escultura. Também sobre Beleza,
Caráter e Graça   159

Capítulo 15
Da Relação entre *Ideia* e *Conceito* e, em Conformidade com Isso,
Julgamento da *Alegoria*   175

Capítulo 16
Sobre a Arte Poética   193

Capítulo 17
Da Música   227

Índice remissivo   243

Apresentação

Estado Estético e Conhecimento

L.

tarde azul, anil
primaveril
novembro de dois mil

Mundo

A presente tradução da *Metafísica do belo*, de Schopenhauer, compreende o conjunto de preleções lidas pelo filósofo em 1820 na Universidade de Berlim. A elas se juntam as preleções intituladas *Teoria de toda a representação, pensamento e conhecimento*; *Metafísica da natureza*; e *Metafísica da ética*. Tem-se mediante tais textos um acesso dos mais claros e didáticos ao pensamento do filósofo de Frankfurt, que já primava em sua obra principal – *O mundo como vontade e como representação*, de 1818 –, e seguindo a tradição britânica (e contra a corrente estilística germânica de sua época), pela clareza expositiva. Em verdade, tais preleções correspondem em sua partição aos quatro livros que compõem sua obra magna, na qual o primeiro livro é dedicado à teoria do conhecimento, o segundo à metafísica da natureza, o terceiro justamente à metafísica do belo e o quarto à metafísica da ética. O leitor, desse modo, encontrará aqui muitas concepções e passagens que remetem diretamente ao terceiro livro de *O mundo...*

Princípio de Razão e Conhecimento

Na teoria do conhecimento do primeiro livro de *O mundo*..., Schopenhauer opera uma mudança no kantismo, ao deslocar o espaço e o tempo, que para a *Crítica da razão pura* são formas *a priori* da receptividade do conhecimento, ou sensibilidade, para o entendimento, que na mesma obra é definido como a espontaneidade do conhecimento, a comportar doze categorias de apreensão da realidade efetiva, as quais Schopenhauer reduz a uma só, a categoria de causalidade, as onze outras sendo descartadas como "janelas cegas". Se em Kant, pois, sensibilidade e entendimento estão separados quando da constituição do conhecimento – daí a célebre frase "Pensamentos sem conteúdo são vazios, intuições sem conceitos são cegas" (B 75) –, em *O mundo*..., diferentemente, o entendimento é sensibilizado, tendo já em si aquelas formas puras sob a denominação comum de *princípio de razão do devir*, a procurar para tudo um fundamento: nada é, sem uma razão pela qual é, reza o referido princípio em sua acepção geral. Este, pois, é correlato do entendimento, ou cérebro, que, a partir de dados fornecidos do exterior, intui os objetos, como que os fabrica em sua função de artesão do mundo externo, ao considerar os dados sensórios como um efeito, para daí localizar sua causa e situá-la no espaço como uma figura, um objeto empírico. A realidade efetiva é, pois, intelectual. Ela é um *fazer efeito, wirken*, do sujeito que conhece, podendo-se denominá-la mais apropriadamente *efetividade, Wirklichkeit*. É o aspecto crítico-idealista da filosofia de Schopenhauer, que considera o mundo em sua aparência como "representação submetida ao princípio de razão", dando ensejo à afirmação lapidar de abertura do primeiro livro de sua obra principal: "O mundo é minha representação": uma verdade que valeria em relação a qualquer ser que represente, embora apenas o homem possa trazê-la à clareza de consciência, sendo-lhe então claro que não há um Sol, uma Terra, mas um olho que vê o Sol, uma mão que toca a Terra. O mundo existe como entrançamento de uma rede de intuições

Metafísica do Belo 9

empíricas a partir do princípio de razão do devir: as coisas estão aí como "objeto em relação ao sujeito, intuição de quem intui, numa palavra, representação".[1] Trata-se de um ponto de vista que se deve não só a Kant, mas também a Berkeley e a seu "ser é ser percebido".

Assim, o primeiro livro de *O mundo*... atém-se àquilo que Kant denominara fenômeno, em oposição à coisa-em-si mesma, a qual permanece para ele um "X" desconhecido. Respeitam--se desse modo os limites, as condições de possibilidade da experiência, sem se falar sobre seu substrato. Porém, observa Schopenhauer, o que o move à investigação é uma "necessidade metafísica", própria da humanidade mesma, que o deixa insatisfeito com o mero fenômeno. Não lhe é suficiente saber que possui representações. Procura o núcleo delas, seu "X" desconhecido, furtivo ao intelecto com suas formas *a priori*. Há, desse modo, na teoria do conhecimento schopenhaueriana, o reconhecimento da impossibilidade da finitude de ter, no tempo – "forma arquetípica" do princípio de razão –, acesso à realidade primeira das coisas.

Essa insatisfação metafísica não é dirimida pelas ciências. Os estudos morfológicos, por um lado, limitam-se a meras figuras, descrevendo suas formas permanentes, em inúmeras figuras aparentadas, reunidas em mesmas famílias; no entanto, por aí, o interior das representações permanece um enigma, feito "hieróglifos indecifráveis". Por seu turno, os estudos etiológicos, servindo-se da lei de causa e efeito, limitam-se a apontar que um determinado estado da matéria causa um outro, a indicar a ordem regular com que os estados se seguem no espaço e no tempo, sem no entanto sair dessa horizontalidade. Tanto num quanto noutro procedimento, não se vai além da representação submetida ao princípio de razão. Sem dúvida, obtém-se instru-

---

1. SCHOPENHAUER. *Die Welt als Wille und Vorstellung* (abrev. W I). Zürich, Haffmans, 1988, p. 31.

ção acerca de diversos e variados fenômenos; contudo, permanece-se como os pretendentes de Penélope, que tentam e tentam, sem nunca conseguir possuí-la. A coisa-em-si como "X" desconhecido, a essência do mundo, furta-se ao conhecimento. O primeiro livro de *O mundo...* mostra que o cientista, caso pretendesse atingir o em-si com seus procedimentos, assemelhar-se-ia a alguém que tentasse alcançar a linha em que as nuvens tocam o horizonte. Mesmo a Matemática, com sua exatidão, ao trabalhar com o espaço e o tempo, fornece tão somente o quanto, a grandeza de seus elementos, restringindo-se por conseguinte àquilo que é relativo, ou seja, meramente à "comparação de uma representação com outra".

Em suma, as ciências não cruzam a fronteira da representação submetida ao princípio de razão; o íntimo do mundo lhes é inalcançável por conceitos. Schopenhauer nomeará então o limite da investigação científica de *força natural*, a qual, em sua natureza interior, se apresenta aos cientistas como a fronteira final de sua investigação, podendo por isso ser nomeada *qualitas occulta*, qualidade oculta.

Porém, quando termina a física, começa justamente a metafísica, metaefetividade. É a ocasião, pois, para o físico ceder lugar ao metafísico. E é nesse horizonte que se inicia o livro II de *O mundo...*, dedicado à metafísica da natureza.

A Natureza

O pensamento metafísico avança para além dos limites da física, para além daquilo que o kantismo chamou de condições de possibilidade da experiência. Tal avanço abre uma nova perspectiva. Se o princípio de razão não dá conta da essência das coisas, se em vão se procura por intermédio dele o substrato do mundo, cabe agora tentar um novo caminho, que, em verdade, desencadeará uma *revolução na história da filosofia*, visto que, pela primeira vez, com Schopenhauer, tem-se um sistema que confere

Metafísica do Belo

destaque à noção de *corpo* – e *sentimento* (*Gefühl*) – para daí, veremos, desembocar num princípio volitivo, sem-fundamento, irracional do mundo.

De fato, o sentimento desempenhará papel crucial no pensamento schopenhaueriano, enquanto o oposto do conceito. Por uma especial intelecção na subjetividade corpórea, constata-se que seu núcleo é vontade, desdobrada em variados movimentos ou emoções. O investigador não é uma "cabeça de anjo alada", mas possui uma interioridade, identificada com o próprio corpo que deseja e em atividade. Todo ato da vontade é ao mesmo tempo ação do corpo: ambos são uma única e mesma coisa, apenas "dados de duas maneiras completamente diferentes", uma vez de imediato, outra na intuição do entendimento.[2] Todo ato imediato da vontade é, num só lance, ação do corpo que aparece; por sua vez, toda ação sobre o corpo é, num só lance, ação sobre a vontade, chamando-se dor ou agrado. Schopenhauer introduz assim, em seu pensamento, a crucial noção de *objetidade* (*Objektität*) da vontade, a qual pode ser traduzida dizendo-se que o corpo é concreção do querer, ambos são unos ou, além de ser representação, o corpo é vontade.[3]

O mundo é minha representação, sim, mas ele também é *minha vontade*. Daí se chega à verdade filosófica *kat exoken*, *por excelência*, assentada "na relação que uma representação intuitiva, o corpo, tem com aquilo que de modo algum é representação, mas algo *toto genere* diferente dela: a vontade".[4]

Em si mesmo, como figura espacial, o corpo não escapa ao princípio de razão e sua lei de causalidade, logo, à serie horizontal dos acontecimentos efetivos no espaço e no tempo. A diferença é que, enquanto no reino inorgânico se tem a causalidade

---

2. W I 151.
3. W I 155.
4. W I 154.

em sentido estrito, e no reino vegetal a causalidade por excitação, entre os homens a causalidade assume a forma da motivação. Representações lutam em sua consciência, autêntico "campo de batalha", até que a mais forte determina a ação. Ora, se toda ação possui um motivo, portanto uma causa, então se abre um panorama privilegiado para o investigador. Este pode observar a causalidade de dentro. Quer dizer: conhece-se a identidade da causalidade em todos os níveis, ela mudando apenas de característica, não de índole, para, em seguida, conhecer-se a identidade dos outros corpos com meu interior, essencialmente volitivo; pois o corpo humano é apenas um entre tantos outros, não diferindo deles pela causalidade. Schopenhauer chega assim, com essa dupla identidade, a uma *conclusão analógica*, e diz que o íntimo do mundo, de todos os outros corpos também é Vontade. Esta, por ser em *gênero inteiro* diferente da representação submetida ao princípio de razão, possui predicados que escapam dele, isentando-a da determinação. Portanto, a Vontade é sem razão, *sem-fundamento* (*grundlos*). Disso resulta uma espécie de *ontologia negativa* na metafísica da natureza schopenhaueriana, pois, se o princípio de razão, enquanto princípio de individuação, atribui pluralidade e divisibilidade aos objetos, a Vontade, ao contrário, isenta dele, é una e indivisível; se ele atribui necessidade aos objetos, a Vontade, ao contrário, é livre; se ele atribui transitoriedade aos objetos, a Vontade, ao contrário, é indestrutível e atemporal. Por fim, se o princípio de razão, mediante motivos, atribui visão à ação do corpo humano, a Vontade, ao contrário, é *mero ímpeto cego* (*blosser blinderDrang*).

Com isso, a metafísica da natureza de Schopenhauer pretende decifrar o enigma do mundo, não pelo conhecimento racional – pois a razão foi despotenciada –, como o teriam feito seus antecessores idealistas, mas pelo corpo e pelo sentimento. Sua filosofia, em consequência, não vai além da experiência, rumo à celeste "Terra dos Cucos", mas procura enraizar-se no mundo pelo corpo, reivindicando o epíteto de metafísica imanente.

A Vontade cega, irracional, Em-si do cosmos, manifesta-se, torna-se visível, sai de sua cegueira gradativamente, como o mostram os diversos reinos naturais. Estados cada vez mais elevados denunciam a emergência do querer, desde a inconsciência da massa planetária até a consciência humana. Schopenhauer, tentando agora unificar Kant e Platão, conceberá que essa Vontade, ao sair de sua invisibilidade, o fará mediante as Ideias, arquétipos eternos das coisas. Elas são *atos originários da Vontade* (*ursprüngliche Willensakte*), isto é, suas objetivações, a darem-se numa série de "graus", ou espécies, desde o inorgânico até o orgânico mais elevado. "As Ideias de Platão, em verdade, são as formas imutáveis, imperecíveis, e que nunca devêm de todas as coisas que nascem, mudam e perecem. Mas justamente elas são nossos graus de objetivação da Vontade, vale dizer, todas as espécies determinadas dos reinos orgânico e inorgânico, as formas originárias e índoles que nunca mudam de todos os corpos naturais, também de todas as forças naturais que se manifestam segundo leis naturais..."[5] As Ideias, ao contrário dos fenômenos, sua pluralização, são *representações independentes do princípio de razão*. São a própria coisa-em-si, apenas na forma mais geral da representação, o ser-objeto para um sujeito, porém com os predicados da primeira, fornecidos pela ontologia negativa: atemporalidade, alheamento ao espaço e à causalidade, unidade. Esse mesmo sujeito é puro, e presente, indiviso, em cada ser cognoscente, podendo intuir os arquétipos ideacionais eternos em sua cristalinidade.

Em sua trajetória de objetivação, a Vontade, portanto, deixa um rastro de Ideias, as quais, ao pluralizar-se, precisam da matéria. Surge então uma disputa, uma luta sem término de todos os indivíduos por ela, com o fim de expressar suas Ideias. Na espécie humana, vale o que disse Hobbes: "O homem é o lobo do

---

5. SCHOPENHAUER. *Metafísica do belo*, cap. 2.

homem", em verdade reflexo da discórdia essencial da Vontade consigo mesma, advindo daí o sofrimento inseparável da existência. Com isso podemos compreender a frase à qual Schopenhauer costuma ser associado, *Alles Leben Leiden ist (toda vida é sofrimento)*. O que lança sua filosofia numa insatisfação, apesar da satisfação advinda da decifração do enigma do mundo como Vontade, ou seja, uma insatisfação ligada à constatação de que ao mundo inteiro o sofrimento é inerente, tradução exata da discórdia essencial do querer consigo mesmo. O estado existencial, assim, pode ser comparado a Ixion preso numa roda alada flamejante, que não cessa de girar.

Metafísica do Belo

Nesse contexto existencial do sofrimento, surge a função do belo como negação do querer. O belo é a forma privilegiada de conhecimento das Ideias, acarretando a quem o frui a neutralização do sofrimento, portanto um apaziguamento do querer. Trata-se do "estado estético", expressão indicativa da fruição do belo tanto na natureza quanto na arte. A metafísica do belo schopenhaueriana, como o próprio nome indica, é antes do belo, não da arte. O que o diferencia de uma certa tradição estética, encarnada sobretudo em Hegel, para quem, no começo de suas *Lições de estética*, a expressão para ciência do belo soa *"filosofia da arte"*, mais precisamente *"filosofia da bela arte"*. Pelo que o belo natural é rebaixado. Para Hegel, qualquer coisa *"formalmente* considerada, até mesmo uma ocorrência banal na cabeça de um homem, é *superior* a qualquer produto natural, pois em tais ocorrências a espiritualidade está sempre presente". O sol aparece sempre em sua necessidade; enquanto uma ocorrência banal, ruim, aparece como casual e passageiramente desaparece. No entanto, em si mesma, a existência do sol é indiferente, pois não é em si mesma livre, autoconsciente; e, se o considerarmos em sua conexão necessária com

Metafísica do Belo 15

as outras coisas, então o consideramos não para si, portanto como belo.[6]

Já para Schopenhauer o belo natural até antecede a obra do gênio, pois este antes intui na natureza o que depois comunicará aos outros. A arte para Schopenhauer será, assim, definida como "exposição de Ideias", ou *modo de consideração das coisas independente do princípio de razão*. Ela é conhecimento cristalino dos graus de objetivação da Vontade. Pela arte, o gênio, faculdade comum a todos em menor ou maior grau, intui "o essencial propriamente dito do mundo, o conteúdo verdadeiro de seus fenômenos, não submetido a nenhuma mudança e por conseguinte conhecido por todo o tempo com igual verdade, numa palavra, as Ideias..."[7] O gênio é a faculdade cognitiva do conteúdo dos objetos, dos fenômenos, tornando sua verdade exponível numa obra artística. Já o espectador, por também possuir seu grau de genialidade, poderá fruir essa exposição. Trata-se de um conhecimento que não pode ser *comunicado* por doutrinas ou conceitos, mas apenas por obras artísticas; muito menos pode ser apreendido abstratamente, mas só intuitivamente, sendo "o conhecimento mais profundo e verdadeiro da essência propriamente dita do mundo".[8] A verdade da *intuição estética*, dada ao puro sujeito do conhecimento destituído de Vontade e sofrimento, remete a arquétipos, dos quais os objetos da realidade fenomênica, submetidos ao princípio de razão, são turvados éctipos. Nesse sentido, ao interpretá-la, a metafísica do belo schopenhaueriana vai além da estética de Kant, para quem o juízo-de-gosto não diz respeito ao conhecimento de algo, mas é um "jogo" entre imaginação e entendimento, ocasionado pela mera representação de um objeto, a partir da qual, se o sentimento advindo do jogo for prazeroso,

---

6. HEGEL, G.W.F. "Vorlesungen über Ästhetik." In *Werke*. Frankfurt a.M., Suhrkamp, 1970, XIII, pp. 13-4.
7. W I 251.
8. SCHOPENHAUER. *Metafísica do belo*, cap. 1.

tem-se o juízo de beleza propriamente dito – o qual pretende validade universal. Só validade, pois, por não ser lógico, e sim estético, ele não determina coisa alguma, mas simplesmente reflexiona sobre algo, ou seja, trata-se de um mero *conhecimento em geral* (*Enkenntnis überhaupt*) ou *reflexão em geral* (*Reflexion überhaupt*), que não revela índole alguma da coisa apreciada. As ideias estéticas (em sentido kantiano), que dão muito que pensar, não conduzem a conhecimento algum. Contudo, deve-se dizer, Kant afirma que "talvez" o fundamento-de-determinação do juízo-de-gosto seja o "substrato suprassensível" do mundo e da humanidade.[9] Há, portanto, uma indicação do substrato último do mundo no belo, sem que, entretanto, o criticismo assuma sua positividade. Caberá a Schopenhauer dar um passo a mais e ver no belo a exposição da Ideia platônica, ato originário da Vontade como coisa-em-si, logo, do substrato imanente do mundo. O belo é doravante conhecimento positivo de uma realidade, a arte trazendo aquilo que a ciência não conseguia, ou seja, satisfação metafísica pela verdade intuída.

Mas há ainda o sublime, tema comum nos tempos de Kant e Schopenhauer, abordado sempre ao lado do belo. Tal tema foi importado de Edmund Burke, de seu *Uma investigação filosófica sobre a origem de nossas ideias do sublime e do belo*, de 1757, obra a reunir uma série de observações de cunho psicológico sobre ambas as experiências. Kant adaptará tais reflexões à filosofia crítica, dando-lhes um tratamento isento de psicologismos, isto é, transcendental. Para ele, o sentimento do sublime significa a saída da impotência, ocasionada em face de fenômenos naturais potentes, como tempestades, vulcões, mar revolto – caso em que se tem o *sublime dinâmico* – e ida para uma potência da razão, que fornece em ideia a totalidade procurada quando da contemplação de tais fenômenos; ou – caso do *sublime matemático* – a saída

---

9. KANT. *Kritik der Urteilskraft* (abrev. K.d.U.). Frankfurt a.M., Suhrkamp, 1990. A 233-4.

da pequenez em face de objetos que nos tornam diminutos, como na consideração de uma abóbada de catedral, e concomitante elevação à nossa destinação suprassensível. Sublime, por consequência, não é o objeto empírico considerado, mas nossa disposição mental elevada em face dele. Nos dois casos, tem-se um jogo entre imaginação e razão, em vez de entre imaginação e entendimento, como no belo, o objeto podendo ser informe, inadequado para a faculdade de juízo, enquanto no belo lhe é adequado. O que leva Kant a fazer uma transição entre belo e sublime. Ao final, o sublime conduzirá à ideia de infinito. Ou seja, também no fundamento do juízo estético de sublimidade Kant vê a presença do suprassensível, como o via no fundamento-de-determinação do juízo-de-gosto. Assim, pelo juízo estético, Kant se aproxima bastante do em-si, embora não o positive. Contudo, deixa em aberto um tipo especial de positividade, tornando a presença do substrato do mundo inquestionável para o "sentimento". Com o que se terá na sublimidade uma *exposição negativa* (*negative Darstellung*) do infinito.

Ora, a metafísica do belo schopenhaueriana foi atraída exatamente por esse caminho, indicado, porém não concluído por Kant. O percurso de Schopenhauer encontrará no sentimento a positividade correspondente a uma intuição imagética do Em--si. Para isso, haverá uma igualação entre sublime e belo, com o que se poderá intuir esteticamente o suprassensível. Seguindo Kant, a alternância entre potência e impotência na mente do contemplador quando do sublime será interpretada por Schopenhauer como uma "*relação hostil* contra a Vontade humana em geral tal qual ela se expõe em sua objetidade, o corpo humano". Tal hostilidade ocorre de duas maneiras: ou os objetos exibem uma potência que suprime qualquer resistência do indivíduo, tendo-se nesse caso o sublime dinâmico, ou os objetos reduzem o corpo a nada, tendo-se aí o sublime matemático. Porém, agora não haverá jogo entre imaginação e razão, mas, por assim dizer, entre a Vontade e o puro sujeito do conhecimento, correlato da Ideia, que contempla esta em meio aos perigos ameaçadores do corpo. O espectador perde de vista o perigo, desvia-se dele com consciência, contemplando tranquilamente a Ideia. O espectador se eleva sobre si, seu querer sendo ainda lembrado, não como particular, mas como universal, e a disposição daí advinda é a do sublime.

Desse modo, a metafísica do belo schopenhaueriana vai fazendo seu avanço em relação a Kant. A arte, exposição da Ideia intuída, é, sim, uma forma privilegiada de conhecimento. Ela arranca o objeto de suas relações e o torna um representante do todo, de sua espécie: "Ela retira o objeto de sua contemplação da torrente do curso do mundo e o isola diante de si; e esse particular, que era na torrente fugidia uma parte ínfima a desaparecer, torna-se um representante do todo, um equivalente do muito infinito no espaço e no tempo".[10] Quanto ao indivíduo, torna-se justamente o puro sujeito do conhecimento. Só que, ao fim, o filósofo desemboca numa negatividade estética, pois, se todo momento de contemplação do belo significa "supressão da individualidade", negação da Vontade, do Em-si das Ideias – instante em que nos tornamos o "único olho cósmico" –, paradoxalmente aquilo que é visto em sua máxima visibilidade já foi despojado de seu núcleo. O que contemplamos no carnaval das imagens é o abismo. Isso não impede, pelo fato de a vida ser sofrimento, proveniente da natureza do querer, que a contemplação do belo seja balsâmica, pois neutraliza exatamente a fonte do sofrimento, embora apenas por instantes, numa "hora de recreio".

Belo é o que agrada "sem nenhum interesse", já dizia Kant em uma de suas definições do juízo-de-gosto.[11] Schopenhauer assimila essa definição e diz que belo é aquilo que agrada sem nenhum motivo (interesse), isto é, nega a Vontade. Nesse sentido, podemos denominar o modo de consideração estético um *quietivo* do querer, a preceder seu próximo estádio de negação, o

---

10. SCHOPENHAUER. *Metafísica do belo*, cap. 5.
11. K.d.U. A 5.

ético, representado pela compaixão e pela ascese, temas do quarto livro de *O mundo*... Eis por que, pelo conceito de negação da Vontade, existe um parentesco entre estética e ética no pensamento de Schopenhauer.

Artes

O estado estético é instaurado por uma "ocasião externa" ou "disposição interna", e pode se repetir toda vez que fruímos o belo comunicado pela obra genial. Ora, como semelhante comunicação artística segue os graus da Vontade, há uma hierarquia das artes, reproduzindo a hierarquia das Ideias, como se verá nos capítulos finais (11 a 17) deste texto. Portanto, à arquitetura cabe apresentar em suas construções as Ideias mais baixas da Vontade, as qualidades da matéria (já que esta, em si mesma, não pode ser intuída, se considerada como mera causalidade, ou mesmo matéria exterior substancial, que em sua possível realidade última só pode ser pensada abstratamente), como as de coesão, rigidez, reação contra a luz, e sobretudo a luta da gravidade contra a rigidez. A arquitetura permite que a luz desenvolva plenamente sua natureza, uma vez que a massa volumosa, opaca do edifício, a interceptá-la, trava-a e a reflete, desdobrando assim sua natureza íntima. Depois da arquitetura, vêm a jardinagem e a pintura paisagística, que trabalham com as Ideias do reino vegetal. Em seguida, há a escultura e a pintura de animais, superadas pela escultura e pela pintura humanas. Por fim, no ápice da hierarquia, correspondendo à exposição da Ideia na qual a Vontade atinge sua objetivação mais elevada, o homem, encontra-se a poesia, que, devido aos seus conceitos, permite uma dinâmica narrativa de ações e semblantes superior às artes plásticas. Ora, caberá à tragédia ser o modelo exemplar de poesia, ao expor a Ideia de humanidade em seu lado mais cru, terrível, ou seja, o da Vontade autodiscordante que crava os dentes na própria carne. Em supremo grau, a tragédia é sublime, pois nela se verifica a mesma duplicidade de consciência desse sentimento, só que agora identificável na elevação do herói perante o destino, quando o espectador reconhece que ele próprio é semelhante ao protagonista, pertencendo a uma mesma humanidade, porém conseguindo elevar-se diante do perigo, contemplando-o, negando a Vontade nesse instante, esquecendo todos os motivos e relações que o objeto possa ter com o querer.

Fechando a hierarquia das artes, e à diferença da tradição estética, Schopenhauer vê na música a mais excelsa de todas elas, pois conhecemos aí "não a cópia, repetição de alguma Ideia das coisas do mundo", mas a "linguagem universal" da coisa-em-si. A música reproduz todos os graus de objetivação da Vontade, constituindo-se num análogo do mundo, o baixo fazendo as vezes do inorgânico, da massa planetária, sobre a qual se assentam os demais sons e vozes, correspondentes às organizações orgânicas. Nesse sentido, música e Ideias vão paralelas, de modo que "uma explicitação perfeitamente correta e completa, em detalhes, da música, portanto a expressão em conceitos do que ela exprime em tons", seria "uma explicitação e repetição suficiente em conceitos do mundo mesmo, portanto a verdadeira filosofia".[12]

A hierarquia das artes funciona como um espelho da Vontade, onde ela se autoconhece.

Deve-se aqui observar que na *Metafísica do belo* há várias repetições. Em primeiro lugar, por se tratar de aulas; em segundo, pelo fato de, por essa repetição, o estilo aproximar-se da música. Foi Thomas Mann quem comparou a obra magna de Schopenhauer a uma sinfonia em quatro movimentos: "... Schopenhauer é bastante musical. Diversas vezes me referi à sua obra principal como uma sinfonia em quatro movimentos; e no terceiro, dedi-

---

12. SCHOPENHAUER. *Metafísica do belo*, cap. 17.

cado ao 'objeto da arte', ele festejou a música como nenhum pensador antes o fizera..."[13]

Como esse "objeto da arte" é tratado exatamente nessas preleções calcadas no terceiro livro de *O mundo...*, que o leitor ouça a música.

Jair Barboza
Curitiba, junho de 2001

---

13. MANN, T. "Schopenhauer." In *Adel des Geistes*. Frankfurt, Fischer, 1967, p. 321.

Capítulo 1

Sobre o Conceito de Metafísica do Belo

Com um nome universalmente compreensível, metafísica do belo significa, propriamente dizendo, a doutrina da representação na medida em que esta não segue o princípio de razão, é independente dele, ou seja, a doutrina da apreensão das *Ideias*, que são justamente o objeto da arte.[14]

---

14. O princípio de razão, na filosofia de Schopenhauer, é uma função do entendimento, baseada nas *formas a priori* do conhecimento: o espaço, o tempo e a causalidade. Por meio destas conhecemos os objetos do mundo apenas em sua condição de fenômenos, não como eles são em si mesmos. Trata-se, nesse caso, da representação submetida ao princípio de razão, véu de Maia da existência, que nos impede o conhecimento cristalino das coisas. Diferente dessa forma de conhecimento, há a representação *independente* do princípio de razão, justamente a Ideia platônica, arquétipo imorredouro, eterno das coisas fenomênicas, às quais se tem acesso por contemplação estética. A metafísica do belo, pois, se ocupará com o conteúdo arquetípico e imorredouro das coisas transitórias. (N. T.)

O que exporei aqui não é *estética*, mas metafísica do belo; por conseguinte, peço que não se espere regras de técnica das artes isoladas. Aqui, tampouco quanto na lógica ou na ética, não se direciona a consideração para fins práticos na forma da instrução para o agir ou o exercício. Ao contrário, nós filosofamos em toda parte, isto é, procedemos de modo puramente teórico. A estética relaciona-se com a metafísica do belo como a física se relaciona com a metafísica da natureza. A estética ensina o caminho pelo qual o efeito do belo é atingido, dá regras às artes, segundo as quais elas devem criar o belo. A metafísica do belo, entretanto, investiga a essência íntima da beleza, tanto no que diz respeito ao sujeito que possui a sensação do belo quanto ao objeto que a ocasiona. Em consequência, investigaremos aqui o que é o belo em si, vale dizer, o que ocorre em nós quando o belo nos emociona e alegra. Ademais, como produzir o belo é o efeito que as artes intentam, investigaremos qual é a meta comum de todas as artes, seu objetivo universal, e, por fim, também como cada arte isolada, por um caminho que lhe é próprio, chega a esse fim.

Toda essa consideração do belo, entretanto, não a desenvolvemos a esmo, *ex nunc*, porque nos ocorre que também há um belo e artes; ao contrário, essa consideração é uma parte necessária do todo da filosofia, é um membro intermédio entre a metafísica da natureza e a metafísica da ética, que se seguirá a esta;[15]

---

15. Referência do autor tanto às preleções sobre a metafísica da natureza, que antecederam essas preleções sobre a metafísica do belo, quanto às preleções sobre a metafísica da ética, que se seguirá a esta última. O pensamento de Schopenhauer, na verdade, quando se tem em mente sua obra principal, *O mundo como vontade e como representação*, concentra-se, como adiantamos na apresentação, em quatro temas, nessa ordem: a teoria do conhecimento, a metafísica da natureza, a metafísica do belo e a metafísica da ética, ordem também seguida em suas preleções. Mas, como o próprio filósofo diz, o centro de seu pensamento é sempre alcançado, não importando a entrada. Schopenhauer sempre teve a preocupação de, independentemente do momento de sua reflexão, reapresentar ao leitor a trama dos principais conceitos de sua filosofia. (N. T.)

à primeira iluminará muito mais claramente, e preparará bastante o caminho para a segunda. Consideramos o belo como um conhecimento em nós, um modo todo especial de conhecer, e nos perguntamos que esclarecimentos esse modo de conhecer nos fornece acerca do todo de nossa concepção de mundo.

De fato, a fruição do belo é manifestamente bastante diferente de todos os outros prazeres, e, por assim dizer, apenas metafórica ou figuradamente pode-se nomear prazer.

Todos os outros prazeres, não importa em que se baseiem, têm em comum o fato de serem satisfações da vontade do indivíduo, portanto, estão em relação direta com ela; por conseguinte, pode-se também pensá-los mediante o conceito de *agradável*. Este, em sentido estrito, vale apenas onde os sentidos – o corpo – participam *imediatamente* do prazer. Onde o prazer reside mais na *antevisão* dos prazeres imediatos, pensamo-lo mediante o conceito de *útil*, como quando nos alegramos acerca de dádivas da grande fortuna, riqueza herdada, perigo que desaparece, vitória sobre os inimigos, novos relacionamentos, dos quais se espera vantagem, vantagem em geral etc. Em todos esses casos, no entanto, a alegria se origina, em última instância, do fato de a vontade vir a ser satisfeita.

É manifesto, contudo, que a alegria com o *belo* é de gênero inteiramente diferente. Ela se baseia sempre no mero *conhecimento*, exclusivo e puro, sem que os objetos do conhecimento tenham alguma relação com nossos fins pessoais, isto é, com nossa *vontade*; portanto, sem que nossa satisfação esteja vinculada ao *interesse* pessoal. Por conseguinte, a alegria com o belo é completamente *desinteressada*. Por isso também ocorre que, aqui, tudo o que é individual cessa de sê-lo e o belo é objetivamente belo, isto é, para todos. Já o agradável ou o útil é de natureza subjetiva, isto é, individual-subjetiva. A um é *agradável* esta refeição, cor, som, pessoa do sexo oposto; a outrem, aquela outra; e isso não se discute. *Chaq´un a son goût* (cada um com seu gosto). Do mesmo modo, a um isto é útil, a outrem, aquela outra coisa. Os fins são individual-subjetivos. O que a um traz grande proveito, a outrem traz grande dano. Mas, visto que a alegria com o belo é uma coisa do mero *conhecimento* enquanto tal, segue-se que o belo, como todo conhecimento, é algo *objetivo*, algo que subsiste não em referência ao *indivíduo*, mas em referência ao *sujeito* em geral, portanto para o *conhecimento* enquanto tal, sendo indiferente a qual indivíduo pertença esse conhecimento. Justamente porque o belo é algo objetivo, vale dizer, existe para o sujeito em geral, é coisa do conhecimento enquanto tal e em todos, embora não segundo o grau, mas segundo a forma, é sempre o mesmo, segue-se que exigimos que aquilo a ser conhecido por nós como belo também o seja conhecido por qualquer um, ou lhe negamos a receptividade para o belo em geral, como uma capacidade de conhecimento: recusamos-lhe em certo grau o ser-sujeito em geral, isto é, o conhecimento em geral. Aqui não concedemos que a um isto, a outrem aquilo seja *agradável* ou *útil*, porque isso é coisa da individualidade, ou seja, do querer individual. Mas o belo não é objetivo no sentido de que – como toda qualidade conhecida empiricamente – possa ser inegável e imediatamente demonstrado aos sentidos e ao entendimento. Ele é, sem dúvida, objetivo, mas apenas sob a pressuposição de um certo modo ou grau específico de conhecimento no sujeito, como ficará claro a seguir.

Em todo caso, portanto, a alegria com o belo é uma coisa do mero *conhecimento*. Por isso nós a consideraremos exatamente como conhecimento e perguntaremos o que é, propriamente dizendo, o que conhecemos, quando a consideração de algum objeto, por aquele modo de conhecimento, nos alegra e cativa, de maneira a nomearmos o objeto belo; e também o que ocorre em nós nessa situação.

E, visto que ao fim se chegará ao resultado de que o modo de conhecimento estético, ou o conhecimento que não pode ser comunicado mediante doutrinas e conceitos, mas apenas por obras de arte, e não pode ser concebido *in abstracto*, mas apenas intuitivamente, é o conhecimento mais profundo e verdadeiro da essência propriamente dita do mundo – então, para tornar isso filosoficamente claro, temos de dar um passo mais adiante e investigar de maneira bastante fundamental o conhecimento estético, ou o belo em geral, antes de chegar à consideração das artes isoladas; e para poder realizar isso terei antes de desenvolver muitas considerações, que até estão em conexão com o que antes foi exposto,[16] mas cujo fim, em relação à investigação seguinte sobre o belo, não é muito claro, até que a metafísica do belo esteja concluída. Eu me permito, portanto, por um tempo não muito longo, seguir algumas considerações, cuja ligação entre si não se pode de antemão ter em mira, tampouco a meta comum a que elas conduzem. Essas considerações são justamente a propedêutica para a posterior discussão fundamental daquele conhecimento cuja apreensão é o belo, cuja comunicação é o fim da arte. Uma vez que a capacidade preponderante para essa forma de conhecimento é o gênio, também investigaremos em detalhe a essência do gênio, sobretudo porque semelhante investigação lança a luz mais clara sobre a concepção estética em geral. E, por causa dessa pesquisa sobre o gênio, a discussão a respeito da loucura encontrará precisamente aqui seu inesperado e paradoxal lugar, devido a uma semelhança conhecida em todos os tempos entre a individualidade genial e a loucura.

---

16. Cf. nota 2.

Capítulo 2

Sobre as Ideias

Consideramos primeiro o mundo como mera representação, objeto do sujeito. Em seguida, complementamos essa consideração mediante o conhecimento do outro lado do mundo, que encontramos na *Vontade*. Esta se mostrou como aquilo que o mundo ainda é além de representação, ou seja, como a coisa-em-si.[17] Em conformidade com isso, nomeamos o mundo visto como representação, tanto no todo quanto em suas partes, *objetidade (Objektität) da Vontade*. Por fim, a objetivação da Vontade, isto é, sua entrada em cena na objetidade, tinha muitos graus, embora de-

---

17. Aqui a referência é à teoria da representação, segundo a qual todo objeto pressupõe um sujeito que o representa. Onde termina o sujeito começa o objeto e vice-versa; cada um desses termos só tem sentido em relação ao outro. No caso dos fenômenos da efetividade, tem-se apenas a aparência dos objetos, não eles em si mesmos. Trata-se do véu de Maia da existência. Para ver através deste, faz-se necessário intuir esteticamente a coisa-em-si do mundo, que Schopenhauer identifica na vontade. Cf. também nota 1. (N. T.)

terminados, pelos quais a essência da Vontade aparece gradualmente na representação com crescente nitidez, ou seja, expõe-se como objeto. Lembro que esses graus são exatamente as Ideias de Platão. Estas, em verdade, são as formas imutáveis, imperecíveis e que nunca devêm de todas as coisas que nascem, mudam e perecem. Exatamente elas são os nossos graus de objetivação da Vontade, ou seja, todas as espécies determinadas dos reinos orgânico e inorgânico, as formas originárias e índoles imutáveis de todos os corpos naturais, também de todas as forças naturais que se manifestam segundo leis naturais. O que nos ocupará nesta parte são, propriamente dizendo, tais Ideias.

Todas as Ideias se expõem em inúmeros indivíduos e fenômenos isolados. Elas estão para estes como modelos para suas cópias. A pluralidade de tais indivíduos se origina unicamente através do *principium individuationis*, princípio de individuação. Tempo e espaço; o nascer e o perecer deles só é representável mediante a causalidade. Tempo, espaço e causalidade, por sua vez, são figuras do princípio de razão. Esse é justamente o princípio último de toda finitude e individuação. Contudo, ele também é a forma universal da representação, tal qual esta se dá ao conhecimento do indivíduo. A *Ideia*, ao contrário, não se submete a esse princípio. Por conseguinte, não cabe a ela pluralidade nem mudança. Enquanto os indivíduos, nos quais a Ideia se expõe, são inumeráveis e de maneira irrefreável devêm e perecem, ela permanece imutável, única, a mesma, e o princípio de razão não tem sentido algum para ela. Por outro lado, entretanto, sabemos que o princípio de razão é a expressão universal de todas as formas das quais depende o conhecimento do sujeito, na medida em que este é indivíduo. Portanto, a Ideia enquanto tal reside completamente fora da esfera de conhecimento do indivíduo, e não é objeto da experiência. Caso, entretanto, a Ideia deva de alguma maneira tornar-se conhecimento, e ser conhecida pelo sujeito, então isso só pode ocorrer graças à *supressão da individualidade* no sujeito que conhece. A Ideia também não se exporia no encadeamento da experiência.

O conhecimento da Ideia é, a bem dizer, todo o tema de nossa terceira parte.[18]

As doutrinas de Platão e Kant comparadas

Em virtude do que foi dito, tenho então de primeiro desenvolver uma explicitação da *Ideia platônica*, e, justamente para clarear a famosa e obscura doutrina de Platão, quero mostrar como a filosofia kantiana é propriamente o melhor comentário dela.

Platão e Kant foram os dois maiores filósofos do Ocidente. Na filosofia de cada um se encontra um grande e importante paradoxo. Em Kant, a coisa-em-si, em Platão, a Ideia. Kant, infelizmente, introduziu e expôs sua coisa-em-si de maneira falsa, de modo que ela se tornou a pedra de escândalo e o lado completamente fraco de sua filosofia, contra a qual o ceticismo desferiu de imediato ataques vitoriosos. Nós, entretanto, por um caminho completamente diferente do seu, reconhecemos a coisa-em-si como o que é independente de toda representação, a *Vontade*, na indicada ampliação e determinação desse conceito.[19]

---

18. Ou seja, desta metafísica do belo, terceira parte de uma série de preleções que seguem à teoria do conhecimento, primeira parte, e à metafísica da natureza, segunda parte, todas correspondendo à explicitação dos três primeiros livros da obra principal de Schopenhauer, *O mundo como vontade e como representação*, que finda com a metafísica da ética. (N. T.)

19. Schopenhauer refere-se à *conclusão analógica*. Esta reza que todos os corpos estão submetidos à lei de causalidade, inclusive o corpo humano. Ora, se assim o é, e como a causalidade humana, os motivos, não se diferenciam em natureza da causalidade em sentido estrito, como ela impera por exemplo numa pedra, então podemos, a partir de nosso próprio corpo, conhecer a causalidade de dentro. O resultado, no limite da subjetividade, é atingirmos a noção de vontade. A partir daí, *por conclusão analógica*, estende-se a vontade a todos os outros corpos, pois a causalidade deles não difere essencialmente da minha. O seu íntimo não difere do meu íntimo. O mundo, portanto, em última instância, é não só representação, mas também Vontade. (N. T.)

As *Ideias de Platão* foram desde sempre reconhecidas como o mais obscuro e paradoxal de seus dogmas e se tornaram séculos afora, até os dias de hoje, objeto de reflexão, contenda, escárnio, veneração de muitas e variadas cabeças bem informadas.

Passagens principais:[20]

Philebus, pp. 216-19; 305-312 [14e-16d; 57c-62c].
De Republica: vol. VII, pp. 57-67, 114-136, 152-167, 284-89 [475e-480a, 506a-519b, 526d-534c, 595b-598c].
Parmenid: pp. 80-90 [130e-135c].
Timaeos: pp. 301-302, 341-349 [27c-28c, 48e-52d].
Epist. 7ª: pp. 129-136 [340d-344d].
Sophista: pp. 259-275 [245e-254a].
Phaedo: pp. 148-152, 168-175, 178-182, 188-191, 226-238 [65b-67b, 74a-77a, 78b-80b, 82d-83e, 99d-105b].
Politicus: pp. 63-64 [285a-286a].
Cratylus: pp. 345-47 [439c-440d].
Phaedrus: pp. 322, 323 [247a-247e].
Theatet: p. 143 [186a-186c].
Sympos: pp. 237-249 [206b-212a].

Cicero: Orator: c2.
Plutarch: physicor. Decreta I, c. 10.
Galenus, hist. Philosophieae c6.
Alcioni Isagoge in Platonis dogmata c. 9.
Aristoteles: Metaph. I, 6.
Stobaeus, ed. Heeren [1801]: pp. 212, 712, 714, 724.
Plotin: Enneadas V, 5.

Bruckeri hist. Doctrinae de Ideis [Augsburg 1723].

---

20. Segundo a edição bipontina de 1781-1784. (N. T.)

A doutrina das Ideias de Platão conduz ao resultado de que todas as coisas individuais, efêmeras, objetos da experiência, não possuem nenhum ser verdadeiro, mas sim um devir e perecer contínuos; por conseguinte, tanto são quanto não são. Por isso, é impossível o conhecimento verdadeiro delas, pois este só pode sê-lo daquilo que é imutável. Delas apenas é possível uma presunção ou opinião. Elas são o αει γιγνομενον μεν, και απολλυμενον, οντως δε ουδεποτε ον, aquilo que sempre nasce e perece, mas nunca é verdadeiramente (Platão, *Timeu*, 27d). Porém, o que verdadeiramente é, οντος ον, sem nunca ter vindo a ser, nunca perecendo το ον μεν αει, γενεσιν δε ουκ εχον, aquilo que é eternamente, não tendo nenhum nascimento (Platão, *Timeu*, 27d), que é sempre o mesmo, as imagens arquetípicas de todas as coisas finitas, as formas permanentes das mesmas, os modelos dos quais elas são as cópias imperfeitas – só dessas formas há conhecimento autêntico e verdadeiro, porque elas não são hoje assim, e amanhã de outro modo, mas permanecem sempre as mesmas. Tais formas são ιδεα, ειδος, figura, intuitibilidade. A palavra ιδεα foi usada pela primeira vez por Platão na filosofia e talvez em geral.

Depois do que expus na segunda parte,[21] ter-se-á compreendido que essas Ideias platônicas são justamente *os graus determinados da objetivação daquela Vontade que constitui o em-si do mundo*. Agora devemos reconhecer como Platão e Kant concordam plenamente no principal. O essencial de suas cosmovisões é o mesmo, pois suas duas paradoxais e obscuras doutrinas principais coincidem no todo e são o melhor comentário uma da outra. A grande e extraordinária diferença entre as individualidades de Kant e Platão fez com que eles, da maneira mais diversa, dissessem o mesmo; eles, por assim dizer, via caminhos opostos, chegaram ao mesmo fim.

Conhecemos a Vontade como a *coisa-em-si*; a *Ideia*, entretanto, como a objetidade imediata (isto é, que ainda não entrou no

---

21. Cf. nota 15.

tempo e no espaço) da Vontade num determinado grau. Portanto, ambas não são a mesma coisa, porém intimamente aparentadas: divergem apenas mediante *uma* determinação, a citar: a Ideia é a Vontade assim que esta se tornou objeto, contudo ainda não entrou no espaço, no tempo e na causalidade. Espaço, tempo e causalidade não concernem à Ideia, tampouco à Vontade. Mas à Ideia já concerne o ser-objeto, à Vontade não. A bem dizer, a doutrina de Platão das Ideias e seu ser eterno, isto é, inatingível pelo devir e pelo perecer, é idêntica à doutrina da idealidade do espaço, tempo e causalidade de Kant. Isso devemos perceber nitidamente agora. Quero deixar uma vez Kant e Platão falarem, cada qual à sua maneira, e cada um dirá a mesma coisa, porém de modo inteiramente diverso.

A doutrina de Kant é, no essencial, a seguinte: "Espaço, tempo e causalidade não são determinações da coisa-em-si, mas pertencem somente ao seu fenômeno, pois eles não passam de meras formas do nosso conhecimento. Ora, como toda pluralidade, nascer e perecer só são possíveis por meio do tempo, espaço e causalidade; segue-se daí que aqueles cabem exclusivamente ao fenômeno, de modo algum à coisa-em-si. Todavia, como nosso conhecimento é condicionado por aquelas formas, a experiência inteira é apenas conhecimento do fenômeno, não da coisa-em-si; por conseguinte, suas leis não podem se tornar válidas para a coisa-em-si. Mesmo ao nosso próprio eu se aplica o que foi dito, e nós o conhecemos somente como fenômeno, não segundo o que possa ser sem si". Esse é, no aspecto importante considerado, o sentido e conteúdo da doutrina de Kant.

Platão, por sua vez, diz algo assim: "As coisas deste mundo, que nossos sentidos percebem, não possuem nenhum ser verdadeiro: *elas sempre vêm-a-ser, mas nunca são*. Têm apenas um ser relativo; todas juntas somente o são em e através de sua relação uma para com a outra. Pode-se, por conseguinte, igualmente nomear seu inteiro ser-aí também não-ser. Em consequência, elas também não são objeto de uma experiência propriamente dita, επιστημη, pois tal experiência só pode haver daquilo que é em e para si, sempre da mesma maneira. As coisas deste mundo, ao contrário, são apenas objeto de uma opinião ocasionada pela sensação, δοξα μετ' αισθησεως αλογου, assunção baseada em percepção não provada conceitualmente (Platão, *Timeu*, 28a). Enquanto nos limitamos à sua percepção, assemelhamo-nos a homens que estariam sentados presos numa caverna escura, tão bem atados que não poderiam girar a cabeça, de modo que nada veriam a não ser as sombras projetadas na parede à sua frente de coisas reais que seriam carregadas entre eles e um fogo ardente atrás deles; sim, cada um veria inclusive aos outros e a si mesmo apenas como sombra na parede à frente. Sua sabedoria, então, consistiria em predizer aquela sucessão de sombras, apreendida da experiência. Ao contrário, só as imagens arquetípicas reais daquelas sombras, as Ideias eternas, formas arquetípicas de todas as coisas, é que podem ser ditas verdadeiras, οντως ον, pois elas *sempre são, entretanto nunca vêm-a-ser nem perecem*. A elas não convém *pluralidade alguma*, pois todas, conforme sua essência, são *unas*, na medida em que cada uma delas é a imagem arquetípica, cujas cópias ou sombras são todas as coisas isoladas e efêmeras da mesma espécie e de igual nome. A elas também não convém *nascer e perecer algum*, nem mudança; pois são verdadeiramente, nunca vindo-a-ser nem sucumbindo como suas cópias que desvanecem (nessas duas determinações negativas, entretanto, está necessariamente contido como pressuposto que tempo, espaço e causalidade não possuem significação alguma nem validade para as Ideias; elas não existem neles). Apenas delas, por conseguinte, há um conhecimento propriamente dito, pois o objeto de tal conhecimento só pode ser o que sempre é e em qualquer consideração, portanto o que é em si mesmo e imutável, não o que é, mas depois também não é, dependendo de como se o vê". Eis a doutrina de Platão.

Vê-se nitidamente que o sentido íntimo das duas doutrinas é exatamente o mesmo. Ambas declaram o mundo visível, o mundo da experiência, um mero fenômeno, que em si é nulo, e possui significação e realidade emprestada apenas mediante o que *nele se expressa*. Este que nele se expressa é, portanto, o oposto do fenômeno: para Kant, a coisa-em-si; para Platão, a Ideia. Apenas a estas conferem ambos o ser verdadeiro, recusam-lhes por completo, todavia, todas as formas do fenômeno, inclusive a mais simples e universal. A diferença da exposição reside em que Kant a realiza de maneira direta, enquanto Platão, de maneira indireta. De fato, Kant, para negar essas formas, concebeu-as imediatamente em expressões abstratas, isentando a coisa-em-si de tempo, espaço e causalidade, como sendo meras formas do fenômeno; em relação à coisa-em-si, elas não possuem significação alguma, não são nada. Platão não chegou até essa expressão superior, e só indiretamente pôde isentar as Ideias (o oposto do fenômeno) daquelas formas, a saber, ele o faz na medida em que nega às Ideias o que é possível somente mediante aquelas formas, ou seja, a pluralidade do que é homogêneo, o nascer e perecer, a mudança.

Para que isso fique completamente claro e corrente, quero explicitá-lo com um *exemplo*. Pensemos num cavalo diante de nós. Então perguntemos: o que é isso? Platão diria: "Esse animal não possui nenhuma existência verdadeira, mas apenas uma aparente, um constante vir-a-ser, uma existência relativa, que tanto se pode chamar de não-ser quanto de ser. Verdadeiramente é apenas a Ideia, que se estampa naquele cavalo, ou cavalo em si mesmo (αυτος ὁ ἱππος), que não depende de nada, mas é em e para si (καθ' ἑαυτο, αει ὡς αυτως), nunca veio-a-ser, nunca se extinguindo, mas sempre da mesma maneira (αει ον, και μηδεποτε ουτε γιγνομενον, ουτε απολλυμενον). Enquanto reconhecemos nesse cavalo sua Ideia, é por completo indiferente e sem importância se temos aqui e agora diante de nós *esse* cavalo ou seu ancestral que viveu há milhares de anos; também é indiferente se ele se encontra aqui ou num lugar distante, se ele se oferece desta ou daquela maneira, nesta ou naquela posição, ação, ou se, finalmente, ele é esse ou algum outro cavalo. Todas essas coisas são nulas, e tais diferenças significam algo apenas em relação ao fenômeno. Unicamente a Ideia do cavalo possui ser verdadeiro e é objeto do conhecimento real". Assim diz Platão. Agora deixemos Kant falar.

"Esse cavalo é um fenômeno no tempo, no espaço e na causalidade, que, por sua vez, são as condições *a priori* completas da experiência possível, presentes em nossa faculdade de conhecimento, não determinações da coisa-em-si.[22] Por consequência, esse cavalo, tal qual o percebemos neste determinado tempo, neste dado lugar, como vindo-a-ser no encadeamento da experiência – isto é, na cadeia de causas e efeitos, e em virtude disso necessariamente indivíduo que perece –, não é coisa-em-si, mas um fenômeno válido apenas em relação ao nosso conhecimento. Para saber o que ele pode ser em si, por conseguinte independente de todas as determinações encontradas no tempo, no espaço e na causalidade, seria preciso outro modo de conhecimento além daquele que unicamente nos é possível pelos sentidos e pelo entendimento."

Espero que se compreenda a plena identidade de visão e sentido em meio à diferença da expressão. Mas não pensem que alguém antes já tenha visto isso. A opinião geral dos sábios do século XIX é que Platão e Kant são os filósofos mais divergentes. De fato, tais sábios se prenderam, como de hábito o fazem, às palavras; eles encontraram em Kant as expressões: "representações *a priori*; formas da intuição e do pensamento que se encontram em nós independentemente da experiência; conceitos originários do entendimento puro". Em Platão encontraram o

---

22. Na verdade, Kant, na *Crítica da razão pura*, diz que espaço e tempo são formas puras *a priori* da sensibilidade, pela qual os objetos nos são dados. Esta é, pois, a receptividade do conhecimento. A ela se acrescenta a espontaneidade do conhecimento, o entendimento, com doze categorias radicadas nele originariamente, dentre as quais a causalidade. Daí, para o conhecimento de um objeto, ser necessário o somatório de intuições e conceitos. Intuições sem conceitos são cegas, e conceitos sem intuições são vazios. Quer dizer, Schopenhauer reduz as doze categorias de Kant à de causalidade, e, à diferença dele, aloca-a junto com o espaço e o tempo no entendimento, para constituírem o chamado princípio de razão. Nessa interpretação, por conseguinte, Schopenhauer já adaptou Kant a sua própria filosofia antes de mais uma vez adaptá-lo a seu Platão. (N. T.)

discurso sobre as Ideias, as quais são conceitos originários, que devem ser recordações de uma intuição, anterior à vida, das coisas verdadeiras. Então eles se perguntaram se as Ideias de Platão e as formas *a priori* de Kant não seriam a mesma coisa. Portanto, essas duas doutrinas no todo heterogêneas – a kantiana das formas, que limitam o conhecimento do indivíduo ao fenômeno, e a platônica das Ideias, cujo conhecimento justamente aquelas formas negam expressamente –, essas duas doutrinas, nesse sentido tão diametralmente opostas, foram, por se assemelharem um pouco em suas expressões, atentamente comparadas. Falou--se e discutiu-se se elas seriam ou não equivalentes. Por fim, de maneira feliz, chegou-se à conclusão de que elas não são a mesma coisa e inferiu-se que a doutrina das Ideias de Platão e a crítica da razão de Kant não teriam concordância alguma. Exatamente porque se permaneceu preso às palavras, não se penetrou no conteúdo e no sentido das doutrinas dos dois grandes mestres, não se entregou a eles de maneira fiel e séria, seguindo sua cadeia de pensamentos. Caso se tivesse feito isso, caso se tivesse alguma vez entendido propriamente Kant, e a partir do conceito de fenômeno kantiano o de Platão, então se teria de perceber, sem sombra de dúvida, como os dois grandes sábios concordam, como o espírito, o alvo de ambas as doutrinas, é o mesmo.[23]

---

23. A distinção entre o "espírito" (*Geist*) e a "letra" (*Buchstabe*) era famosa no idealismo alemão, quando o próprio Kant a usa para afirmar que entendeu a noção de Ideia platônica melhor do que o próprio filósofo grego. Em seguida Fichte dirá que compreendeu o espírito da doutrina kantiana da *unidade sintética a priori da apercepção*, o "eu penso" que deve acompanhar minhas representações, melhor que Kant mesmo, encontrando aí a descrição clara da natureza da autoconsciência pura, na qual o eu absoluto se determina a si mesmo: trata-se da atividade da chamada "intuição intelectual". A distinção passa por Schelling e vai parar em Schopenhauer, que agora pensa compreender melhor a doutrina da Ideia de Platão, bem como da coisa-em-si de Kant, saindo da letra delas e indo até seu espírito, o que não teriam feito os filósofos do século XIX. Entre nós, Rubens Rodrigues Torres Filho intitulará sua interpretação de Fichte com um livro já clássico, que indica no título exatamente essa diferença célebre: *O espírito e a letra,* São Paulo, Ática, 1975. (N. T.)

Porém, em vez disso, girou-se em torno da expressão de Kant por cerca de vinte anos, para então se fazer uma consideração; e do estilo de Platão fizeram-se paródias sofríveis, como por exemplo *Bruno*.[24] Em vez de se comparar Kant com Platão, comparou-se-o com Leibniz e Jacobi!

Embora, de acordo com o que foi exposto, Kant e Platão tenham uma concordância íntima tanto em suas cosmovisões como no fim que paira diante deles, que os incentivaram e conduziram ao filosofar, a *Ideia* de Platão e a *coisa-em-si* de Kant, opostas ao fenômeno, não são absolutamente uma única e mesma coisa. A *Ideia* é já a *objetidade* da Vontade, porém *imediata*, e, por conseguinte, adequada; a *coisa-em-si*, entretanto, é a Vontade mesma, na medida em que ainda não se objetivou, não se tornou representação. Pois a coisa-em-si, segundo Kant, deve ser livre de todas as formas vinculadas ao conhecer enquanto tal. Entre tais formas, ele teria antes de tudo de incluir a do ser-objeto para um sujeito, pois exatamente esta é a forma mais universal de todo fenômeno, isto é, de toda representação. Por conseguinte, ele deveria ter recusado expressamente à sua coisa-em-si o ser-objeto, e assim evitaria ter incorrido nas grandes inconsequências e no erro que desde o princípio enfraquecem bastante o crédito de sua filosofia.[25] Portanto, a Ideia já é objeto; a coisa-em-si, por seu turno, não é objeto. A Ideia, ao contrário, é necessariamente objeto, algo conhecido, uma representação: essa determinação é a única mediante a qual as duas se diferenciam. A Ideia apenas se despiu das formas subordinadas do fenômeno, todas expressas pelo princípio de razão; ou, para dizer de maneira mais correta: ela ainda não entrou nessas formas. Porém, a forma primei-

---

24. Schopenhauer refere-se ao diálogo de Schelling: *Bruno ou sobre o princípio divino e natural das coisas*, Berlim, 1802. (N. T.)

25. Provavelmente Schopenhauer está pensado no fato de Kant ter afirmado que a coisa-em-si afeta causalmente a sensibilidade, o que não poderia ser possível, já que a categoria de causalidade só se aplica aos fenômenos, aos objetos empíricos, dos quais não faz parte a coisa-em-si. (N. T.)

ra e mais universal ela conservou, a da representação em geral, a do ser-objeto para um sujeito. Essas formas subordinadas (princípio de razão) são as que pluralizam a Ideia em indivíduos isolados e efêmeros, cujo número, em relação à Ideia, é completamente indiferente. O princípio de razão é, portanto, de novo a forma na qual a Ideia entra, na medida em que ela se dá ao conhecimento do indivíduo. A coisa isolada é, assim, apenas uma objetivação *mediata* da coisa-em-si, isto é, da Vontade; entre as duas se encontra a Ideia: unicamente esta, pois, é a objetidade imediata da Vontade, tendo em vista que aquela não assumiu nenhuma outra forma do conhecer enquanto tal senão a da representação em geral, isto é, a do ser-objeto para um sujeito. Ela unicamente é a *objetidade* a mais *adequada* possível da Vontade, ou coisa-em-si, é a coisa-em-si mesma, apenas sob a forma da representação; por isso Platão e Kant concordam bastante, embora aquilo do que cada um fala, tomado em sentido estrito, não seja o mesmo.

As coisas isoladas, entretanto, não são mais a objetidade adequada da Vontade, mas esta já se encontra aqui turvada por aquelas formas – cuja expressão comum é o princípio de razão – e que, no entanto, são as condições do conhecimento, como este é possível ao indivíduo enquanto tal. Suponhamos que nós *não* fôssemos indivíduos, isto é, que nossa intuição não fosse intermediada por um corpo, de cujas afecções ela parte, corpo esse que nele mesmo é somente o querer concreto, objetidade da Vontade, que se expõe como objeto entre objetos, e só o pode sob a forma do princípio de razão, pelo que ele pressupõe e importa o tempo e todas as outras formas do referido princípio; suponhamos que o corpo não existisse: então conheceríamos não pelo *medium* do espaço, tempo e mudança, conheceríamos, portanto, não mais coisas isoladas, nem incidentes, nem mudança, nem pluralidade, mas conceberíamos, em puro e límpido conhecimento, tão somente as Ideias, graus de objetivação daquela Vontade una, única coisa-em-si; nosso mundo seria um *Nunc stans*, presente contínuo. Com o que teríamos um conhecimento inteiramente adequado da objetivação da Vontade.

Capítulo 3

Sobre o Correlato Subjetivo da Ideia

Visto que, como indivíduos, não temos nenhum outro conhecimento senão o submetido ao princípio de razão, que, por sua vez, exclui o conhecimento das Ideias, então é certo: quando nos elevamos do conhecimento das coisas isoladas para o conhecimento das Ideias, isso só pode ocorrer mediante uma *mudança prévia no sujeito*, que, correspondendo àquela grande mudança na natureza inteira do objeto, é-lhe análoga, e devido à qual o sujeito, na medida em que conhece a Ideia, não é mais indivíduo. Queremos agora ver se, e como, isso pode ocorrer.

Conhecimento submetido ao princípio de razão

É de se lembrar como o conhecimento, nele mesmo, pertence à objetivação da Vontade em seu grau mais elevado,[26] tendo aí surgido como meio (μηχανη) para a obtenção de seus fins complexos, já que o movimento por excitação não era mais suficiente; assim, tinha de entrar em cena o movimento por motivos.[27] Ora, como qualquer outra manifestação da Vontade, o conhecimento se objetiva por órgãos corporais: nervos, cérebro. Consequentemente, o conhecimento, segundo sua origem e natureza, está de fato a serviço da Vontade. E como o objeto imediato[28] – que pelo uso da lei de causalidade é o ponto de partida de toda intuição – é apenas a Vontade objetivada, também qualquer conhecimento que segue o princípio de razão permanece sempre numa relação mais próxima ou distante da Vontade. Pois o indivíduo encontra seu corpo como objeto entre objetos, com os quais mantém as mesmas e variadas relações e referências conforme o princípio de razão, cuja consideração, portanto, sempre conduz de volta, por um caminho mais curto ou mais longo, ao seu corpo, por conseguinte à sua vontade. Visto que é o princípio de razão que põe os objetos nessa relação com o corpo, logo com a vontade, então o conhecimento que serve à Vontade sempre estará empenhado em conhecer as relações dos objetos postas justamente pelo princípio de razão: ele seguirá as relações diferentes dos

---

26. Referência à sua metafísica da natureza, correspondente ao segundo livro de *O mundo como vontade e como representação*, em que o autor indica como a Vontade se expõe, mediante Ideias, concebidas como espécies biológicas, numa série de fenômenos, desde o inorgânico até o orgânico superior. Coube aos animais e aos homens o conhecimento como mecanismo de sobrevivência, em meio às complexidades que envolvem seu corpo em interação com o meio ambiente. O conhecimento auxilia na conservação do indivíduo e na propagação da espécie. Cf. *op. cit.*, cap. 27. (N. T.)

27. Para Schopenhauer, sublinhe-se, há três variações da causalidade: a causa-efeito no sentido estrito do termo, tal qual ocorre no reino inorgânico, a excitação, como ocorre entre os vegetais, e os motivos, como ocorre entre os animais. (N. T.)

28 . Isto é, o corpo. (N. T.)

objetos no espaço, no tempo e na causalidade. Somente mediante essas relações o objeto é *interessante* para o indivíduo, isto é, possui uma relação com sua vontade. Por isso o conhecimento dos objetos que servem à vontade conhece, propriamente dizendo, apenas suas *relações*: conhece os objetos apenas na medida em que eles existem neste tempo, neste lugar, sob estas circunstâncias, a partir destas causas, sob estes efeitos, numa palavra, como coisas isoladas: caso se suprimissem todas essas relações, os objetos desapareceriam para o conhecimento, justamente porque nada mais se reconheceria neles. Sim, o que as ciências consideram nas coisas é, do mesmo modo, no essencial, nada mais do que o mencionado, ou seja, relações, indicações de espaço e de tempo, causas de mudanças naturais, comparação de figuras, motivos dos acontecimentos, portanto simples e puras relações. O que diferencia as ciências do conhecimento comum é meramente sua forma, seu caráter sistemático, a facilitação do conhecimento pela apreensão do particular no universal, por via da subordinação a conceitos, e a por aí alcançada completude do conhecer. Toda relação, no entanto, possui apenas uma existência relativa: por exemplo, todo ser no tempo é também um não-ser, pois o tempo é precisamente aquele mediante o qual podem caber às mesmas coisas determinações contrárias. Por consequência, cada fenômeno no tempo também não o é, pois o que separa seu começo do seu fim é simplesmente tempo, algo essencialmente desvanecedor, que não perdura, relativo, aqui denominado duração. O tempo é, contudo, a forma essencial de todos os objetos do conhecimento a serviço da Vontade: a forma arquetípica de todas as outras formas desse conhecimento. Por conseguinte, o conhecimento que segue o princípio de razão vê tão somente relações. Todo conhecimento a serviço da Vontade, entretanto, segue o princípio de razão. Todo conhecimento que o indivíduo, enquanto indivíduo, possui está a serviço da Vontade, pois ele pertence justamente apenas à sua objetivação em graus mais elevados.

Assim como o conhecimento surgiu para o serviço da Vontade, como que brotou dela – como a cabeça do tronco –, ele também, via de regra, sempre permanece submetido a ela. Nos animais, esse servilismo do conhecimento nunca se suprime. Entre os homens, tal supressão entra em cena somente como exceção (como mais à frente o mostraremos). Essa diferença entre homem e animal é expressa exteriormente mediante a diversidade da relação entre cabeça e tronco. Entre os animais de espécies situadas mais abaixo, a cabeça e o tronco ainda são completamente indiferenciados: em todos a cabeça está direcionada para a terra, onde se encontram os objetos da Vontade. Mesmo entre os animais de espécie mais elevada, a cabeça e o tronco ainda estão bem mais unidos do que no homem. Neste, o crânio parece encaixado de maneira livre no corpo, como que carregado por ele, sem o servir. Esse mérito humano se faz visível no mais alto grau no Apolo de Belvedere. O crânio do deus das musas, mirando para além no horizonte, encontra-se tão livre sobre os ombros, que parece completamente destacado do corpo, sem mais submeter-se aos seus cuidados. Assim, por natureza e originariamente, o conhecimento existe para o serviço da Vontade, e permanece numa relação constante com a vontade do indivíduo.

Apenas se o conhecimento, enquanto tal, deve aparecer de modo perfeitamente puro e límpido, isto é, puramente objetivo, e tem de ser por inteiro adequado àquilo que é conhecido; por outros termos, se precisamente a Ideia deve ser apreendida – é que a vontade do indivíduo tem de ser acalmada por completo. Ora, apesar de o conhecimento ter surgido originariamente da Vontade, ter brotado desta e se enraizado em seu fenômeno, o corpo, ainda assim ele é constantemente turvado e tornado impuro por este, como a chama que, em sua clareza, é tornada impura mediante a madeira mesma da qual retira seu alimento e existência. Se devemos conceber a essência íntima de alguma coisa, a Ideia que nela se expressa, não podemos ter o mínimo interesse por essa coisa, isto é, ela não pode ter relação alguma com nossa vontade.[29]

Puro sujeito do conhecer

Como foi dito, é possível uma *transição* do conhecimento comum, que concebe somente coisas isoladas, para o conhecimento da *Ideia*. Mas isso é uma exceção. Semelhante transição ocorre subitamente. O conhecimento se liberta da servidão da Vontade: justamente por aí o sujeito de tal conhecimento cessa de ser indivíduo, cessa de conhecer meras relações em conformidade com o princípio de razão, cessa de conhecer nas coisas só os motivos de sua vontade, tornando-se *puro sujeito do conhecimento destituído de Vontade*: como tal, ele concebe em fixa contemplação o objeto que lhe é oferecido, exterior à conexão com outros objetos, ele repousa nessa contemplação, absorve-se nela. O que exige uma ocupação detida, que a princípio lhe é estranha. Trata-se da intuição estética das coisas.

Pode ocorrer (por condições que residem no sujeito e no objeto) que, elevados pela força do espírito, nós deixemos de lado o modo comum de consideração das coisas, cessemos de seguir suas relações (que têm, em última instância, sempre uma referência com a vontade própria) pelo fio condutor do princípio de razão; então consideraremos não mais o onde, o quando, o por quê, o para quê das coisas, mas única e ex-

---

29. Aqui Schopenhauer usa a definição kantiana de belo da *Crítica da Faculdade de Juízo*, que definia o gosto, ou seja, o poder de emitir uma proposição sobre a beleza, nos seguintes termos: *"Gosto* é a faculdade de julgamento de um objeto ou de um modo de representação mediante uma satisfação, ou insatisfação, *sem nenhum interesse*. O objeto de tal satisfação se chama *belo".* (Cf. A 17.) (N. T.)

clusivamente seu *quê* (ou seja, a Ideia). Também não é permitido que o pensamento abstrato – os conceitos da razão – tome conta da consciência, mas, em vez disso, toda a potência do espírito é devotada à intuição, afundando-nos completamente nesta: a consciência inteira é preenchida com a calma contemplação do objeto natural que acabou de se apresentar, seja uma paisagem, árvore, penhasco, construção etc. É uma maneira germânica de falar plena de sentido a de que nos *perdemos* por completo num objeto, ou seja, perdemos de vista justamente o próprio indivíduo, a própria vontade: a disposição se torna *puramente objetiva*: toda a consciência é ainda apenas o espelho claro do objeto oferecido, é o *medium* pelo qual este entra em cena no mundo como representação. Sabemos de *nós mesmos* apenas na medida em que sabemos do objeto: ainda permanecemos aí tão somente como *puro sujeito do conhecer*. Ainda sabemos, por um instante, que algo aqui é intuído, mas não sabemos mais *quem* intui: toda a consciência é integralmente preenchida e tomada por uma única imagem intuitiva.

Se, portanto, em tal concepção, o objeto aparece isento de toda relação com algo exterior a ele, e o sujeito isento de toda relação com uma vontade individual, então o que é conhecido não é mais a coisa isolada, mas *a Ideia*, a forma eterna, a objetidade imediata da Vontade nesse grau; e justamente por aí, ao mesmo tempo, quem concebe nessa intuição não é mais o indivíduo (pois este se perdeu na intuição), mas o atemporal e *puro* sujeito do conhecimento destituído de Vontade e de sofrimento – essa é precisamente a concepção estética. No que tange a esse modo de conhecimento, Espinosa escreveu: "*Mens aeterna est, quatenus res sub aeternitatis specie concipit*" (o espírito é eterno, na medida em que concebe as coisas do ponto de vista da eternidade). Ele descreve essa forma na *Ética* B. II, *prop. 40*, *schol.* 2; bem como B. V, *prop. 25* até *38*; em especial na *prop. 29*, *schol.*; *prop. 36, schol.*; *prop. 38, demonstr. et schol.* Em tal consideração, de um só golpe a coisa isolada torna-se a Ideia de sua espécie, e o indivíduo que assim intui se transforma no *puro sujeito do conhecer*.[30]

O indivíduo enquanto tal conhece apenas coisas isoladas; o puro sujeito do conhecer conhece somente Ideias.

Pois o indivíduo é o sujeito do conhecer em sua relação com um fenômeno determinado, isolado da Vontade, a pessoa, e a serviço desta. Tal fenômeno isolado da Vontade está, enquanto tal, submetido ao princípio de razão: todo conhecimento que se relaciona com a pessoa segue, por conseguinte, o princípio de razão; e para utilidade da Vontade nenhum outro conhecimento é de maior serventia do que justamente o conhecimento que segue esse princípio e que sempre tem por objeto somente relações. O indivíduo que conhece, enquanto tal, e a coisa isolada conhecida por ele estão sempre em algum lugar, num dado momento, e são elos na cadeia de causas e efeitos. Ao contrário, o puro sujeito do conhecimento e seu correlato, a Ideia, estão ex-

---

30. O puro conhecer mediante o qual a Ideia é sempre concebida é, em referência ao sujeito, um estar-livre do querer, e, em referência ao objeto, um estar-livre do princípio de razão em todas as suas figuras. Enquanto o conhecimento segue o fio condutor do princípio de razão, ele não é contemplação alguma, e a Ideia permanece excluída dele. Isso pode ser elucidado pelas quatro figuras do princípio de razão: 1) Nenhuma contemplação é possível enquanto os objetos da razão, os conceitos, ocupam a consciência; aí se tem pensamento abstrato, sempre impelido pelo princípio de razão do conhecimento, que sempre renova o *devido ao que*. 2) Durante o tempo em que o entendimento segue a lei de causalidade e procura as causas do objeto considerado, ele não contempla; o *por que* não lhe dá repouso. 3) O sujeito do querer, como indicado, tem de ser posto de lado por completo, portanto toda *motivação*. 4) O objeto contemplado tem de ser apartado da torrente fugidia do mundo, seu onde e quando, em conformidade com o princípio de razão do ser, devem ser esquecidos: quem contempla tem de esquecer a própria pessoa, sem saber quem intui, portanto também sem estar consciente do momento em que tanto ele quanto o objeto intuído encontram-se em comunhão; apenas assim sua intuição se torna livre da última e mais fixa das figuras do princípio de razão, o tempo.

(A natureza-morta festeja, propriamente dizendo, o fenômeno da *apercepção* (*Apperception*), que é tão importante, sim, redentor do mundo, e aí se detém.) (N. A.)

cluídos de todas aquelas formas do princípio de razão. O tempo, o lugar, o indivíduo que conhece e o indivíduo que é conhecido não têm nenhuma significação para ele.

Só quando, de acordo com a maneira descrita, um indivíduo que conhece se eleva a puro sujeito do conhecer, e precisamente por aí um objeto considerado se eleva à Ideia de sua espécie, é que aparece por inteiro, puramente, o *mundo como representação*; ocorre a *objetivação perfeita da Vontade*. A Ideia compreende em si sujeito e objeto de maneira igual; pois estes são sua única forma (as formas subordinadas das coisas isoladas são descartadas); na Ideia, sujeito e objeto mantêm equilíbrio pleno: o objeto (como sempre) não é nada senão representação do sujeito; e o sujeito, na medida em que se abandona por inteiro no objeto intuído, tornou-se esse objeto mesmo, a consciência inteira nada mais é senão sua imagem nítida, é apenas o *medium* para entrada em cena do objeto no mundo da representação.

Imagine-se toda a série dos graus de objetidade da Vontade sendo percorrida por uma semelhante consciência contemplativa – então isso seria propriamente o mundo inteiro da representação.

Pois as coisas isoladas de todos os tempos e espaços são somente as Ideias multiplicadas pelo princípio de razão e, justamente por esse motivo, turvadas em sua pura objetidade.

Tal apreensão das Ideias, segundo sua série, é o autoconhecimento propriamente dito da Vontade universal. Pois o indivíduo que serve a essa contemplação como objeto e o indivíduo que serve a ela como sujeito são, tirante o mundo como representação, em si mesmos a Vontade, cuja objetidade é justamente o mundo. Ora, como eles se tornam uma coisa só na contemplação, convergindo na consciência da Ideia, assim tornada presente, eles são também, em si mesmos, uma coisa só – a Vontade.

Quando a Ideia aparece, nela não se diferenciam mais sujeito e objeto: pois só quando estes se compenetram mútua e perfeitamente é que a Ideia surge como a objetidade perfeitamente adequada da Vontade neste grau. Tal Ideia é uma parte do mundo como representação propriamente dito. Ora, como sujeito e

Metafísica do Belo

objeto se tornaram unos na Ideia, também o indivíduo que serve a esse conhecimento como sujeito, aquele que intui, e o indivíduo que serve a ele como objeto, a coisa intuída, são em si unos e não são diferentes como coisa-em-si; pois, se abstrairmos por completo o *mundo como representação*, nada mais restará senão o *mundo como Vontade*. O em-si, que se objetiva perfeitamente na Ideia, é essa Vontade. Vontade que é o em-si tanto das coisas isoladas quanto do indivíduo que nestas conhece a Ideia. Exterior a toda representação e a todas as suas formas nada existe senão precisamente a Vontade, que é o em-si tanto do objeto contemplado quanto do indivíduo que considera, o qual, encantando-se nessa contemplação, está ainda consciente de si apenas como puro sujeito do conhecer. Essa Vontade, portanto, é a que se conhece aqui; e para tanto precisa do sujeito e do objeto, que só existem um em relação ao outro. Eu, aquele que considera, também não sou, sem objeto, representação, um sujeito, mas mera Vontade, ímpeto cego; e precisamente por isso a coisa conhecida, sem mim como sujeito, também não é objeto, mas mera Vontade, ímpeto cego. Essa Vontade, no entanto, é a mesma nos dois. A diversidade dos indivíduos se dá somente no mundo da representação e devido à sua forma. Dentre esses indivíduos, um conhece aqui como sujeito e o outro é conhecido como objeto. Se suprimirmos o conhecimento, isto é, se suprimirmos o mundo como representação, em geral nada permanecerá senão a mera Vontade, ímpeto cego. Se essa Vontade se deve conhecer, isto é, alcançar objetidade, esta põe de um só golpe tanto o objeto quanto o sujeito. Se essa objetidade, por sua vez, deve ser inteiramente pura, perfeita, adequada à essência propriamente dita da Vontade, reproduzindo essa inteira essência como representação, então esse grau de objetivação põe de um só golpe o objeto como Ideia, livre de todas as formas do princípio de razão, e o sujeito como puro sujeito do conhecimento, livre da individualidade e do servilismo da Vontade.

Capítulo 4

Diferença entre Ideia e Fenômeno

Para adquirirmos uma intelecção mais profunda da essência do mundo, é absolutamente necessário que aprendamos a diferenciar a Vontade como coisa-em-si das Ideias, ou seja, das gradações determinadas de sua objetidade adequada; em seguida, temos de diferenciar novamente as Ideias de seus meros fenômenos, cuja forma é o princípio de razão, maneira limitada de conhecimento dos indivíduos. Só as Ideias são a objetidade adequada da Vontade, por conseguinte só elas possuem realidade propriamente dita. Apenas quando chegamos a esse ponto é que aprendemos a reconhecer onde reside o essencial, alheio à multiplicidade dos fenômenos de todo tipo; só assim não nos deteremos, como a maioria tola, no fenômeno, tomando este como essencial. Por fim, nos convenceremos do que Platão queria dizer, ao atribuir ser verdadeiro somente às Ideias, enquanto, ao contrário, às coisas no espaço e no tempo – esse mundo real para o indivíduo – concedia só uma existência aparente e onírica. Temos de adquirir um conhecimento vivo de como, em inúmeros fenômenos, o essencial que neles se manifesta é apenas *uma Ideia*, a qual se oferece de modo descontínuo, um lado após o outro, aos indivíduos que conhecem. Porém, o todo dessa Ideia tem de ser apreendido, caso desejemos conhecer a essência das coisas. Quero procurar a diferença entre a Ideia e seu fenômeno, sim, também tornar clara a diferença entre a Ideia e a maneira como ela se dá à observação do indivíduo, e isso através de exemplos que decerto devem parecer estranhos àquele que não apreende o que eles significam.

Quando as nuvens se atraem, as figuras que formam não lhe são essenciais, são-lhe indiferentes. Todavia, que elas sejam condensadas como vapor elástico, impulsionadas, estendidas, rompidas pelo movimento do vento, eis aí sua natureza, a essência das forças que nela se objetivam, eis aí sua Ideia. As figuras casuais existem apenas para o observador individual. Quando um regato escorre para baixo sobre as pedras, as ondas, o redemoinho, as formações espumosas que ele deixa ver são indiferentes e inessenciais para seu ser; mas que obedeça à gravidade e se comporte como fluido, inelástico, movente, sem forma, transparente, eis aí sua essência, eis aí, *se conhecida intuitivamente*, a *Ideia*; apenas enquanto conhecemos como indivíduos é que existem aquelas formações. O gelo se congela no vidro da janela conforme as leis de cristalização que manifestam a essência da força natural que aqui aparece, expondo a Ideia; porém, as árvores e as flores que o gelo aí forma são inessenciais e existem apenas para o conhecimento do indivíduo. De cada espécie de árvore veem-se múltiplas figuras, cada indivíduo cresceu de modo diferente; mas a figura é inessencial, apenas o caráter da espécie é essencial e exprime a Ideia. Da mesma maneira, cada cavalo parece bem diferente do outro, mas essa diversidade concerne apenas ao fenômeno, não à Ideia.

O que aparece nas nuvens, no regato e no cristal é o eco mais fraco daquela Vontade, que entra em cena mais completa na planta, mais completa ainda no animal e perfeitamente completa no homem.

Visão do curso do mundo

Somente o *essencial* dos graus de objetivação da Vontade constitui a *Ideia*. O desdobramento desta, ao contrário, na medida em que ela é espraiada nas figuras do princípio de razão, em variados e múltiplos fenômenos, é-lhe inessencial e reside somente no modo de conhecimento do indivíduo, tendo também realidade apenas para este. O mesmo vale para a Ideia, que é a manifestação mais completa da Vontade. Por conseguinte, a história do gênero humano, a profusão dos eventos, a mudança das eras, as formas multifacetadas da vida humana em diversos países e séculos, tudo isso é tão somente a forma casual do fenômeno da Ideia, não pertence a esta – unicamente na qual reside a objetidade adequada da Vontade –, mas só ao fenômeno que se dá ao conhecimento do indivíduo, sendo tão alheio, inessencial e indiferente à Ideia mesma quanto as figuras formadas o são em relação às nuvens, as figuras de redemoinho e as formações espumosas em relação ao regato, ou as árvores e as flores em relação ao gelo cristalizado. Para quem bem apreendeu isso e sabe distinguir a Ideia do seu fenômeno, os eventos do mundo terão sentido somente na medida em que são as letras a partir das quais se pode ler a Ideia de homem. E assim se examinará a história e o curso do mundo. Não mais se acreditará, como a maioria das pessoas, que o tempo cria algo efetivamente novo e significativo; que, através do tempo, ou nele, algo absolutamente real alcança a existência, ou que o tempo e seu conteúdo, a história universal enquanto um todo, tenham princípio e fim, plano e desenvolvimento, cujo objetivo último seria a perfeição suprema do gênero humano, no qual, então, apenas a última geração, que vive trinta anos, tomaria parte e para a qual todas as outras foram o meio. Para quem sabe distinguir o essencial do fenômeno, ou seja, distinguir o que está nele se manifestando do que nele se manifesta de forma casual, parecerão bastante pueris e menores os mitos dos deuses e demônios que tomavam para si o cuidado de governar os eventos do gênero humano.

Nas figuras variadas da vida humana, em diversos tempos e países, na mudança incessante dos eventos, o permanente e essencial, bem como a impressão imediata da realidade propriamente dita, é somente a Ideia, a Ideia de homem, na qual a Vontade de vida alcança sua objetidade mais perfeita e mostra seus diversos lados nas qualidades, paixões, falhas e méritos do gênero humano, na vanglória, no ódio, no amor, no temor, na coragem, na frivolidade, na obtusidade, na argúcia, no engenho, no gênio etc. Tudo isso concorre e se cristaliza em milhares de figuras, isto é, indivíduos, cujas ações produzem continuamente as histórias local e universal, sendo aqui indiferente se o que os põe em movimento são nozes ou coroas. Sim, quem sabe separar a essência em si, e a Ideia do seu fenômeno, perceberá que no mundo tudo ocorre como nos dramas de Gozzi, nos quais entram em cena sempre as mesmas pessoas, com igual intenção e igual destino. Os motivos e acontecimentos são obviamente, em cada peça, diferentes, mas o espírito dos acontecimentos é o mesmo. As pessoas de uma peça não sabem o que se passa em outra, na qual elas próprias, não obstante, atuaram. Por isso, depois de todas as experiências das peças anteriores, Pantaleão não se torna mais ágil ou generoso, nem Tartaglia mais escrupuloso, nem Brighella mais corajoso ou Colombina mais modesta.

Caso pensemos no jogo do acaso e reflitamos como este joga de maneira descuidada e impiedosa tanto com o que a terra pode mostrar de mais importante e primoroso quanto com o que há de pior e insignificante; se calcularmos como com frequência os indivíduos mais primorosos, ilustradores do mundo e heróis podem ser destruídos antes do tempo de sua eficácia pelo acaso cego; como grandes eventos que mudariam a história universal, a exemplo de períodos da grande cultura, idades florescentes, belos desdobramentos do gênero humano como em Atenas, foram frequentemente obstados e suprimidos por acasos insignificantes, por imprevistos cegos que uma criança evita; se, por fim, imaginarmos o quanto indivíduos grandiosos e raros poderiam ter existido, dotados de forças esplêndidas, para frutificar toda uma era, indivíduos esses que, todavia, sucumbiram num tempo ou num país onde não podiam prosperar ou até mesmo, impingidos por alguma necessidade ou ludibriados por um erro ou paixão, não chegaram a exercer sua formação e eficácia, mas suas forças exauriram-se sem utilidade em objetos infrutíferos e indignos, ou perderam-se em jogos – esse pensamento, enchendo-nos de ânsia, poderia nos fazer tremer ou irromper em lamentos sobre os tesouros perdidos de eras inteiras; mas isso tão somente se nos situarmos num ponto de vista inferior e nos prendermos ao fenômeno. Se, entretanto, em oposição ao mesmo, apreendeu-se a Ideia, a única que exprime a realidade verdadeira, então reconhecemos que no mundo do fenômeno é tão pouco possível uma perda quanto um ganho verdadeiro. Reconhecemos que a fonte da qual fluem para o fenômeno os indivíduos e suas forças é inesgotável e infinita como tempo e espaço; pois, assim como estas são apenas a forma do fenômeno, todos os indivíduos são também apenas o fenômeno, a visibilidade da Vontade. Essa fonte infinita não pode ser esgotada por nenhum expediente finito; por isso, para cada evento, para cada obra que foi abortada em gérmen, ainda permanece aberta a infinitude contínua do retorno.[31] Somente a Vontade é a coisa-em-si, só ela é a fonte de todos os fenômenos. Seu autoconhecimento e, daí, a decisão pela afirmação ou negação de si são o único acontecimento.

---

31. Aqui o filósofo introduz sua teoria do eterno retorno do mesmo. A história não possui um bom *télos*, ela é, antes, circular, pois os fenômenos que nela aparecem são apenas expressões de Ideias da coisa-em-si una e indivisível, as quais já foram estabelecidas num momento imemorial e constituem os diversos graus de objetivação da Vontade, ou seja, as espécies da natureza. Tais Ideias não mudam, embora mudem as circunstâncias em que elas se manifestam. Assim, o rei, o escravo, o trapaceiro, o herói, dentre outros, sempre estarão aí como tipos fixos, mudando somente o tempo e o espaço de sua atuação, justamente como nos dramas de Gozzi referidos anteriormente, em que as personagens são sempre as mesmas, com o mesmo destino e as mesmas intenções, embora mudem os motivos e os acontecimentos em cada peça. (N. T.)

Capítulo 5

Oposição entre Ciência e Arte

Arte e ciência têm, em última instância, o mesmo estofo, a saber, justamente o mundo tal como ele se posta diante de nós, ou antes uma parte destacada dele; quanto ao todo do mundo, só a filosofia o considera. Contudo, a grande diferença entre ciência e arte reside na maneira como elas consideram o mundo e trabalham seu estofo. Tal oposição pode ser indicada com uma palavra: a ciência considera os fenômenos do mundo seguindo o fio condutor do princípio de razão, ao passo que a arte coloca totalmente de lado o princípio de razão, independe dele, para que, assim, a Ideia entre em cena. Mas isso precisa de uma explicitação.

Falei anteriormente sobre o curso do mundo e sua relação com a Ideia de humanidade, para cujo conhecimento ele como que fornece apenas as letras, a partir das quais se pode ler a palavra, a Ideia. A Ideia é o objeto da arte, como poesia, pintura. Porém, o curso do mundo é precisamente o objeto da ciência, a saber, da história. A história segue o fio condutor dos acontecimentos: ela é pragmática, na medida em que deduz esses acontecimentos da lei de motivação, a qual determina os fenômenos da Vontade em que esta é iluminada pelo conhecimento. Nos graus mais baixos de objetivação da Vontade, onde ela atua sem conhecimento, a ciência da natureza, como etiologia, contempla a lei das mudanças de seus fenômenos; já a morfologia considera o que é permanente nestes, e seu tema quase infinito é facilitado pela ajuda dos conceitos, ao compreender em visão sumária o universal, para daí deduzir o particular. Por fim, a Matemática considera as meras formas, nas quais as Ideias aparecem espraiadas na pluralidade para o conhecimento do sujeito como indivíduo, logo, o tempo e o espaço.

Todos esses domínios, cujo nome comum é *ciência*, seguem, portanto, o princípio de razão em suas diversas figuras. As ciências procuram tornar tudo concebível enquanto consequência de um fundamento, tentam fornecer para tudo um porquê, uma resposta, mas seu tema continua sendo o fenômeno, suas leis, conexões e relações daí resultantes.

Conceba-se agora a oposição entre *arte* e ciência. O que subsiste exterior e independente de toda relação, o essencial propriamente dito do mundo, o núcleo verdadeiro dos fenômenos, não submetido a mudança alguma e conhecido com igual verdade por todo o tempo; numa palavra, *as Ideias*, a objetidade imediata e adequada da coisa-em-si: esse é o conteúdo, o objeto da arte.

A arte repete em suas obras as Ideias apreendidas por pura contemplação, o essencial e permanente de todos os fenômenos do mundo; de acordo com o material em que ela o repete, tem-se arte plástica, poesia ou música.[32] Sua única origem é o conhecimento da Ideia; seu único fim, a comunicação desse conhecimento. A ciência segue a torrente infinda e incessante das diversas formas de fundamento e consequência: a cada fim alcançado,

---

32. Embora Schopenhauer insira aqui a música, esta não é repetição de uma Ideia, ela não trabalha com uma representação eterna exposta, mas, como se verá mais adiante, é a linguagem direta da coisa-em-si, estando assim situada acima das demais artes. A música é propriamente o que há de metafísico do mundo físico. (N. T.)

Metafísica do Belo 59

ela é novamente atirada mais adiante, nunca podendo encontrar um objetivo final ou uma satisfação completa, da mesma maneira como não se pode, correndo, alcançar o ponto onde as nuvens tocam a linha do horizonte. A arte, ao contrário, encontra em toda parte seu fim. Pois ela retira o objeto de sua contemplação da torrente do curso do mundo e o isola diante de si; e esse particular, que era na torrente fugidia uma parte ínfima a desaparecer, torna-se um representante do todo, um equivalente no espaço e no tempo do muito infinito. A arte se detém nesse particular, a roda do tempo para; as relações desaparecem para ela. Apenas o essencial, a Ideia, é seu objeto.

Podemos, por conseguinte, definir a arte como o modo de consideração das coisas independente do princípio de razão, em oposição justamente à consideração que o segue, que é o caminho da experiência e da ciência. Esse último tipo de consideração é comparável a uma linha infinita que corre horizontalmente; o primeiro, entretanto, a uma linha vertical que a corta num ponto qualquer. O modo de consideração que segue o princípio de razão é o *racional*, o único que vale e que auxilia na vida prática e na ciência; o modo apartado do conteúdo do princípio de razão é o *genial*, o único que vale e que auxilia na arte. É possível ainda caracterizar assim os dois modos de consideração: o primeiro é o modo de consideração de Aristóteles; o segundo, no todo, o de Platão. O primeiro é comparável a uma tempestade violenta que desaba sem princípio nem fim, tudo verga, movimenta e arrasta consigo; o segundo, ao tranquilo raio de sol que corta o caminho dessa tempestade, totalmente intocado por ela. O primeiro é comparável às inúmeras gotas de uma cascata que se movimentam violentamente e que, sempre mudando, não se detêm em nenhum momento; o segundo, a um calmo e sereno arco-íris que paira sobre esse tumulto.

Capítulo 6

Do Gênio

Apenas pela pura contemplação (acima descrita) a dissolver-se completamente no objeto é que as Ideias são apreendidas. A capacidade proeminente para esta é o *gênio*, somente do qual podem originar-se as obras de arte autênticas. Toda contemplação exige pura disposição objetiva, isto é, esquecimento completo da própria pessoa e de suas relações; por conseguinte, a *genialidade* nada é senão a *objetividade* mais perfeita, ou seja, orientação objetiva do espírito; em oposição à subjetiva, que vai de par com a própria pessoa, isto é, a Vontade.

Em consequência, a *genialidade* reside na capacidade de proceder de maneira puramente intuitiva, de perder-se na intuição e de afastar por inteiro dos olhos o conhecimento que existe originariamente para o serviço da vontade, isto é, seu interesse, seu querer, seus fins, e assim a personalidade se ausenta completamente por um tempo, restando apenas o *puro sujeito que conhece*, claro olho cósmico; tudo isso não por um instante, mas de modo duradouro e com tanta clareza de consciência quanto for preciso para reproduzir, numa arte planejada, o que foi apreendido e, como diz

Goethe, "o que oscila no fenômeno fixar em pensamentos dura-douros": eis aí a clareza de consciência do gênio, que Jean Paul,[33] com razão, indica como uma de suas principais características.

Para tornar concebível a possibilidade do gênio, e, justamente pela compreensão de sua possibilidade, também entender melhor sua essência, temos de pensar da seguinte maneira: para que o gênio apareça num indivíduo, a este tem de caber uma medida das faculdades de conhecimento que ultrapassa em muito aquela exigida para o serviço de uma vontade individual; tal excedente de conhecimento torna-se livre (da servidão da vontade), permanecendo, por consequência, como puro sujeito do conhecimento, espelho límpido da essência do mundo. Essa concepção esclarece ao mesmo tempo, de maneira perfeita, todas as excentricidades e falhas de caráter que sempre se percebeu na individualidade dos seres geniais. Por exemplo, frequentemente se encontra em indivíduos geniais uma sobrecarga de cada disposição, não importa seu tipo, veemência dos afetos, mudança rápida do humor, melancolia predominante, tudo isso podendo ir às raias da loucura – temos uma descrição incomparável dessas falhas e dos sofrimentos daí decorrentes no *Tasso*, de Goethe. A partir de nossa concepção da essência do gênio, isso é facilmente explicável, a saber: se o gênio se encontra em sua atividade, opera-se nele precisamente aquele excedente da faculdade de conhecimento, a qual é orientada para a essência do mundo, e a própria pessoa é esquecida. Esse é o instante da concepção das obras de arte, do entusiasmo. O conhecimento, em toda a sua energia, assumiu a pura orientação objetiva, e o objeto é claramente concebido conforme sua essência mais

---

33. Johann Paul Friedrich, Jean Paul, poeta e escritor alemão, foi contemporâneo de Schopenhauer. Com sua obra *Vorschule der Ästhetik*, exerceu impacto considerável sobre o filósofo, sobretudo no que se refere às concepções a respeito do gênio enquanto possuidor de uma "clareza de consciência divina", na origem tanto do entendimento quanto da razão. É com essa clareza, diz Jean Paul, "lume que queima eternamente no interior", que o gênio, com liberdade, se alça ao cimo eterno do conhecimento estético. (N. T.)

íntima. Em outros momentos, todavia, em que o indivíduo genial está ocupado com a própria pessoa, seus fins e destino, todo excedente de conhecimento toma a orientação subjetiva e tem de, a serviço da vontade individual, iluminar seus fins e destinos; com isso, o enérgico poder de conhecimento além do normal mostra tudo ao indivíduo genial de maneira extremamente vivaz, com cores quentes, e aumentado ao assombroso, fazendo com que veja o extremo em toda parte. Exatamente por isso, por essas representações exageradas, a vontade é excessivamente excitada, cada disposição é sobrecarregada, cada movimento da vontade se torna afeto; e, visto que o adverso e o inconveniente são em maior número que o favorável e o desejável, a melancolia se torna dominante: uma representação vivaz reprimirá (*wird verdrängen*) de imediato a outra, levando o humor a mudar rapidamente, pulando de um extremo a outro; tudo como está exposto primorosamente no *Tasso*.

Nossa visão da essência do gênio explica também a grande vivacidade dos indivíduos geniais, que vai até a nervosidade: tudo os afeta fortemente, visto que aparece em imagens vivas; o *presente* raramente lhes é suficiente, porque na maior parte das vezes não preenche sua consciência, na medida em que é demasiado insignificante. Daí o empenho infatigável pela procura incessante de objetos novos, dignos de contemplação. Acresce a isso a ânsia por seres que se igualem a eles. Ao contrário, de modo inteiramente diferente, vemos o filho comum da terra percorrer o presente comum completamente preenchido e satisfeito: ele se dissolve no presente; também encontra em toda parte seu igual, sente-se na vida como se estivesse em casa e tem aquele conforto especial na vida cotidiana que é negado ao gênio. Há uma grande distância entre a racionalidade propriamente dita, o autocontrole seguro, a visão geral fechada, plena de segurança, a regularidade de comportamento que se encontram num homem comum racional, e o estado ora de absorção onírica, ora de excitação nervosa do homem genial. Mas se poderia dizer que aquela tranquilidade e segurança do homem comum é comparável à segurança com a qual um andarilho noturno segue com olhos fechados caminhos perigosos. O homem sem gênio conhece (como em breve o mostrarei de modo detalhado) meramente as relações, ele adquire nestas uma visão geral plena de uma totalidade fechada; ao contrário, a essência que se exprime no fenômeno – as suas Ideias –, não a toma por verdadeira. As Ideias, entretanto, são justamente as que se impõem com frequência ao homem genial e de imediato reprimem o conhecimento das relações ou o turvam.

Reconheceu-se a *fantasia* como um componente essencial da genialidade, com razão; mas às vezes se julgou que a fantasia e o gênio seriam uma coisa só, o que é um grande erro. O vigor da fantasia é um componente do gênio pelo seguinte: os objetos do gênio, enquanto tais, isto é, os objetos da apreensão genial, são as Ideias, as formas eternas, imutáveis, essenciais da objetivação da Vontade, ou seja, do mundo e de todos os seus fenômenos; porém, a apreensão das Ideias é um conhecimento *intuitivo*, não abstrato; em consequência, a apreensão do gênio seria limitada às Ideias dos objetos que afloram à sua pessoa no curso efetivo do mundo, e seria, portanto, dependente da concatenação das circunstâncias que conduz àqueles objetos, caso a fantasia não ampliasse seu horizonte, alargando-o para além do que lhe aflora na realidade e em sua experiência pessoal. Por conseguinte, a fantasia põe o gênio na condição de, a partir do pouco que chegou à sua apercepção efetiva, também construir todo o resto e assim deixar desfilar diante de si quase todas as imagens possíveis da vida. A fantasia amplia o círculo de visão do gênio segundo a quantidade. Contudo, também segundo a qualidade, a saber: os objetos efetivos são quase sempre apenas exemplares imperfeitos da Ideia que neles se expõe; por isso, o gênio precisa igualmente da fantasia para ver nas coisas não o que a natureza realmente formou, mas o que se esforçava por formar, porém, devido à luta (exposta em minha metafísica) de suas formas entre si, não conseguiu levar a bom termo. Explicitarei isso melhor quando da consideração da escultura. Portanto, a *fantasia* serve ao gênio para ampliar seu círculo de visão para além dos objetos que se oferecem à sua pessoa na realidade, tanto segundo a quantidade quanto segundo a qualidade. Por conseguinte, a força incomum da fantasia é companheira, até mesmo condição do gênio.[34]

Mas, ao contrário, o vigor da fantasia não é sempre sinal de gênio. Antes, homens completamente desprovidos de gênio podem possuir bastante fantasia. Ocorre com a intuição na fantasia o mesmo que com a intuição na efetividade. É possível considerar um objeto efetivo de duas maneiras opostas: uma puramente objetiva, genial, que contempla sua Ideia, e outra comum, meramente em suas relações com outros objetos e diretamente com a vontade de quem considera, relações estas conduzidas pelo princípio de razão. Ora, daí decorre que uma imagem da fantasia pode também ser vista de dois modos opostos: ou se precisa da imagem para conhecer uma Ideia, cuja comunicação posterior é a obra de arte, ou se precisa dela de maneira comum, como uma coisa isolada, da qual se consideram as relações com as outras coisas; por isso usam-se fantasmas para a construção de castelos no ar, que alimentam o egoísmo e o humor próprio, divertem e iludem momentaneamente. Dos fantasmas assim conectados são conhecidas sempre, a bem dizer, apenas as relações. Quem joga esse jogo é um fantasista. Ele mistura facilmente com a efetividade as imagens com as quais se diverte em sua solidão, com o que justamente se tornam impróprias para a

---

34. Até mesmo para a compreensão da filosofia se exige fantasia. Apenas quem é dotado dela pode intuir tão clara e nitidamente as longas cenas passadas de sua vida como se fossem o presente e reconhecer como tudo isso é mero invólucro despido, imagens vazias, e o presente não é de outro tipo, e assim toda a vida. O mundo inteiro, na medida em que é representação, objeto, é mero signo, imagem, invólucro. O que dá força a essas imagens para nos mover de maneira tão vivaz para a alegria e para o sofrimento é aquilo que preenche todos os invólucros, a saber, a Vontade, o único real. A luta vigorosa dessas imagens umas contra as outras, na qual cada uma empurra o sofrimento para a outra, enquanto gostaria de conservar as alegrias, aparece como nula e tola, caso miremos todas as imagens a distância e no todo e reconheçamos que o real, a Vontade em sua diversidade, não possui parte, mas é única em tudo, e, tanto em *um* fenômeno quanto nos outros, a alegria e o sofrimento concernem sempre a ela, que no entanto, em cada fenômeno, seduzida, reconhece-se unicamente a si e desunida. (N. A.)

efetividade. Ele talvez também escrevinhe suas fantasmagorias, e daí vêm a lume os romances comuns de todos os gêneros que divertem seus iguais e o grande público: os leitores sonham ao se pôr no lugar do herói, achando então a exposição bastante "espirituosa". Isso é o bastante sobre a fantasia. Volto agora a confrontar-me com a essência do gênio e sua diferenciação do homem comum.

Digo: a essência do gênio é a capacidade de apreender nas coisas efetivas sua Ideia, e, visto que isso só pode ocorrer numa contemplação puramente objetiva, na qual todas as relações desaparecem – em especial as relações das coisas com a própria vontade somem da consciência –, então o gênio também pode ser definido como a *objetividade* mais perfeita do espírito, isto é, a capacidade de proceder intuindo puramente, de perder-se na intuição, de abandonar o conhecimento a serviço da vontade, isto é, de perder de vista seu interesse, seu querer, seus fins, de desfazer-se de sua personalidade e permanecer como *puro sujeito que conhece*, claro olho cósmico.[35] É justamente essa capacidade que diferencia o gênio do homem co-

---

35. Essa descrição que Schopenhauer faz do puro sujeito do conhecimento, da capacidade genial, em verdade remonta à intuição intelectual eterna de Schelling, tal qual este a enuncia na oitava das cartas sobre o dogmatismo e o criticismo: "Em todos nós reside um poder misterioso, maravilhoso de recolher-nos da mudança do tempo para o nosso mais íntimo, de tudo o que vem do exterior para nosso eu desnudado e, assim, sob a forma da imutabilidade, de intuir o eterno em nós. Essa intuição é a experiência mais íntima e pessoal da qual depende tudo o que sabemos e acreditamos de um mundo suprassensível. Tal intuição, em primeiro lugar, nos convence de que algo *é* em sentido próprio, enquanto todo o resto, ao qual *transmitimos* aquele verbo, apenas *aparece*. Ela se diferencia de qualquer intuição sensível na medida em que é produzida apenas por *liberdade*, sendo estranha e desconhecida para aqueles cuja liberdade, violentada pelo poder impositivo dos objetos, não é suficiente para a produção da consciência. [...] Essa intuição intelectual aparece quando cessamos de ser *objeto* para nós mesmos; quando quem intui, recolhido em si mesmo, é idêntico ao que é intuído (*in sich selbst zurückgezogen, das anschauende Selbst mit dem angeschauten identisch ist*). Nesse instante da intuição, desaparecem tempo e duração, *nós* não estamos no tempo, mas o tempo – ou antes, não ele, mas a pura eternidade absoluta – está *em nós*. Não estamos perdidos na intuição do mundo objetivo, mas ele se perdeu (*ist verloren*) em nossa intuição". (N. T.)

mum. Este, em verdade, não é capaz de uma consideração serena propriamente dita, isto é, de uma consideração completamente desinteressada em todos os sentidos, pelo menos prolongando-a de modo duradouro. Ele só pode direcionar sua atenção para as coisas se estas possuírem uma relação com sua vontade, o que naturalmente pode ser uma relação bastante mediata, mas tem de existir. Para a ocupação da vontade é preciso sempre apenas o conhecimento das relações, e para estas é suficiente o conceito abstrato das coisas, que, na maioria das vezes, é mesmo mais útil que a intuição. É por isso que o homem comum não permanece muito tempo na simples intuição, por conseguinte não prende seu olhar por muito tempo ao objeto, mas, em tudo o que se oferece a ele, procura rapidamente o conceito sob o qual possa subsumi--lo – como o preguiçoso busca uma cadeira – e então se dá por satisfeito, nada mais o interessando. Eis por que ele logo se dá por contente com tudo, com obras de arte, com belos objetos naturais e com a consideração propriamente signicativa da vida em todas as suas cenas. Ele não se detém; procura tão somente seu caminho de vida, ou ao menos aquilo que poderia se tornar seu caminho, portanto notícias topográficas no sentido mais amplo do termo. Com a consideração da vida mesma, enquanto tal, não perde tempo. O homem genial, ao contrário – ao qual coube uma medida da faculdade de conhecimento que excede em muito a exigida para o serviço de uma vontade individual, excedente que, tornado livre, furta-se por um momento ao serviço de sua vontade –, detém-se na consideração da vida mesma, e em cada coisa com que depara esforça-se por apreender sua Ideia, não suas relações com outras coisas; ora, visto que negligencia as relações, justamente por isso negligencia, com frequência, a consideração de seu próprio caminho na vida, trilhando-o, na maioria das vezes, com passos desajeitados. Para o homem comum, a faculdade de conhecimento é a lanterna que ilumina seu caminho; já para o homem genial, é o sol que revela o mundo. Essa maneira tão diferente de ver a vida logo se torna evidente na expressão de ambos. O olhar do homem no qual vive e atua o gênio distingue-o facilmente, na medida em que, ao mesmo tempo vivaz e firme, porta o caráter da consideração, da contemplação; vemos isso nos retratos das poucas cabeças geniais que a natureza, entre incontáveis milhões de homens, criou aqui e ali como a mais rara exceção; ao contrário, o olhar oscilante do homem comum se mostra obtuso ou insípido, ou nele é visível o verdadeiro oposto da contemplação, o espionar. Para o conhecimento mais detalhado da essência do gênio pode ainda servir o que se segue. O *gênio* e o homem comum recebem impressões do mesmo mundo externo, veem os mesmos objetos, têm as mesmas imagens, e no entanto a intuição de cada objeto presente é totalmente outra na cabeça do *gênio*. No homem comum, a intuição é menos *purificada de vontade*, menos destituída de vontade do que no gênio. Neste, a vontade e a representação estão mais bem separadas; por consequência, as representações são nele mais puras, mais livres de toda relação com a vontade, isto é, estão menos misturadas com o outro elemento, a vontade, e são representações em graus mais perfeitos. Já antes dissera: o conhecimento de fato brotou da Vontade, que é seu radical; contudo, ele é constantemente impurificado por ela, como a flama pela madeira, pelo tição do qual se origina. Seguindo essa comparação, o conhecimento do homem comum é como a flama de um corpo que não entra em combustão por completo, mas possui partes incombustíveis, como madeira ou tição embebidos em óleo; ao contrário, o conhecimento do gênio é como a flama do corpo que entra em combustão por completo, como álcool, espírito,[36] cânfora, fósforo. Quanto mais turvado é o conhecimento, mais imediata é sua relação com a vontade: mais se é consciente dos objetos meramente como motivos para ela. Os animais são conscientes das representações apenas à medida que estas são motivos para sua vontade; para além disso, elas quase não chamam sua atenção, e essa relação tem de ser neles bastante imediata. O gênio consegue purificar por completo as representações dessa relação com a vontade, isto é, conhecer de modo inteiramente destituído de vontade, inteiramente intuitivo. Também isso tem seus graus:

---

36 . Líquido obtido pela destilação, álcool. (N. T.)

Metafísica do Belo

dentre todos os objetos, o homem é aquele que estimula mais facilmente a vontade humana, visto que é o mais vigoroso e mais relações tem com ela. Os animais e o mundo destituído de conhecimento o possuem menos; por conseguinte, o mais elevado grau de gênio consiste em fazer do homem objeto de apreensão purificada de vontade, portanto conceber artisticamente sua Ideia e a expor. Por isso, só é grande gênio quem obtém sucesso com a obra de arte cujo objeto é o homem, ou seja, a pintura histórica, a escultura, a tragédia, a poesia épica; um grau menor de gênio já consegue conceber puramente a natureza animal e destituída de conhecimento, isto é, intuí-la sem que a vontade seja estimulada, justamente porque suas relações com a vontade do artista não são tão numerosas, vigorosas e imediatas; por esse motivo, é um grau menor de gênio o que se mostra na pintura de animais, na paisagem, na natureza-morta, na poesia descritiva, na arquitetura.

A *raiz do gênio*, portanto, está no modo de conceber o mundo *intuitivo*, na pureza da *intuição*. Algo completamente diferente é a inteligência excepcional, isto é, a grande agudeza de espírito, a facilidade, a rapidez na concepção das relações causais (mostrado anteriormente) ou a rapidez, a facilidade na combinação, montagem e desmontagem de conceitos abstratos: isso é espírito, *esprit*, talento. Essa facilidade na operação com conceitos abstratos, relações causais, produz homens de talento, grandes eruditos, cabeças científicas, matemáticos, físicos, historiadores, generais, estadistas, mas não artistas, nem poetas, nem filósofos.[37] Onde

---

37. Schopenhauer aqui se aproveita da oposição tornada célebre por Kant, no capítulo 47 *da Crítica da faculdade de juízo*, entre cientista e gênio, quando este é denominado um talento "inteiramente oposto ao espírito de imitação", que não sabe como suas ideias ricas em fantasia foram parar em sua mente; já o cientista é um "cabeça", cujas obras podem ser refeitas em seus passos pelo aprendiz – o cientista sabe muito bem como suas ideias foram parar em sua cabeça. Assim, o gênio, "favorito da natureza", é por inteiro oposto ao espírito de imitação, enquanto um aprendiz se distingue de seu mestre cientista apenas segundo o grau. De um lado, a espontaneidade inconsciente da natureza mesma dando regras à arte, de outro, uma atividade que pode ser conscientemente tornada clara a outros, logo demonstrada de maneira determinada. (N. T.)

há gênio sempre também haverá, desse dom, algo instituído, mas pode haver recuo, porque a intuição predomina e a atenção é direcionada ao conhecimento nobre e profundo. Entretanto, espírito, inteligência e faculdade de combinação existem, caso haja gênio; pois, onde a *intuição* atingiu o grau supremo de pureza, ali também toda a faculdade de conhecimento é de um tipo mais fino, mais sutil, mais ágil, *d'une trempe plus fine, of a finer temper*, de uma constituição mais fina. Essa índole mais fina amplia repetidas vezes apenas as mencionadas capacidades de combinação de conceitos e relações causais. Por conseguinte, homens inteligentes em termos práticos, espirituosos, boas cabeças são bem mais frequentes do que o extremamente raro gênio; apenas em última instância aquela índole fina da faculdade de conhecimento é como que impelida até a faculdade de conhecimento imediato, de *intuição*, e então só aí existe *gênio*. Portanto, onde se encontra este, encontra-se sempre espírito e talento, mas não o contrário.

Em nossos dias se escarneceu bastante de que Gottsched, no espírito da escola wolfiana, tenha assentado o *gênio* na capacidade preponderante das forças anímicas inferiores. Porém, se procurarmos entendê-lo bem, ele tem inteira razão, apenas a expressão é indigna. De fato, entendeu-se outrora, e em parte ainda hoje, por *forças anímicas inferiores* a capacidade de representações intuitivas; tais forças foram nomeadas *inferiores* porque o animal também as possui; ao contrário, as representações abstratas da razão foram atribuídas às faculdades anímicas *superiores*. Só que, com certeza, a essência do gênio reside na grande pureza das representações intuitivas, da concepção imediata do mundo, pois só neste e só intuitivamente é que as Ideias, objeto de toda arte, são conhecidas. Ademais, onde há gênio também existem, em perfeição suprema, as assim chamadas faculdades anímicas superiores; pois, para que o gênio exista, a perfeição superior e a fineza de toda a faculdade de representação, a organização da mesma, têm de ser perpassadas pelo conhecer intuitivo imediato, para então realizar-se; muitas vezes, esse conhecer se estende meramente às faculdades anímicas superiores, donde nasce mero espírito e talento.

Metafísica do Belo   71

Portanto, visto que no gênio a perfeição superior e a fineza do conhecer se estendem até a intuição, então, como dito acima, o gênio, desde que não esteja indisposto ou esgotado, verá também as cercanias, a natureza de modo inteiramente diferente do homem comum. O gênio vê um mundo amplamente mais belo e mais claro, porque nele a representação não é turvada pela vontade.

Agora passemos às desvantagens da genialidade e sua aproximação das raias da loucura.

Os objetos do gênio neles mesmos são as *Ideias*; a Ideia é apreendida à medida que se abandona o modo de conhecimento que segue o princípio de razão, pois é justamente esse princípio que espraia no espaço e no tempo o essencial de todas as coisas, *a Ideia*, em inúmeros e diversos indivíduos. Por conseguinte, o conhecimento genial ou o conhecimento da Ideia é o que *não* segue o princípio de razão. Ao contrário, é exatamente o conhecimento seguindo o referido princípio e por ele ordenado que confere inteligência e racionalidade, que também institui a ciência.

Visto que o conhecimento genial é precisamente o oposto desse, as carências advindas da negligência do conhecimento que segue o princípio de razão serão próprias do indivíduo de gênio. Demonstrarei isso em todas as quatro figuras do princípio de razão.[38] Todavia, observe-se que as falhas dos indivíduos de gênio, que enumerarei a seguir, concernem a eles, propriamente dizendo, só à medida que estejam imersos no modo de conhecimento genial, o que de maneira alguma ocorre em todos os momentos de sua vida; pois a grande tensão exigida para o conhecimento destituído de vontade e a apreensão das Ideias tem de

---

38. Referência à teoria desenvolvida na obra *A quádrupla raiz do princípio de razão suficiente*, onde quatro figuras do princípio de razão – quádrupla raiz – nos são apresentadas, cada uma das quais regendo um domínio da representação: 1) princípio de razão do devir, que rege as representações empíricas, as intuições; 2) princípio de razão do conhecer, que rege as representações abstratas, os conceitos da razão; 3) princípio de razão do ser, que rege as representações a partir das formas puras da sensibilidade, o espaço e o tempo; e 4) princípio de razão do agir, que rege as ações a partir de motivos. (N. T.)

necessariamente ser de novo abandonada e possui grandes espaços intermédios, nos quais tanto os méritos quanto as carências do gênio são menos notados, embora ambos não desapareçam por completo. Exatamente por isso, porque a eficácia propriamente dita da faculdade de conhecimento genial vige apenas por certo tempo, considerou-se a atuação do gênio uma espécie de inspiração, e isso já indica o nome *gênio*: ele expressa, por assim dizer, que um ser supra-humano, um *genius*, em certos momentos toma posse de um tal indivíduo tão vantajosamente dotado. Queria, pois, mostrar como essa aversão essencial do gênio em seguir, no seu conhecer, o princípio de razão conduz a certas carências. Passarei, assim, por todas as quatro figuras do referido princípio. Primeiro em relação ao princípio de razão do ser, que determina a legalidade do espaço e do tempo. Aqui se mostra a conhecida aversão de indivíduos geniais contra a Matemática. Esta considera as formas mais gerais do fenômeno, o espaço e o tempo, que nelas mesmas são apenas figuras do princípio de razão; essa consideração da Matemática é, por consequência, justamente a oposta da maneira de consideração genial, que, abstraindo todas as formas do fenômeno e todas as relações, possui por objeto, e o procura, apenas o conteúdo propriamente dito de todos os fenômenos, a Ideia que neles se expressa; já por isso a Matemática não agrada muito ao gênio. Ademais, a maneira lógico-euclidiana de proceder dessa disciplina contraria o gênio, porque ela, como mostrado, nem uma vez sequer permite uma intelecção das leis do espaço e, por conseguinte, não satisfaz o conhecimento: apenas dá uma cadeia de conclusões em conformidade com o princípio de razão do conhecimento e o princípio de contradição; demonstra, portanto, *que (dass)* é assim, não *por que (warum)* tem de ser assim, daí ela exigir de todas as faculdades de conhecimento principalmente a memória, para ter presente todas as proposições anteriores sobre as quais se baseia, para assim se seguir a longa condução da demonstração. A experiência confirmou que grandes gênios da arte não tinham inclinação nem capacidade para a Matemática. Nunca um homem foi eminente em ambas. Alfieri,[39] inclusive, conta que jamais conseguiu compreender nem a quarta proposição de Euclides. Goethe foi bastante repreendido pelos adversários obscurantistas de sua doutrina das cores devido a seu desconhecimento da Matemática. A repreensão poderia até ser bem fundamentada, só que ela aqui foi feita em lugar tão indevido e conduzida tão de través que esses senhores, tanto por isso quanto por seus demais ditos de Midas, evidenciaram sua carência completa de faculdade de juízo. Pois aqui, onde a tarefa era descrever o fenômeno da aparência física das cores, não se tratava de maneira alguma de medir e contar dados hipotéticos – o que Newton o podia primorosamente –, mas, sim, de encontrar o encadeamento causal daqueles fenômenos coloridos pela atividade imediata do entendimento: isso Newton não podia, mas Goethe, sim. É certo que Goethe não era matemático, e tal fato confirma o que aqui se disse sobre a aversão do gênio à Matemática.

Da referida oposição entre o conhecimento matemático, que segue as formas mais gerais dos fenômenos, e o genial, que precisamente quer conceber o conteúdo de todos os fenômenos, explica-se também o fato tão conhecido de que, contrariamente, matemáticos distintos tenham pouca receptividade às obras da bela arte; isso o mostra de maneira bastante inocente a conhecida anedota acerca de um matemático francês que, após ter lido *Ifigênia*, de Racine, perguntou: *Qu'est-ce-que cela prouve?* (O que isso prova?). Já dissemos o suficiente sobre a figura do princípio de razão no espaço e no tempo. No que se refere à lei de causalidade, ocorre o mesmo. A concepção penetrante das relações conforme a lei de causalidade e de motivação torna propriamente alguém prudente. Por isso um prudente, enquanto deixa sua prudência fazer efeito, não será genial, e vice-versa: um gênio, enquanto está ativo em sua genialidade, não denota nenhuma prudência, mas an-

---

39. Vittorio Alfieri (1749-1803), escritor italiano, é autor de *Cleópatra, Agamenon, Antígona*, entre outras obras. (N. T.)

tes até manifestará carência desta – o que a experiência muitas vezes confirma. Por fim, ainda resta demonstrar o mesmo no tocante ao princípio de razão do conhecer: o fundamento de conhecimento rege o domínio do pensamento abstrato, dos conceitos; a Ideia, o objeto do gênio, por outro lado, é conhecida apenas intuitivamente, motivo pelo qual se encontra em oposição ao modo de conhecimento abstrato ou racional. Por isso, é raro encontrar-se, ou nunca se encontra, grande genialidade de par com racionalidade proeminente, mas antes, pelo contrário, indivíduos geniais muitas vezes estão submetidos a afetos veementes e paixões *irracionais*. O fundamento disso, todavia, não é a fraqueza da razão, mas em parte reside em que o indivíduo genial, nele mesmo, é um incomum fenômeno enérgico da Vontade, a exteriorizar-se numa grande veemência de atos; em parte também reside no fato de que no gênio o conhecimento intuitivo é completamente predominante, via sentidos e entendimento, sobre o abstrato, daí a orientação do espírito para o que é intuitivo, e a impressão desse tipo de conhecimento é altamente enérgica, ofuscando, por conseguinte, os conceitos frios e incolores, motivo pelo qual estes não guiam a ação, que justamente se torna irracional. Devido a isso, a impressão do presente é bastante poderosa sobre o gênio, arrasta-o para o irrefletido, o afeto, a paixão. Ainda em referência a esse irracional, bem como a todas as falhas e excentricidades dos indivíduos geniais, tenho de lembrar, em especial, o que disse anteriormente, a saber: ao gênio cabe uma medida da faculdade de conhecimento em muito superior à que é preciso para o serviço de uma vontade individual; esse excedente de conhecimento se torna livre, sem estar ativo para o serviço da vontade do indivíduo, restando, portanto, como puro sujeito do conhecer, claro espelho da essência do mundo: eis a atividade genial. Quando, entretanto, mediante vigoroso estímulo, toda a consciência do indivíduo genial é direcionada para seu próprio querer, para seus fins e pessoa, todo o excedente toma a orientação subjetiva, e todos os motivos, todas as circunstâncias que exercem influência sobre o querer desse indivíduo se tornam iluminados pela luz

Metafísica do Belo

intensa de seu conhecimento desproporcionalmente brilhante; daí todos os objetos de sua vontade se apresentarem excessivamente vivazes, com cores vibrantes e aumentadas ao assombroso, e com isso o indivíduo genial vê em toda parte o extremo. Por consequência, mediante tais representações excessivas, também a vontade é comovida além da medida, cada disposição é sobrecarregada, cada movimento se torna afeto, os quais facilmente e com vigor ultrapassam as medidas. A melancolia predomina, porque o adverso e o inconveniente sobrepujam o favorável e o desejado. Uma representação vivaz logo reprime a outra: a mudança de humor é surpreendentemente rápida; salta-se de um extremo a outro; mostra-se, portanto, um fenômeno que se aproxima da loucura, como Goethe o descreve em *Tasso* e como em todos os tempos se percebeu no gênio. A isso também pertence a inclinação para os monólogos, contra os quais deve-se estar em guarda, caso contrário a presença do outro é esquecida também no diálogo e se devém, por uma transição para o monólogo, traidor de si mesmo. Precisamente o gênio incorre com facilidade nesse erro. Visto que no gênio o conhecimento em parte foi subtraído ao serviço da vontade, assim também nos diálogos suas representações se tornam tão vivazes que ele pensa tão somente na coisa discutida a pairar diante dele, não na pessoa com quem dialoga; por consequência, sua narrativa ou seu juízo facilmente dominam de forma bastante objetiva seu interesse: ele não encobrirá o que astutamente permaneceria encoberto etc.

Todas essas falhas, às quais a individualidade genial está submetida, há muito ocasionaram a observação de que gênio e loucura possuem uma fronteira comum, o gênio em parte transita para a loucura, pelo menos é facilmente tido em sociedade (*vergesellschaftet*) como carregando um indício de loucura. Até mesmo o entusiasmo ficcional se nomeou uma espécie de loucura: Horácio (*Od. Lib.* III, 4.) o nomeia *amabilis insania*, loucura amável. Wieland escreve na introdução a *Oberon*: "Uma doce loucura brinca em minha testa". Segundo Sêneca (*de tranq. animi* 15, 16), Aristóteles disse: *Nullum magnum ingenium sine mixtura dementiae fuit* (nunca houve espírito superior sem uma mistura de loucura). Cícero Tusculan. 1, 33 diz: *Aristóteles ait, omnes ingeniosos melancholicos esse* (Aristóteles diz que todos os homens de engenho são melancólicos). Platão fala em várias passagens do parentesco entre loucura e gênio: no *Fedro*, 245a, chega até a dizer que sem uma certa loucura não pode haver poeta autêntico; sim, o mesmo ele diz em 249c-249e, ao afirmar que quem conhece as Ideias eternas nas coisas efêmeras aparece como louco. Ele expressa precisamente isso no já mencionado mito (*Rep.* 7) da caverna: diz que aqueles que intuíram exteriormente à caverna a verdadeira luz do sol e as coisas que realmente são (as Ideias), quando voltam à caverna não mais podem ver; seus olhos se desacostumaram à escuridão, como cegados pela luz forte, e não podem mais, lá embaixo, reconhecer as sombras projetadas na parede, cometendo todo tipo de erro e tornando-se objeto de escárnio dos outros que nunca saíram da caverna e conhecem apenas as sombras. As fronteiras diretas do gênio com a loucura, sim, a transição do gênio para esta, ninguém o expôs tão nítida e pormenorizadamente quanto Goethe em *Torquato Tasso*, no qual ele tinha por objetivo conceber o gênio nele mesmo por seu lado trágico e evidenciar seu sofrimento, seu martírio. Esse martírio Goethe descreve – no que tange às suas relações externas – em *Künstlers Erdenwallen* e – no que tange a seu aspecto interno – em *Torquato Tasso*. O contato imediato entre genialidade e loucura é, por fim, também confirmado, de um lado pelas biografias de homens bastante geniais, como por exemplo as de Rousseau, de Alfieri, e por anedotas extraídas da vida de vários outros; de outro, eu o confirmei pelas minhas constantes visitas a manicômios, quando muitas vezes encontrei sujeitos com disposições inegavelmente grandiosas, através de cuja loucura olhava a genialidade, apenas refreada pela loucura, que aqui prevaleceu por completo. Poder-se-ia opinar que é obra do acaso o fato de alguns homens de gênio terem sido doidos; mas isso não se pode levar a sério, pois, de um lado, o número de loucos é extremamente pequeno proporcionalmente ao gênero humano; e, de outro, por sua vez, um indivíduo genial é fenômeno raro para além de toda medida comum, é a grande exceção da natureza, mais raro que qualquer aborto monstruoso. Naturalmente, o termo "gênio" é diversas vezes empregado para a pessoa que possua um talento mínimo qualquer, sim, qualquer aptidão particular; mas nesse sentido não o tomamos aqui. Foi explicitado onde reside a essência íntima do gênio; poderíamos ainda apenas perguntar por um critério exterior, em conformidade com o qual o gênio seria atribuído, com acerto, a uma pessoa. E esse seria o seguinte: o gênio certifica a si mediante obras que não servem e que alegram somente uma época; porém, em todas as épocas elas possuem, em geral, um valor permanente, indelével para a humanidade, logo não podem ser coibidas e substituídas por outras, mas permanecem únicas, sem igual e por conseguinte eternamente joviais. Só uma semelhante obra é o indicador seguro do gênio; pois apenas o que para a humanidade inteira possui em todas as situações e em todos os tempos um valor permanente e grandioso é mais do que uma obra humana, e será por conseguinte atribuída a um gênio. Nas ciências propriamente ditas tais obras não são possíveis, visto que quase todas as ciências necessitam da experiência, são concebidas num progresso contínuo, e, por consequência, se uma de suas obras traz um préstimo permanente, na medida em que muito fomenta, contudo a própria ciência prossegue depois disso, sempre desvela erros antigos e encontra novas verdades. E, mesmo para verdades importantes cuja exposição a princípio era difícil e longa, após terem sido familiarizadas, descobre-se um caminho fácil e breve da comunicação – por isso, o tempo passa e a ciência tem de ser estudada, não mais a partir de obras antigas, mas de novas, e a obra mesma não conserva valor igual por todos os tempos. Somente nas duas ciências por completo *a priori*, a Matemática e a Lógica, seria imaginável uma obra igualmente utilizável em todos os tempos. De resto, entretanto, um valor igual e permanente, que nunca envelhece, apenas podem tê-lo as obras que se originaram do conhecimento que permanece por inteiro o mesmo em todas as épocas, por conseguinte também não se situa propriamente no tempo, e esse é em verdade o conhecimento das Ideias, das formas permanentes, essenciais de todas as coisas. Portanto, quando alguém apreende a essência, a Ideia da humanidade ou também qualquer outro grau de objetivação da Vontade, logo da natureza em alguma de suas partes ou no todo, e com limpidez reproduz e expõe essa Ideia numa obra, esta permanece sempre nova, visto que descreve o imutável, igual por todos os tempos; daí tal obra não pertencer a uma dada era, mas a toda a humanidade. Observem como as obras dos grandes poetas dos tempos mais antigos e mais diversos permanecem sempre joviais e nunca envelhecem: Horácio, Homero, Dante, Petrarca, Shakespeare. Do mesmo modo as esculturas: os antigos nunca saem de moda. Também Platão – e este discursará imediatamente para todos os tempos e homens. Obras da ciência propriamente dita nunca o conseguem; quando muito, poderiam permanecer pela eternidade os *organons* científicos puramente aprioristicos, portanto os de Euclides e Aristóteles, caso fossem perfeitos em sua espécie, o que, sobretudo em Euclides, não é o caso. Daí ser critério de uma obra de gênio sua permanência por todos os tempos e, por consequência, sua pertença à humanidade, exatamente porque o gênio é a capacidade de conhecer as Ideias, o essencial, o imutável. A Ideia, no entanto, torna-se comunicável apenas pela obra de arte, enquanto a essência inteira torna-se exponível apenas pela filosofia. Eis por que a arte, tanto a plástica quanto a poesia e a música, bem como a filosofia são o círculo de atuação propriamente dito e o estofo das obras do gênio. Se, pois, nosso critério para o reconhecimento de um homem de gênio tem de ser a exigência de uma obra imortal, então observe-se quanto o gênio é algo raro para além de toda medida comum. Basta calcular os milhões de indivíduos que viveram e vivem na Europa e nos demais países comparados com o número de cabeças geniais tanto da Antiguidade quanto dos diversos países de hoje.

A erudição está para o gênio assim como as notas estão para o texto: apenas quem escreve um texto que será comentado por

Metafísica do Belo

séculos afora é um gênio. Também a erudição está para o gênio como os planetas estão para o Sol. Um erudito é aquele que estudou muito de sua época e das precedentes; já um gênio é aquele de quem sua época e as vindouras têm muito a estudar.

O que me conduziu a essa abordagem foi o fato de ter encontrado em manicômios sujeitos com inegáveis indícios de disposições geniais que, devido à raridade proporcional da loucura, mais até que o gênio, não podem ser atribuídas ao acaso, mas justamente confirmam o que sempre se observou e eu explicitei – que o gênio de algum lado faz fronteira com a loucura, sim, com facilidade a ultrapassa. Embora eu já tenha demonstrado alguns fundamentos desse parentesco entre gênio e loucura, ainda devo mostrar como, na essência da genialidade mesma, se encontra algo que coincide com a loucura; tal explicação contribuirá para tornar mais apreensível a essência do gênio. O esclarecimento da essência da loucura, tendo em vista a consideração da faculdade de conhecimento, eu o exponho como doença da memória, na qual a impressão do presente, portanto do intuitivo, não é falsificada imediatamente, mas de maneira mediata pela relação falsa do presente com um passado ilusório, fingido.[40]

---

40. A teoria da loucura schopenhaueriana, tal qual exposta em sua obra principal, baseia-se na tese de que lacunas no fio da memória, ocasionadas por enormes sofrimentos, são preenchidas pelo louco com ficções, ideias fixas. O louco é, assim, avesso ao princípio de razão, tendo isso em comum com o gênio. Diz Schopenhauer: "Por conseguinte, parece-me que sua doença atinge particularmente a memória, não à medida que esta lhe falte, pois muitos loucos sabem muitas coisas, embora superficialmente, e às vezes reconhecem pessoas que há tempo não viam, mas à medida que o fio da memória se rompe e o encadeamento linear (fortlaufende Zusammenhang) dela é suprimido, tornando-se impossível uma recordação conectada e bem coordenada do passado. Cenas isoladas lá estão corretamente, assim como o presente atual (einzelne Gegenwart), mas em sua recordação encontram-se lacunas que ele, então, preenche com ficções, as quais ou sempre são as mesmas e tornam-se ideias fixas – e aí se tem a ilusão fixa (fixer Wahn), a melancolia – ou a todo momento mudam, alternando-se rapidamente na mente – daí se tem a demência (Narrheit), fatuitas". (O mundo..., cap. 36) (N. T.)

Digo, por fim, seguindo o que já se afirmou, que todo homem possui um leve indício de loucura. A lembrança engloba apenas o universal do passado vivido, e então, a partir de milhares de cenas da vida, permaneceram somente algumas de modo completo, por isso a consciência de si é em geral bastante imperfeita e de pouca clareza; e a desigualdade da lembrança, o lacunoso oscilatório dela, pode muito bem fazer com que cada homem, de maneira individual, tenha um pequeno indício de loucura. Este aparece mais nitidamente quando, em momentos isolados, o presente se torna conhecido em toda parte de maneira extremamente clara, visto que o passado se encontra cada vez mais na sombra, ofuscado pela clareza do presente. E justamente aqui chegamos ao ponto em que podemos conceber da melhor forma possível a transição da genialidade para a loucura. Também no gênio é a apreensão vivaz da imagem particular do presente que obscurece as relações e o ausente. Vimos que o louco conhece o presente atual, também sabe corretamente muitos casos particulares do passado, mas pelo menos em parte esquece o ausente e já acontecido, daí julgar falsamente o encadeamento e as relações do presente atual, o que o leva a errar e a discursar de forma errônea. Algo de semelhante traz consigo o modo de conhecimento genial: a este é essencial abandonar o conhecimento das relações que se origina do princípio de razão, para justamente procurar e ver nas coisas apenas suas Ideias, apreender sua essência que se expressa intuitivamente, em vista da qual uma coisa representa toda a sua espécie, um caso vale por mil. Essa apreensão genial ainda traz consigo o fato de o encadeamento das coisas isoladas, nelas mesmas, ser perdido de vista. Ao gênio deve aparecer o objeto isolado de sua contemplação, o presente concebido de modo vivaz (para além de toda medida), em luz tão clara que com isso os demais elos da cadeia de relações das coisas isoladas entram na escuridão. A apreensão perfeita da essência propriamente dita das coisas torna imperfeito o conhecimento das relações, e é justamente isso que origina aqueles fenômenos que têm uma semelhança, há muito conhe-

Metafísica do Belo   81

cida, com a loucura. O gênio e o louco conhecem as coisas isoladamente e não no encadeamento no qual elas se encontram com outras: o gênio, visto que seu modo de consideração arranca as coisas da torrente do curso do mundo para conhecer no indivíduo a Ideia, o representante de toda a espécie; o louco, porque perdeu o encadeamento nele mesmo, na medida em que o fio de sua memória é rompido, como mostrado anteriormente.[41] As características que as coisas isoladas revelam palidamente de maneira imperfeita e por modificações elevam o modo de consideração genial para as Ideias dessas características, para sua perfeição; eis por que o gênio vê tudo acima de qualquer medida, vê em toda parte o extremo, e justamente por isso seu comportamento incorre no extremo: ele não acerta na medida correta, falta-lhe placidez, e suas ações, pontuadas por extravagâncias, assemelham-se à loucura. O gênio conhece as Ideias perfeitamente, não os indivíduos, nem as relações. Por conseguinte, um poeta pode conhecer profunda e fundamentalmente *o* homem, no entanto conhece muito mal *os* homens; por essa razão ele é facilmente enganado e se torna um joguete nas mãos dos astutos. Já consideramos o suficiente acerca das desvantagens ligadas à individualidade genial, assemelhando-a à loucura. Ademais, observamos muitas vezes certa *melancolia* em pessoas de gênio. Willisius descreve os sintomas da melancolia: 1) reflexão e pensamento constantes, sempre às voltas com meditações, nunca se é livre, *vacuus*; 2) pensamento contínuo numa coisa, e tão exclusivamente que se perde de vista outras coisas muitas vezes mais importantes; 3) visão das coisas em sombria luz desfavorável. Os dois primeiros pontos estão necessariamente ligados ao laborar do gênio. Jamais se instituirá algo de grandioso se, no tempo de seu amadurecimento, ele não for continuamente pensado e todo o resto esquecido. O terceiro ponto é com facilidade encontrado e acrescido aos outros.

---

41. Cf. nota anterior. (N. T.)

Capítulo 7

Da Finalidade da Obra de Arte

Vimos que o *gênio* é a capacidade preponderante de apreender as Ideias das coisas por intuição contemplativa e puramente objetiva, a qual só acontece na medida em que é abandonado o modo de consideração conforme o princípio de razão, que conhece as relações e as coisas isoladas, cuja existência inteira reside propriamente apenas nas relações. O conhecimento genial, assim, abandona esse modo de consideração para apreender as Ideias das coisas, em cuja apreensão o sujeito que conhece não é mais indivíduo, mas precisamente apenas puro sujeito do conhecer. Entretanto, a capacidade para tal conhecimento tem de encontrar-se também, em menores e diversos graus, em todos os homens, porque do contrário eles seriam incapazes de fruir as obras de arte, como o são de produzi-las, e não poderiam possuir em geral nenhuma receptividade para o belo e o sublime; sim, belo e sublime teriam de ser palavras sem sentido para eles. Se, portanto, não há homens absolutamente incapazes de satisfação estética, temos de admitir que em todos se encontra aquela faculdade de conceber nas coisas suas Ideias e, em tal conhecimento, de se despir por um momento de sua personalidade. O gênio possui apenas o grau mais elevado e a duração mais prolongada daquele modo de conhecimento.[42] É exatamente isso que torna possível ao gênio, por meio de semelhante conhecimento, conservar a clareza de consciência necessária para reproduzir numa obra intencional o assim conhecido, reprodução esta que é a obra de arte. Pela obra de arte o gênio comunica aos outros a Ideia apreendida. Na medida em que a Ideia é apreendida pelos outros pelo *medium* facilitador da obra de arte, aquela permanece ali sempre a mesma e imutável; por consequência, também a satisfação estética é essencialmente uma única e a mesma, seja provocada por uma obra de arte, seja imediatamente pela intuição da natureza e da vida.[43] A obra de arte é simplesmente um meio de facilitação do conhecimento da Ideia, no qual repousa aquele prazer. A Ideia se nos apresenta mais fácil a partir da obra de arte do que imediatamente a partir da natureza ou da efetividade; isso se deve em grande parte ao fato de o artista, que conheceu só a Ideia e não mais a efetividade, também ter reproduzido puramente em sua obra somente a Ideia, destacada da efetividade com todas as suas casualidades perturbadoras; por-

---

42. A teoria do gênio schopenhaueriana é bastante, por assim dizer, "democrática", pois concede a todos certo grau de genialidade, o que lhes permite reconhecer o belo nas artes e na natureza. Mesmo a produção de uma obra artística é imaginável para alguém que não seja gênio no sentido estrito do termo. Em verdade, o gênio em Schopenhauer é uma faculdade estética, que admite diferentes graus, tão real na mente de cada um quanto a razão ou o entendimento. Gênio no sentido privilegiado do termo é quem possui o grau máximo dessa faculdade. Com isso, elimina-se um pretenso elitismo estético desta metafísica do belo, coisa que não se pode, por exemplo, dizer de Schelling, para quem a intuição intelectual, que se torna estética, portanto obra de arte, está a cargo de poucos. (N. T.)

43. De fato, em oposição à estética de Hegel ou mesmo do filósofo da natureza Schelling, que limitam suas estéticas a uma reflexão sobre a obra de arte, o belo em Schopenhauer não é exclusividade desta, mas pertence também à natureza. Nisso ele se aproximava do Kant da *Crítica da faculdade de juízo*, que conferia vantagem ao belo natural sobre o artístico. (N. T.)

tanto, ele expõe de maneira mais pura do que se encontra na efetividade o essencial e característico desta. O artista nos deixa olhar com seus olhos para a realidade, e assim tornamo-nos participantes, por sua intermediação, do conhecimento das Ideias. Que ele possua tais olhos, a desvelar-lhe o essencial das coisas, independentemente de suas relações, eis aí o dom do *gênio*, aquilo a ser-lhe inato; que ele esteja em condições de também nos emprestar esse dom, como que nos colocar seus olhos, eis aí o adquirido, a técnica da arte. Contudo, há outro fundamento para a Ideia apresentar-se a nós com maior facilidade a partir da obra de arte do que da efetividade. Lembremo-nos do que mostrei anteriormente: se o conhecimento deve entrar em cena de maneira pura e límpida, pelo que justamente é conhecimento das Ideias, é necessariamente requerido o silêncio completo da vontade do espectador. Pois, embora o conhecimento tenha brotado da vontade e se enraíze no fenômeno dela, é precisamente a vontade que com frequência o torna impuro; nosso querer constante turva nosso conhecer; a parte tomada por nós nas coisas, isto é, o interesse, obsta a concepção pura delas, nosso querer ou não-querer relacionado às coisas presentes atuais faz cair a névoa da subjetividade sobre tudo o que é objetivo. É, como eu disse, algo semelhante à flama, que, em sua clareza, é impurificada pela madeira ou tição do qual retira alimento e existência. Por conseguinte, se devemos conceber por pura contemplação objetiva a essência verdadeira e íntima das coisas, a Ideia que fala a partir delas, não podemos ter nenhum interesse nelas, ou seja, elas não têm de estar em relação alguma com nossa vontade. É precisamente esse o outro fundamento para a Ideia se expressar mais facilmente para nós a partir de uma imagem artística do que a partir da efetividade. A imagem artística nos facilita a disposição puramente objetiva já pelo fato de ser uma mera imagem. Pois o que vemos apenas na *imagem*, ou na *poesia*, ou num drama excelso, não é *para nós* efetivo, por consequência se encontra além de qualquer possibilidade de uma relação com nossa vontade; já a efetividade sempre está aberta a tal relação.

A imagem da obra de arte, por conseguinte, não pode estimular nossa vontade, mas fala puramente para nosso conhecimento, dirige-se exclusivamente a ele. Ao contrário, se devemos apreender a Ideia a partir da *realidade efetiva* da vida, temos de abstrair-nos de nosso querer e personalidade, elevar-nos por sobre eles, o que só pode acontecer mediante uma especial faculdade de arrebatamento. Daí, justamente, ser a concepção da Ideia a partir da efetividade uma coisa do gênio, o qual haure as Ideias da jazida inesgotável do mundo efetivo, as quais ele expõe na obra de arte, pelo que elas ainda agora se nos tornam mais facilmente apreensíveis. Ao gênio é possível essa apreensão das Ideias da vida mesma, e o necessário elevar-se completo por sobre a própria personalidade e seus interesses, exatamente porque o gênio, como mostrei, é um homem ao qual coube uma medida da faculdade de conhecimento que ultrapassa em muito aquela exigida para o serviço de uma vontade individual, excedente esse que, tornado livre, concebe objetivamente as coisas como puro sujeito do conhecer, livre de qualquer relação com a vontade própria. Embora as Ideias possam ser concebidas a partir da efetividade rude, sim, tenham de a partir daí, ser originariamente concebidas pelo gênio; no entanto, a obra de arte é que é um meio bastante poderoso de facilitação do conhecimento da Ideia. Isso ocorre, como já mencionado, de um lado devido ao fato de a Ideia ser exposta de maneira pura na obra de arte, o essencial é posto nitidamente diante dos olhos, separado do inessencial e perturbador, logo, no espelho da arte tudo se mostra nítido e mais característico; mas, de outro lado, advém aquela facilitação da apreensão da Ideia pela obra de arte também devido ao fato de, para apreender-se o mais nítido e puramente objetivo da essência das coisas, ser exigido *o silêncio completo da vontade*, e este só é alcançado com segurança se o objeto intuído não se situar no domínio das coisas que possam ter uma relação *possível* com a vontade, portanto que não sejam nada de efetivo, mas sua mera *imagem*. Ora, visto que para o belo mesmo não existe nenhuma diferença caso seu conhecimento e a satisfação que o acompanhem sejam hauridos imediatamente da natureza ou interme-diados pela obra de arte, daí se segue que não separaremos a consideração do belo na natureza e na arte, mas levaremos ambos em conta ao mesmo tempo. Até aqui traçamos as linhas básicas gerais do modo estético de conhecimento. Passaremos agora à investigação mais pormenorizada do belo e do sublime. Nosso fim será antes conhecer o que ocorre no homem quando o belo e o sublime o comovem. Se, contudo, tal comoção é recebida por ele imediatamente da natureza, da própria vida ou primeiro lhe é partilhada pela intermediação da arte – tudo isso não constitui uma diferença essencial, mas apenas exterior.

Capítulo 8

Da Parte Subjetiva da Satisfação Estética

Encontramos no modo de conhecimento estético dois componentes inseparáveis: primeiro o conhecimento do objeto não como coisa isolada, mas como *Ideia*; depois a consciência de si daquele que conhece, não como indivíduo, mas *como puro sujeito do conhecimento destituído de vontade*. Esses dois componentes são inseparáveis, e nenhum pode entrar em cena sem o outro. A condição, entretanto, da entrada em cena dos dois é que se abandone por completo o modo de conhecimento que segue o princípio de razão, o qual, ao contrário, é o único útil tanto para o serviço da vontade quanto para a ciência. Desses dois componentes do modo de conhecimento estético resulta também a *satisfação* despertada pela consideração do belo, e em verdade mais de um ou mais de outro, conforme o objeto da contemplação. Queremos agora, antes de tudo, observar que parte da fruição do belo possui a porção subjetiva da consideração estética. Esta era o estado do puro sujeito do conhecer destituído de vontade, no qual a pessoa cessa de ser consciente de si como indivíduo e permanece só como puro sujeito do conhecer. Mostrarei, doravante, como tal condição subjetiva da apreensão do belo em muito contribui para a satisfação que essa apreensão desperta em nós; portanto, uma grande cota da fruição estética reside na parte subjetiva.

Vimos que o conhecimento em geral existe originariamente para o serviço da vontade; logo, seu objeto mais próximo e natural é a vontade do próprio indivíduo – a concepção dos motivos segundo os quais a vontade decide –, por conseguinte a consideração dos fins da própria vontade e daquilo que é favorável ou impeditivo para tais fins. Porém, enquanto estamos ocupados, como é comum e natural, com nosso querer, nada pode nos aprazer perfeitamente. Considere-se o seguinte: todo *querer* tem de nascer de uma *necessidade*; toda necessidade, entretanto, é uma carência sentida, a qual é forçosamente um sofrimento. Decerto, toda satisfação põe fim a esse sofrimento. Mas, 1) o desejo retorna rápido e fácil; a satisfação, de modo lento e difícil; para cada desejo satisfeito, permanecem contra ele pelo menos dez que não o são. Nossa cobiça dura muito e nossas exigências não conhecem limites; a satisfação, no entanto, é breve e módica: com ela crescem as exigências, porém o contentamento assegurado pela satisfação decresce, devido ao avanço do hábito; 2) a satisfação última de um desejo é, nela mesma, apenas aparente: nada nos torna efetivamente contentes, pois, assim que um desejo é satisfeito, um novo ocupa seu lugar; o desejo realizado é um erro conhecido, e o novo, um erro ainda desconhecido. Uma satisfação duradoura, invencível, não pode de fato advir de objeto algum alcançado pelo querer, mas se assemelha à esmola que damos ao mendigo, a qual torna sua vida menos miserável, hoje, e no entanto prolonga seu tormento amanhã. Daí, portanto, pode-se inferir: enquanto, como é a regra, estamos ocupados com nossa vontade e o querer preenche nossa consciência, enquanto estamos entregues ao ímpeto dos desejos com sua esperança e temores sempre a acompanhá-los, logo, enquanto somos o *sujeito do querer*, nenhuma felicidade ou calma verdadeiras podem nos sobrevir, isso é simplesmente impossível. Em essência, é indiferente se o que nos movimenta é a esperança ou o temor, se perseguimos um bem ou fugimos de um mal, se nos esforçamos por um prazer ou se tememos uma desgraça. Tudo isso é essencialmente a mesma coisa, pois é sempre o cuidado em favor da incansável vontade exigente que preenche a consciência e a movimenta de forma duradoura, não importa em que figura isso ocorra. Entretanto, sem tranquilidade, nenhum autêntico bem-estar é possível. O sujeito do querer, portanto, está sempre enredado no sofrimento: é Íxion atado à roda que não cessa de girar, é o eternamente sedento Tântalo, são as danaides enchendo seus tonéis sem fundo.[44]

Considere-se que espécie de mudança acontece no sujeito quando a contemplação estética (não importa seu tipo) entra em cena. Ou se trata de *um objeto* que, pelo poder de sua beleza, isto é, de sua figura significativa, finalmente subtrai por inteiro nosso conhecimento da própria vontade e seus fins, ou se trata, por uma *disposição interna*, de o conhecimento liberar-se do serviço da vontade. Então, de modo autossuficiente, uma contemplação puramente objetiva entra em cena, e de repente somos sobrelevados da torrente sem fim da cobiça e aquisição; o conhecimento liberta-se da escravidão da vontade e existe para si de maneira livre, não mais apreendendo as coisas conforme elas digam respeito à vontade, conforme sejam seus *motivos*, mas o conhecer é agora livre de toda relação com o querer. Dessa forma, ele é sem interesse, sem subjetividade, considera as coisas de modo pura-

---

44. Na mitologia grega, *Íxion*, por tentar seduzir Hera, a esposa de Zeus, recebeu deste a punição de ser atado a uma roda que não cessava de girar. Já *Tântalo* procurou testar a onisciência dos deuses, cozinhando o próprio filho e servindo-o a eles. Porém, quando esses o descobrem, condenam-no a sede e fome eternas: alcançar a água próxima que sempre se afasta ou comer frutos de uma árvore cujos galhos sempre são levados pelo vento. Quanto às *danaides*, por terem assassinado os maridos, foram condenadas a encher tonéis sem fundo. (N. T.)

mente objetivo, por inteiro entregue a elas, as quais estão na consciência só à medida que são meras *representações*, não *motivos*. Esse tipo de conhecer, essa purificação da consciência de todas as relações com a vontade, entra em cena necessariamente assim que consideramos algo de maneira estética; por conseguinte, a *tranquilidade* sempre procurada pelo caminho do querer, mas sempre furtiva, aparece por si mesma de repente e nos plenifica por completo. É o estado sem dor que Epicuro louva como o bem supremo e como o estado dos deuses: estamos nesse instante libertos dos terríveis ímpetos volitivos, festejamos o Sabá[45] dos trabalhos forçados do querer, a roda de Íxion cessa de girar.

Semelhante estado é precisamente o descrito atrás como a condição subjetiva do conhecimento da *Ideia*. Ora, visto que o princípio de razão é a forma necessária de conhecer do indivíduo, a Ideia, todavia residindo por completo fora do domínio de tal princípio, segue-se daí que o indivíduo nunca pode conhecer as Ideias; por conseguinte, se quisermos nos elevar ao conhecimento destas, é necessário que ocorra em nós uma mudança pela qual deixamos de ser indivíduos, tornando-nos puro sujeito do conhecer. O que caracteriza semelhante estado é justamente a contemplação pura, o absorver-se na intuição, o perder-se no objeto, o esquecer-se de toda individualidade, a supressão do conhecimento que segue o princípio de razão e concebe somente relações. O conhecedor não é mais indivíduo, mas puro sujeito do conhecer destituído de vontade. Concomitantemente, a coisa isolada assim conhecida tornou-se a *Ideia* de sua espécie, ambos sobrelevados da torrente do tempo e de todas as outras relações.

Na maioria das vezes, é a beleza, isto é, a figura do objeto a expressar sua Ideia, que nos coloca no estado do puro conhecer. Somente disposição interna, preponderância do conhecimento sobre o querer no indivíduo, pode, diante de qualquer objeto, em qualquer ambiente, colocar a mente nesse estado. Disso dão

---

45. Descanso religioso que, de acordo com a legislação mosaica, os judeus devem respeitar aos sábados, consagrados a Deus. (N. T.)

uma bela e agradável prova aqueles pintores, ainda não suficiente-mente apreciados, da escola neerlandesa, que pintavam as assim chamadas *naturezas-mortas*. Tais quadros só são possíveis porque o artista pôde deter a descrita intuição objetiva também em objetos insignificantes. Um semelhante quadro é então o monumento duradouro da objetividade e tranquilidade de espírito do artista. Precisamente por isso o espectador se tranquiliza, pois o quadro torna presente o tranquilo, sereno estado de espírito do artista, destituído de vontade, que era necessário para considerar com tanta atenção, para intuir objetivamente uma coisa tão insigni-ficante e essa intuição repetir com tanta clareza de consciência num quadro. Este também exige que o espectador se abandone a tal estado, no qual – por encontrar-se muitas vezes em oposi-ção com a própria constituição mental intranquila, turvada por todo tipo de querer, em que o espectador se encontra – tem-se por contraste justamente o aprofundamento da tranquilidade. Em espírito semelhante ao da natureza-morta são também pintadas muitas paisagens que representam os objetos mais insignificantes, em especial por Ruisdael, as quais despertam o mesmo efeito e de uma maneira ainda mais aprazível. Aqui, onde o objeto é em si pouco significativo, a intuição puramente objetiva dele provém da força íntima do artista, com o que, ao mesmo tempo, algo insignificante atua esteticamente na exposi-ção. Aquela disposição mental puramente objetiva será bastante favorecida e fomentada de fora, caso o próprio objeto, mediante sua figura significativa, lhe venha ao encontro e convide por si mesmo à pura intuição, o que o faz em particular a bela nature-za em sua exuberância – ela como que se impõe à consideração objetiva. Eis por que *a natureza,* por meio de sua beleza estética, faz efeito de maneira tão benéfica sobre a mente. O poder com que ela nos solicita à pura intuição é tão forte, que muitas vezes ela se abre ao nosso olhar de um só golpe, quase sempre possi-bilitando obter êxito em nos liberar da ocupação com o nosso si-mesmo sofredor e seus fins, em nos desprender da subjetivi-dade, em nos libertar da escravidão da vontade e nos colocar no estado do puro conhecer, embora muitas vezes só por um instante. Essa facilidade com que o olhar sobre a natureza nos coloca no estado do puro conhecer, onde nos furtamos à individualidade com todos os seus sofrimentos, explica por que até as pessoas intimamente atormentadas por necessidade, preocupação ou paixões subitamente se tornam aliviadas, serenas e reconfortadas mediante um único olhar livre para a natureza: a tempestade das paixões, o ímpeto dos desejos, a intranquilidade do temor e da preocupação são abrandados de imediato e de maneira maravilhosa, precisamente porque se furtam à individualidade. Tudo isso provém do fato de que, no instante do abandono ao intuir puramente objetivo, libertamo-nos de todo querer e, com isso, como que entramos num outro mundo, onde tudo o que antes excitava a Vontade e nos abalava tão veementemente desaparece. Tal libertação do conhecimento sobreleva-nos de forma tão completa quanto o sono e o sonho: felicidade e infelicidade desaparecem. Não somos mais indivíduo, este foi esquecido. Ainda se existe tão somente como puro sujeito do conhecimento, portanto como o olho cósmico *uno*, que olha a partir de todo ser que conhece, mas apenas no homem pode se tornar tão inteiramente livre do serviço da vontade, e com isso a consciência consiste unicamente no conhecimento. Quando esse estado se instaura (e ele se instaura tão logo consideremos as coisas esteticamente, isto é, de modo puramente objetivo), qualquer diferença concernindo à individualidade é suprimida: é indiferente a qual indivíduo pertence o olho que intui – a consciência que conhece puramente –, se a um rei poderoso ou a um mendigo miserável; é indiferente se o pôr do sol é visto de um cárcere ou de um palácio, pois, por assim dizer, somos colocados num domínio além de cujos limites nem felicidade nem infelicidade nos podem seguir. Trata-se do domínio do conhecimento puramente objetivo, onde somos por inteiro estranhos à miséria. Tal domínio sempre está nas proximidades, apenas na maioria das vezes nos falta a faculdade de espírito para nos manter nele por bastante tempo. Mas também, enquanto estamos efetivamente entregues à intuição puramente objetiva, basta qualquer relação do objeto intuído de modo puro com nossa vontade para que nossa pessoa entre novamente em cena na consciência: com isso finda de imediato o encanto. Basta ocorrer-nos que a paisagem contemplada de forma puramente objetiva é uma propriedade, a qual pode ser-nos transmitida por herança, para que de imediato desapareçam a liberdade e a tranquilidade de espírito que acompanham o puro conhecer. Não somos mais puro sujeito do conhecimento, mas indivíduo: se antes o que conhecíamos era a Ideia, exterior a todas as relações, agora é a coisa isolada, conhecida apenas mediante as relações postas pelo princípio de razão, e portanto ela é um elo na cadeia à qual também pertence o indivíduo cognoscente; com isso, logo ressurge toda a miséria que acompanha a individualidade e o querer. Tem-se aqui o ponto de vista ordinário que a maior parte dos homens quase nunca abandona, justamente porque lhes falta a objetividade, isto é, a índole estética ou genial de espírito; daí não serem, pelo menos por muito tempo, capazes da concepção estética da natureza. Isso se mostra no fato de não se sentirem bem, ao estar sozinhos com ela, por mais que esta lhes revele toda a sua beleza: eles precisam de sociedade para sentir ação e reação, porque a consideração objetiva não consegue tomar conta de sua consciência; ou eles pegam um livro e o leem durante um passeio para, assim, por meio de pensamentos abstratos, afugentar o tédio que o olhar sobre a natureza tem de provocar em quem é incapaz de intuição objetiva; tudo porque seu conhecer permanece o tempo todo a serviço da vontade, de modo que sempre procuram em todos os objetos somente as relações que estes possam ter com ela, e tudo que não possua semelhante relação ecoa em seu íntimo como um baixo fundamental propalando um contínuo e inconsolável "de nada serve". Daí advém que na solidão também a mais bela cercania tenha para tal pessoa um aspecto desolado, cinza, estranho, hostil. O estado do puro conhecimento completamente destituído de vontade é o único que nos pode fornecer um exemplo da *possibilidade de uma existência que não consiste no querer* (como a nossa existência atual). Veremos ainda que a redenção do mundo e de seu tormento só é imaginável após a supressão completa de todo querer; com isso também o mundo, como o conhecemos, é suprimido, e para nós resta unicamente um nada vazio. Apenas o puro conhecer destituído de vontade nos dá a garantia da possibilidade de uma existência que não consista no querer, aí podendo basear-se, em parte, a alegria que o estado do puro conhecer sempre nos proporciona.

Portanto, visto que em cada concepção estética – vale dizer, de reconhecimento do belo nele mesmo – o descrito estado do puro conhecimento livre de vontade é sua condição subjetiva (estado que, no entanto, nos furta a todo sofrimento inseparável do querer e da individualidade), segue-se então que precisamente essa condição subjetiva da fruição estética tem uma grande participação na alegria que o belo nos proporciona.

Aquela descrita bem-aventurança que o intuir livre de vontade traz consigo explica também por que a recordação de tempos pretéritos e lugares distantes permite que estes sejam vistos numa luz tão bela; e, enquanto o presente atual raramente nos satisfaz, o que se encontra longínquo no tempo e no espaço sempre é envolto por um encanto maravilhoso, devido a uma autoilusão (pois, quando o agora distante era presente atual, não nos satisfazia mais do que o atualmente próximo e presente). Em verdade, ocorre o seguinte: enquanto chamamos de volta à fantasia perdidos dias pretéritos e lugares distantes, ocupamo-nos simplesmente com os objetos, intuindo-os agora na fantasia como se outrora pudéssemos tê-los intuído no presente, caso naquela ocasião a ocupação com o próprio querer e os fins individuais – ao lado do cuidado incessante e do sofrimento ligados a eles – não tivessem, como acontece sempre, se apossado de nossa consciência. Esse cuidado e esse sofrimento, no entanto, foram agora esquecidos e desapareceram, cedendo desde então, diariamente, seu lugar a outros, de maneira que as imagens daquele passado e distância, outrora turvadas por eles, expõem-se agora deles purificadas. Por isso a intuição, na recordação da fantasia, é livre de todas as relações com a vontade, e dessa forma tem aquela objetividade que a intuição do presente atual não possui, visto que não conseguimos nos entregar por inteiro a esta, ou seja, perder de vista suas relações com a vontade. Por esse motivo, muitas vezes, recordações de episódios passados e distantes subitamente surgem diante de nós como um paraíso perdido: na maioria das vezes, isso acontece quando uma necessidade nos angustia mais que o comum. O encanto da distância e do passado origina-se, pois, do fato de a fantasia nos trazer de novo meramente algo objetivo, não individual- -subjetivo; então imaginamos que esse algo objetivo se colocou outrora diante de nós de modo tão puro e isento de qualquer relação turvadora com a vontade como o faz agora sua imagem na fantasia, apesar de a relação dos objetos com nosso querer ter gerado outrora tanto tormento quanto agora. A intuição dos objetos atuais poderia ser tão aprazível quanto a dos objetos distantes da fantasia, caso apenas estivéssemos em condições de considerá-los de maneira puramente objetiva, livre das rela- ções com a vontade. Quem quiser alcançar isso tem de estar em condição de considerar as coisas sob a ilusão de que somente elas existiriam, ao passo que ele, o espectador, inexistiria: seu si- -mesmo teria de desaparecer da consciência. Quando isso ocorre, ele ainda subsiste só como puro sujeito do conhecer e, enquanto tal, é totalmente uno com os objetos, mero correlato destes, que existem no mundo como representação devido a ele – tão alheia é a necessidade de seu indivíduo a esses objetos, tão alheia é tal necessidade a ele mesmo. Enquanto alguém se mantém nessa intuição objetiva das coisas, só o mundo como representação existe; o mundo como vontade desapareceu, único portador de todo sofrimento, do qual está livre o mundo como representação. Por isso, de um lado, o que em geral nos diverte em imagens, seja na pintura, seja na poesia, vale dizer, as impulsões, ímpe- tos e movimentos da vida, por outro lado nos provoca muita dor, caso estejamos aí compreendidos, isto é, caso sejamos a vontade mesma que origina tais fenômenos.

Was im Leben uns verdriesst,
Man im Bilde gern geniesst.[46]

Goethe

Por meio de todas essas considerações espero ter tornado claro de que espécie e envergadura é a participação que possui a condição subjetiva da satisfação estética na mesma, ou seja, a libertação do conhecer do serviço da vontade, o esquecimento do próprio si-mesmo como indivíduo, e a elevação da consciência ao puro sujeito do conhecer atemporal e destituído de vontade, independente de todas as relações. Com esse lado subjetivo da contemplação estética sempre entra em cena simultaneamente, como correlato necessário, o lado objetivo, o conhecimento intuitivo da Ideia.

Antes de passarmos à consideração mais detalhada desse lado objetivo e às realizações da arte a ele relacionadas, é aconselhável ainda nos determos no lado *subjetivo* da satisfação estética e coroarmos a consideração deste mediante a explicitação da impressão do *sublime*: pois este depende por inteiro da condição subjetiva da apreensão estética e nasce por meio de uma modificação dela. Depois refletiremos sobre o lado objetivo da satisfação estética, e assim será completada toda a investigação.

Entretanto, cabe ainda esta observação, referente ao que foi dito até agora e que lhe serve de elucidação: a *luz*, por si mesma, faz efeito esteticamente; possui beleza própria; pode-se dizer que ela é o *mais aprazível* das coisas. Por isso, tornou-se símbolo de tudo o que é bom e salutar; sua ausência deixa-nos logo tristes; seu retorno, felizes. As cores despertam de imediato um prazer vivaz. Tudo isso provém, decerto, do fato de a luz ser o correlato e a condição do modo de conhecimento mais perfeito, o único que não afeta de imediato a vontade, ou seja, a visão, que se diferencia das outras percepções dos sentidos

---

46. "O que na vida nos incomoda, / Fruímos de bom grado em imagens." (N. T.)

por, ao contrário das afecções destes, não ser em si mesma e imediatamente, por meio de seu efeito sensível, capaz de uma *sensação* agradável ou desagradável no órgão. Por outros termos, a afecção dos olhos mediante a luz faz efeito não *imediatamente* e por si mesma sobre a vontade; só os objetos já intuídos, isto é, apreendidos pelo entendimento, podem atuar sobre a vontade por intermédio de suas relações com ela; isso, contudo, é algo completamente diferente, é coisa do entendimento, não do sentimento corpóreo. Cada outra afecção do corpo, também nos órgãos dos sentidos, exceto os olhos, tem uma relação imediata com a vontade, ou seja, pode por si mesma ser agradável ou dolorosa. A audição, menos, mas os tons podem, já imediatamente e de modo puro, despertar dor sensória ou também, sem levar em conta a harmonia ou a melodia, ser por si mesmos sensualmente agradáveis. O tato, enquanto uno com o sentimento do corpo inteiro, está ainda mais submetido às afecções de dor e agrado, portanto também se refere imediatamente à vontade; contudo, via de regra, o tato é livre de dor e agrado. Quanto aos odores, são sempre agradáveis ou desagradáveis; o paladar, ainda mais. Portanto, o olfato e o paladar estão em cumplicidade máxima com a vontade, suas sensações se referem mais à vontade do que ao conhecimento, e por isso eles são sempre considerados os menos nobres dos sentidos. Com muita propriedade, Kant os nomeia sentidos subjetivos. O olho, por conseguinte, é o único sentido puramente objetivo, que serve exclusivamente ao conhecimento, sem que sua sensação estimule de imediato a vontade. Daí ocorre que a visão da luz, ou seja, o estímulo da atividade sensória do olho, já nos alegra espiritualmente de imediato e por si mesma. A alegria estética que a luz sempre desperta em nós é propriamente apenas a alegria diante da possibilidade objetiva da maneira mais pura e perfeita de conhecimento intuitivo; daí se inferir que o conhecer puro, despido e livre de todo querer, constitui já a metade de qualquer fruição estética. Isso explica aquela outra e menos simples fruição estética, a saber, a que sempre nos oferece o espelhamento de objetos na água, fenômeno esse que invariavelmente consideramos com satisfação estética especial, reconhecendo nele enorme beleza. Também isso reside na parte subjetiva da fruição estética e liga-se à alegria com a luz. De fato, a visão é o modo de conhecimento intuitivo mais perfeito e objetivo: sua possibilidade repousa sobre a refrangibilidade da luz pelos corpos, que é o tipo mais fácil, rápido, sutil de efeito dos corpos uns sobre os outros, justamente ao qual agradecemos a de longe mais perfeita e pura de nossas percepções, que é a visão. Pelo espelhamento dos objetos na água torna-se bastante claro o efeito deles uns sobre os outros mediante os raios de luz refrangidos, algo a ser trazido diante dos olhos de forma nítida e completa em causa e efeito, e em verdade de modo amplo. A incrível e enorme beleza que atribuímos a esse acontecimento reside simplesmente na alegria da aqui esclarecida possibilidade do modo mais puro de intuição sensível; é, portanto, a alegria no puro conhecimento e sua via, a enraizar-se por completo no fundamento subjetivo da satisfação estética.

Espero que se tenha compreendido de que tipo é o mero subjetivo na satisfação estética, isto é, na alegria do belo, e como daí advém que a consciência esteja por inteiro entregue ao conhecimento e, com isso, liberta do querer, do qual se origina todo sofrimento. Para isso, o conhecer tem de ser intuitivo, não abstrato, porque apenas o intuir pode abandonar o princípio de razão e, por conseguinte, todas as relações. O pensamento abstrato, porém, sempre prossegue em conformidade com o princípio de razão, e por esse motivo permanece prisioneiro das relações, as quais sempre encontram algum caminho para a vontade. O pensamento, também, é em si algo arbitrário, uma combinação estrita de conceitos, e depende, pois, da vontade. Ele é aprazível mediante a obtenção de resultados, mas não imediatamente por si mesmo. O prazer do pensamento puro não é estético. Ele nos desvia da ocupação com nossos objetivos individuais, mas não nos arranca por completo e de uma vez de nossa personalidade, como é o caso da intuição pura. Antes, porém, de passar à parte objetiva da alegria do belo, é melhor, aqui, inserir a explicitação do *sublime*, porque a disposição que nomeamos sentimento do sublime tem sua origem propriamente na parte subjetiva da fruição estética, a saber, nasce mediante um acréscimo especial a ela.

Capítulo 9

Da Impressão do Sublime

O pôr-se no estado do puro conhecer se dá de maneira mais fácil quando os próprios objetos se acomodam a tal estado, isto é, quando, mediante sua figura variada e ao mesmo tempo distinta e determinada, tornam-se facilmente representantes de suas Ideias, no que justamente consiste a beleza em sentido objetivo. Sobretudo a *bela natureza* possui essa qualidade, a qual, por conseguinte, provoca, até mesmo no insensível, ao menos uma satisfação estética fugaz. Enquanto esse vir-ao-encontro da natureza, e a importância e distinção de suas formas a partir das quais nos falam as Ideias nelas individualizadas, for o que nos põe no estado de contemplação, justamente por aí nos fazendo puro sujeito do conhecer destituído de vontade, então é simplesmente o belo que atua sobre nós, despertando o sentimento de beleza. Porém, pode ocorrer que precisamente os objetos que nos convidam com suas figuras significativas para sua pura contemplação possuam uma *relação hostil* com a Vontade humana em geral, tal qual ela se expõe em sua objetidade, o corpo humano. E isso é possível de duas maneiras: ou eles lhe podem ser adversos mediante a exibição de um poder que suprimiria qualquer resistência, portanto um poder ameaçador, e esse tipo nomeio, com a expressão kantiana, sublime *dinâmico*; ou também a grandeza dos objetos é incomensurável e diante deles o corpo humano é reduzido a nada, tendo-se aí o sublime *matemático*.[47] Se diante de tais objetos o espectador dirige a atenção justamente para aquela relação hostil e impositiva contra sua vontade, então ele vê neles apenas coisas hostis e temerárias, sente-se ameaçado e angustiado ou diminuído e anulado. Ao contrário, se ele percebe e reconhece neles algo ameaçador e superpotente, porém os perde de vista e se *desvia* deles com intenção e consciência, à medida que separa violentamente o conhecimento deles de sua vontade e relações, deixando-os subsistir por si mesmos, então estará entregue unicamente ao puro conhecimento, neste contemplando com tranquilidade, como puro sujeito do conhecer destituído de vontade, exatamente aqueles objetos temerários para a vontade. Como tal, ele apreende unicamente a *Ideia* do objeto, alheia a qualquer relação. De bom grado se demorará na consideração de tal objeto, o qual, caso seu conhecimento fosse entregue ao serviço da vontade, poderia despertar apenas temor ou sentimento de aniquilação. Por conseguinte, o espectador será *elevado sobre* (*hinausgehoben*) si mesmo, sobre sua pessoa, sobre seu querer e sobre qualquer querer: a disposição daí

---

47. O conceito de sublime remonta a *Sobre o sublime*, de Pseudo Longino. Aí o termo se associava antes a um falar e escrever testemunhos da maestria retórica da expressividade linguística, com sua dignidade e grandeza. Modernamente, em 1757, coube a E. Burke conceber o sublime em sua acepção mais aceita hoje, ou seja, ele será um *delight*, oposto ao belo, que será *pleasure*, não se tratando mais aqui do âmbito da retórica, mas do informe e das formas da natureza contempladas pelo espectador. O sublime desperta uma sensação de perigo e infinitude, superadas pela segurança da contemplação, que provoca *delight*. Kant depois receberá essa teoria de E. Burke, divulgando-a no continente europeu, porém modificada pelo aparato crítico-transcendental, quando então influirá decisivamente em Schiller, Schelling, Schopenhauer, dentre outros. (N. T.)

Metafísica do Belo

resultante é o sentimento do *sublime* (*Erhabenen*); o espectador se encontra em estado de *elevação* (*Erhebung*) sobre si mesmo e, por consequência, nomeia-se também *sublime* (*erhaben*) o objeto que ocasiona tal estado.[48] O que diferencia o sentimento do sublime daquele do belo é o seguinte: nos dois tipos de apreensão estética, nosso conhecimento furtou-se por completo ao serviço da vontade, não se é mais, portanto, indivíduo, mas puro sujeito do conhecer. No entanto, na contemplação do *belo* o conhecer puro ganhou a preponderância *sem luta*: aqui a beleza do objeto, isto é, sua característica que facilita o conhecimento de sua Ideia, distanciou a vontade – e o conhecimento das relações a seu serviço – da consciência, e isso sem resistência, logo, de maneira imperceptível – daí ter restado aqui a consciência como puro sujeito do conhecer, sem resquício algum de uma *lembrança* da vontade. Ao contrário, no *sublime* aquele estado do conhecer puro é toda vez conquistado por um furtar-se consciente e violento das relações conhecidas como desfavoráveis do objeto com a vontade, mediante um livre elevar-se acompanhado de consciência sobre a vontade e do conhecimento que se relaciona a esta. Tal elevação tem de ser não apenas ganha com consciência, mas também mantida com consciência; daí ela ser continuamente acompanhada de uma lembrança da Vontade, porém não a de um querer individual particular, como temor e desejo, mas do querer humano em geral, na medida em que este é expresso universalmente por sua objetidade, o corpo humano. Caso entre em cena na consciência um único ato individual da vontade, devido a uma situação real de aflição e perigo advindo do objeto, a vontade individual assim efetivamente movimentada ganha logo a preponderância, tornando impossível a tranquilidade da contem-

---

48. Schopenhauer faz um interessante jogo de palavras com os termos *Erhabenen* (sublime), *Erhebung* (elevação), *hinausgehoben* (elevado sobre) e o adjetivo *erhaben* (sublime). Todas as palavras se referem ao verbo *erheben*, elevar, de onde se originou *erhabenen*, sublime, seu particípio passado no antigo médio alemão. (N. T.)

plação e fazendo com que se perca a impressão do sublime, pois esta cede lugar à angústia, pela qual o esforço do indivíduo para salvar-se reprime aquele outro pensamento. O sentimento do sublime, portanto, em sua determinação fundamental, é um único e mesmo com o do belo, vale dizer, com o puro conhecer livre de vontade e com o conhecimento da Ideia que, de modo necessário, entra simultaneamente em cena com ele. Essa Ideia reside fora de todas as relações postas pelo princípio de razão. O sentimento do sublime se diferencia do belo apenas por uma adição: o elevar-se para além da conhecida relação hostil do objeto contemplado com a vontade; à medida que essa adição seja forte, clamorosa, impositiva, próxima, ou apenas fraca, distante, meramente indicada, nascem graus diversos de sublime, sim, dá-se a passagem do belo para o sublime.

Exemplos de impressão do sublime: a calma profunda e a solidão num espaço amplo já possuem algo sublime, porque são desfavoráveis à vontade, visto que não lhe oferecem em geral objeto algum, sem propriamente ameaçar o indivíduo com carência. Pense-se numa ampla e larga região, não abarcada por inteiro pelo olhar, o horizonte a perder de vista, solidão plena e silêncio profundo de toda a natureza, céu azul completamente sem nuvens, árvores e plantas na atmosfera imóvel, nenhum homem, nenhum animal, nenhuma corrente de água, a quietude mais profunda; então, no contemplador que aí se encontra, tem de originar-se uma certa angústia ou o sentimento do sublime. Qual dos dois aparece depende da escala do valor intelectual do espectador, assim como, em geral, o grau de nossa capacidade para suportar ou amar a solidão é um bom critério do nosso valor intelectual. A cercania descrita não oferece à vontade objeto algum, nem favorável, nem desfavorável. A vontade, entretanto, precisa de esforço e posse contínuos, por conseguinte a pessoa cujo conhecimento é sempre ativo apenas na relação com sua vontade sentiria aqui a angústia do vazio da vontade desocupada e, com redução de ânimo desencorajadora, seria sacrificada ao tormento do tédio. Ao contrário, para quem é capaz da consi-

Metafísica do Belo 107

deração livre de vontade, o lugar descrito é como um chamado para a seriedade, para a contemplação, com abandono de todo querer e sua indigência: ele entra no estado do conhecer puro; entretanto, à calma e plena suficiência desse estado mescla-se como contraste uma lembrança da dependência e da pobreza do esforço da vontade necessitada de constante empenho: justamente por esse motivo uma tal cercania extremamente solitária e profundamente calma já possui um traço do sublime. Uma impressão desse tipo provém em menor grau das sombras solitárias de carvalhos gigantescos, como por exemplo o "Halle Santo", em Tharandt.[49] Sim, a tranquilidade que entra em cena por ocasião de toda noite bela, quando silenciam os tumultos e agitações do dia, as estrelas aparecendo aos poucos, a lua a se levantar – tudo isso já se harmoniza de maneira sublime, pois nos desvia da atividade que serve à nossa vontade, convidando-nos à solidão e à contemplação. A noite é em si mesma sublime. O sublime será notado num grau ainda maior, caso também despojemos aquela região de plantas e árvores, no lugar das quais inserimos rochedos escarpados. Devido a nossa subsistência, estamos vinculados ao orgânico em geral; a ausência completa dele provoca, por conseguinte, uma impressão angustiante: o ermo assume um caráter amedrontador; a disposição do espectador estético de tal ermo torna-se mais trágica; a elevação ao puro conhecer ocorre com abandono decisivo do interesse da vontade: enquanto o espectador também permanece no estado do puro conhecer, entra em cena de maneira bem distinta o sentimento do sublime.

Imagine-se agora uma região que ocasione em grau ainda maior aquele sentimento: transportemo-nos para um vale circundado por rochedos escarpados e pendendo ameaçadores, de tal maneira que a posição deles não permita ver um caminho de

---

49. Cidade a sudoeste de Dresden. Nela foi escrita a obra principal de Schopenhauer, *O mundo como vontade e como representação*, da qual deriva esta *Metafísica do belo*. (N. T.)

fuga. Imagine-se a natureza em agitação tempestuosa, negras nuvens trovejantes e ameaçadoras no alto, claro-escuro da iluminação; ermo completo; rumor contínuo de um riacho espumoso e o lamento do ar passando pelas fendas rochosas. Ao andarilho solitário tal cena sugere nossa dependência, nossa luta contra a natureza hostil, nossa vontade aí obstada, e tudo isso de maneira bem próxima e intuitiva, a olhos vistos, sem que a reflexão seja necessária. Enquanto a aflição pessoal não preponderar nele, mas ele permanecer na consideração pura e na concepção desse ambiente, o puro sujeito do conhecer mirará através daquela luta das forças da natureza, através daquela imagem tão próxima da vontade humana obstada, e apreenderá as Ideias de maneira calma, imperturbável, inabalável, precisamente nos objetos que são ameaçadores e terríveis para a vontade. Nesse contraste reside o sentimento do sublime. Assim como um raio de sol corta, imperturbável, o movimento da veemente tempestade, do mesmo modo a tranquilidade de uma mente intuitiva contrasta com a luta das forças naturais que ela concebe. A impressão do sublime torna-se mais poderosa caso tenhamos a luta da natureza, em sua total grandeza, diante de nós; assim a sente quem fica no castelo "Laufen" às margens da queda do Reno, cujo barulho é tão forte que não se consegue ouvir a própria voz; talvez um canhão pudesse disparar, sem que se o ouvisse. A proximidade de um poder tão temerário, cujos efeitos são considerados de maneira segura e tranquila, despertam o sentimento do sublime.

Recebi uma vez, muito fortemente, a impressão do sublime de um objeto que apenas *ouvia*, sem vê-lo. Tal objeto, entretanto, é único no mundo. Sabe-se que o grande *Canal du Languedoc* liga o Mar Mediterrâneo ao Garonne[50] e, daí, ao oceano. Para prover o canal com água, foi feita a seguinte construção: a algumas milhas de Toulouse fica a cidade de Castelnaudary, e a cerca de 1 milha desta fica St. Feriol; sobre uma montanha próxima dessas

---

50. Rio do sudoeste da França, com 575 km de extensão. (N. T.)

duas cidadezinhas encontra-se um lago ou represamento de água, alimentado por fontes das montanhas circundantes. Ora, abaixo do lago, na montanha, há uma canalização que despeja água do lago no canal, tantas vezes quanto for preciso. Um poderoso guindaste mantém essa canalização fechada – obstruindo o lago –, e ela só é aberta quando a água deve fluir. Fui conduzido por uma longa trilha na montanha. Bem ao lado desta, mas separado dela por um paredão, encontra-se o caminho preciso da água; no fim da trilha, entretanto, está o grande mecanismo. Ora, após ter-me feito o tão necessário aviso para não me assustar, o guia abriu o mecanismo, e então se elevou o barulho mais sonoro que se pode ouvir no mundo, causado pela grande massa aquosa que, nesse espaço fechado, ao lado da trilha, flui por toda a montanha no canal. Não é possível avaliar esse barulho horroroso, ele é muito mais elevado que a queda do Reno, porque se dá num espaço fechado. Ali seria completamente impossível causar um barulho mais sonoro; sentimo-nos como que aniquilados por inteiro pelo assombroso barulho. No entanto, visto que estamos plenamente seguros e intocados, e toda a coisa adianta-se na percepção, o sentimento do sublime apresenta-se em grau supremo, dessa vez ocasionado por um objeto simplesmente audível, sem nada visível. Depois disso, vamos também para a outra trilha e vemos a água fluir pelo mecanismo. Agora, entretanto, o choque não é tão grande, em parte porque a primeira impressão já passou, em parte porque temos diante dos olhos a causa do barulho. Quem for ao sudoeste da França não deve perder a oportunidade de fazer esse passeio.

Do mesmo modo, a impressão do sublime poderá ser sentida no mais alto grau por quem tiver a ocasião de ficar na costa marítima com tempo ruim e em meio a uma grande tempestade. Vemos então ampliada a luta das forças da natureza: as ondas sobem e descem, a rebentação golpeia violentamente os penhascos, espumas saltam no ar, a tempestade uiva, o mar grita, relâmpagos faíscam das nuvens negras e trovões explodem em barulho maior que o da tempestade e do mar. Então, o espectador dessa cena, seguro em sua pessoa, recebe a impressão plena do sublime, na medida em que a duplicidade de sua consciência atinge a distinção máxima, a saber, ele se sente de uma só vez como indivíduo, fenômeno efêmero da Vontade que o menor golpe daquelas forças pode esmagar, indefeso contra a natureza violenta, dependente, entregue ao acaso, um nada que desaparece em face de potências monstruosas, e também como um sereno e eterno sujeito do conhecer, o qual, como condição de todos os objetos, é o sustentáculo exatamente de todo esse mundo, a luta temerária da natureza sendo sua representação, ele mesmo repousando na tranquila apreensão das Ideias, livre e alheio a todo querer e necessidade. É a plena impressão do sublime. Aqui, por se tratar da visão de um poder superior, além de qualquer comparação com o indivíduo, ameaçando-o com o aniquilamento, tem-se o *sublime dinâmico*.

De maneira completamente diferente nasce a impressão do sublime a partir da presentificação de uma mera grandeza no espaço e no tempo, cuja incomensurabilidade reduz o indivíduo a nada. Esse é o *sublime matemático* (a divisão e o nome provêm de Kant, não a explanação). Quando nos perdemos na consideração da grandeza infinita do mundo no espaço e no tempo; quando meditamos nos séculos passados e por virem; ou também quando consideramos o céu noturno estrelado, tendo inumeráveis mundos efetivamente diante dos olhos, e a incomensurabilidade do mundo no espaço e no tempo se impõe à nossa consciência, sentimo-nos reduzidos a nada, sentimo-nos como indivíduo, como corpo vivo, como fenômeno transitório da Vontade, uma gota no oceano, condenados a desaparecer, a dissolver-nos no nada. Caso permanecêssemos assim, a impressão apenas nos angustiaria e nos atiraria ao chão. Mas eis que se eleva simulta- neamente contra tal fantasma de nossa nulidade, contra aquela aparência mentirosa do impossível, a consciência imediata de que todos esses mundos existem apenas em nossa representação, que eles, por conseguinte, são simplesmente modificações no eterno sujeito do puro conhecer, o qual nos sentimos assim que esquecemos a individualidade; esse sujeito do conhecer é a condição necessária, é o sustentáculo de todos os mundos e de todos os tempos. A grandeza do mundo, antes intranquilizadora, repousa agora em nós. Nossa dependência dele é suprimida por sua dependência de nós. Tudo isso, contudo, não entra em cena imediatamente na reflexão, não chega à consciência como um raciocínio abstrato, mas se mostra meramente como o sentimento vivo de que, em certo sentido, somos uno com esse mundo incomensurável. Daí, em vez de sermos comprimidos por sua incomensurabilidade, sermos elevados. É a elevação sobre o próprio indivíduo, sentimento do sublime. A tarefa da filosofia é justamente tornar claro em que sentido somos uma única e mesma coisa com o mundo. A consciência sentida dessa unidade, entretanto, tal qual é despertada pela impressão do sublime matemático, é também expressa pelos vedas em diversas passagens, como por exemplo: "*Hae omnes creaturae in totum ego sum, et praeter me aliud ens non est* (todas essas criações em sua totalidade são eu, e fora de mim não existe ser algum (*Upanixade*, XXIV, vol. I, p. 122).

Também se pode receber a impressão do sublime de maneira completamente imediata, já mediante um espaço que, em comparação com a abóbada celeste, é pequeno, porém, por ser limitado, encerrado, faz efeito sobre nós com sua inteira grandeza em todas as três dimensões, tornando a medida de nosso corpo quase que infinitamente pequena. Isso nunca pode ser ocasionado por um espaço vazio para a percepção, logo, por um espaço aberto, mas somente por um espaço perceptível imediatamente em todas as dimensões pela limitação, portanto uma cúpula enorme e bastante alta, como a da Catedral de São Pedro, em Roma, ou a de São Paulo, em Londres. O sentimento do sublime nasce aqui pela percepção do nada desvanecendo de nosso próprio corpo em face de uma grandeza que, por seu turno, encontra-se apenas em nossa representação, cujo sustentáculo somos nós como sujeito que conhece; por conseguinte, como em toda parte, o sentimento do sublime nasce aqui do contraste da insignificância e dependência de nosso si-mesmo como indivíduo, fenômeno da Vontade, com a consciência de nosso si-mesmo como puro sujeito do conhecer. Mesmo a abóbada do céu estrelado atua justamente assim sobre nós, quer dizer, desde que seja considerada sem reflexão; ela atua, então, como a abóbada de pedra, não com sua verdadeira grandeza, mas apenas com a aparente.[51]

Todos os que viram as *pirâmides do Egito* concordam que a visão delas é preenchida por tal comoção que não pode ser compartilhada por descrição alguma. Sem dúvida, também essa comoção pertence ao sentimento do sublime, que aqui deve ter uma origem mista: a grandeza das pirâmides deixa o indivíduo sentir a pequenez do próprio corpo. Quando se torna evidente que tal obra saiu das mãos humanas, logo se impõe o pensamento dos quantos milhares de indivíduos trabalharam durante toda a vida nesses colossos, e com isso de novo o contemplador se sente muito *pequeno*; por fim, é acrescida a convicção da idade avançada dessas obras e a reflexão sobre as inúmeras pessoas que desde então findaram sua curta vida, enquanto tais obras permaneceram em meio ao aniquilamento; o indivíduo se sente, com essa visão, infinitamente pequeno como indivíduo, mas, acima dessas relações desfavoráveis à vontade, eleva-se, na contemplação das massas rústicas e nobres – que, à luz do sol, lá estão de maneira tão pura e clara –, ao estado do conhecer puro, nascendo assim o sentimento do sublime. As impressões diversas que aqui atuam de modo unificado, nós as recebemos isoladamente de objetos distantes apequenados, que também despertam o sentimento do sublime. *Montanhas muito altas* são vistas com grande prazer, e concordamos em dizê-las *sublimes*: a simples grandeza das massas torna nosso ser infinitamente pequeno; no entanto, elas são o objeto de nossa intuição pura, somos o sujeito do conhecer, o sustentáculo do mundo inteiro dos obje-

---

51. Ou seja, desconsidera-se o tamanho da curvatura celeste, tendo-se assim a impressão de que as estrelas estão presas nela, e não que sejam infinitos outros astros, para além da Terra. (N. T.)

tos. É o sublime matemático. As ainda existentes *ruínas da Antiguidade* nos comovem de maneira indescritível – o Templo de Paestum, o Coliseu, o Partenon, a Casa de Mecenas com a queda-d'água no salão – pois sentimos a brevidade da vida, o efêmero da grandeza e pompa humanas em face da duração dessas obras. O indivíduo se encolhe, vê-se como extremamente pequeno, mas o conhecimento puro o eleva acima disso, ele é o eterno olho cósmico que a tudo vê, o puro sujeito do conhecer. É o sentimento do sublime.

Quanto ao *caráter sublime*, é a constituição mental devido à qual alguém considera os homens de maneira puramente objetiva, não segundo as relações que poderiam ter com sua vontade, embora tais relações existam; logo, com elevação sobre sua individualidade. Por conseguinte, o caráter sublime notará erros, ódio, injustiça dos outros contra si, sem com isso ser excitado pelo ódio; notará a felicidade alheia, sem sentir inveja; até mesmo reconhecerá as qualidades boas dos homens, sem, entretanto, procurar associação mais íntima com eles. Como diz Marco Aurélio (5,33), ανδρωπους δε ευ ποιειν, και ανεκεσθαι αυτων, χαι απεκεσδαι, *sustinere eos, iisdemque abstinere* (mostrar a boa atitude aos homens, suportando e renunciando). Também sentirá a beleza das mulheres, sem cobiçá-las. Portanto, a disposição de um caráter sublime diante dos homens é a mesma que a do sentimento sublime diante da natureza: concepção pura do conhecimento com elevação sobre as relações que os objetos têm com a vontade própria do espectador.

Ao explicitar a sublimidade do caráter, pode-se, de passagem, considerar brevemente o que seja a *grandeza de caráter*; o que propriamente significa quando alguém diz que o homem é *grande*, que o ato é *grandioso*. Em ocasiões extremamente diferentes se diz isso, mas o essencial da opinião é o seguinte:

Grande é o homem que não põe como meta principal de sua vida e atitude a *própria pessoa*; cujo esforço principal, no qual emprega todas as suas forças, não se direciona para nada de *individual*, consequentemente para nada de *subjetivo*, mas sim *objetivo*, ou seja, algo a existir para ele como mero objeto, mera representação. Sua meta mesma pode ser qualquer outra, mas, desde que não seja o bem-estar de sua pessoa, e ele, *com todo o empenho de suas forças*, trabalhe por essa meta, então esse homem é grande; seu objetivo, por exemplo, pode ser diminuir o sofrimento da humanidade – sua vida é um contínuo fazer bem, e ele pode passá-la, como Howard, visitando as prisões com o fito de aliviar, em sua pátria, o destino dos encarcerados – ou então consumar um grande épico, no qual despende sua vida; ou ainda ampliar em algum domínio o saber humano, vivendo apenas para isso, negligenciando todos os fins pessoais, pois vê sua vida meramente como um meio para atingir tal objetivo; ou pode viajar ao interior da África, estudar o Alcorão, deixar-se circuncidar; ou, finalmente, deseja ser um grande herói e coisas semelhantes. No entanto, caso haja vaidade, ele não é grande. Alguém é grande se sua pessoa e sua vida são um mero *meio* para um fim objetivo; sim, mesmo que esse fim seja um atentado, como por exemplo Louvel. Daí se conclui que ser bom é preferível a ser grande.

Ao contrário, *pequeno* é tudo o que é individual, isto é, todo cuidado e aflição com a própria pessoa. Evidentemente, segue-se que, via de regra, o homem tem de ser pequeno; e isso ele é. Grandes homens são exceções raras. Pode-se dizer (o que após a metafísica da ética ficará mais compreensível):[52] quem é *pequeno* conhece seu ser meramente na própria pessoa, uma pequenez a esvaecer entre tantas milhares de outras; já quem é *grande* conhece seu ser, seu si-mesmo em todos os outros e na totalidade das coisas: essa totalidade, portanto algo objetivo, é seu fim: ele procura concebê-la ou atuar sobre ela, pois sente que ela não lhe é estranha, e sim diz-lhe respeito – isso o *torna* grande. Pequeno é quem vive apenas no microcosmo; grande é quem vive no macrocosmo. Os homens, em geral, são pequenos; e são sempre

---

52. Referência ao outro conjunto de preleções que se segue a esta metafísica do belo. (N. T.)

pequenos, *nunca* podem ser grandes. Mas o contrário não é possível, que um grande homem seja *sempre* grande, pois, como homem, ele não pode deixar de se ver, muitas vezes, como indivíduo, sendo assim pequeno. Por conseguinte, nenhum herói também o é diante de seu serviçal.

Em toda parte, os opostos se esclarecem. Por esse motivo, acrescento à explicitação do sublime a de seu oposto, ou seja, a do *excitante*. No uso corrente da linguagem, o sentido dessa palavra é bastante vago e indeterminado: costuma-se nomear todo belo mais jovial de *excitante*; isso não corresponde à expressão e não fornece em geral nenhum conceito determinado. A bem dizer, esse mau uso provém do fato de não se ter sabido fazer corretamente as distinções e, por conseguinte, ter-se concebido de maneira muito vasta o conceito, ampliando-o cada vez mais pelo mau uso. Em consequência, não levo de modo algum em conta esse sentido popular do termo. Por *excitante* entendo aquilo que instiga de imediato o preenchimento, a satisfação de uma cobiça puramente sensível, estimulando necessariamente nossa *vontade*. Logo ficará claro que ele é o verdadeiro oposto do sublime. O sentimento do *sublime* nasce exatamente do fato de um objeto que tem relações desfavoráveis, hostis, com a vontade tornar-se objeto de contemplação, e dessa forma a contemplação estética só é ganha mediante um desvio permanente da vontade e elevação sobre seus interesses, o que constitui a sublimidade da disposição. Já o excitante faz precisamente o contrário: ele rebaixa o espectador da pura contemplação destituída de vontade – exigência da concepção do belo – ao alimentar objetos essenciais e imediatamente favoráveis à vontade: assim, o espectador não permanece mais puro sujeito do conhecer, mas se torna o dependente, necessitado sujeito do querer, e a apreensão estética é anulada. Nesse sentido entendo o excitante: no domínio da arte há apenas dois tipos dele, ambos indignos dela. Um, bem inferior, mostra-se nas naturezas-mortas dos neerlandeses, quando estes se equivocam na exposição de iguarias comestíveis: com uma técnica de imitação exímia, é inevitável que eles despertem o apetite do espectador. Isso é um estímulo à vontade, pondo fim de imediato a toda contemplação estética. Com frequência encontramos na natureza-morta a representação de frutas, o que ainda é admissível, pois, como desenvolvimento de flores, e com sua forma e sua cor, elas se oferecem a nós como um belo produto natural, e não estamos imediatamente obrigados a pensar em sua comestibilidade. Mas, infelizmente, as coisas não permanecem assim; amiúde encontramos pintados com um naturalismo ilusório iguarias preparadas e servidas para comer, ostras com limão cortado, arenques, lagostas, pães amanteigados, um copo de cerveja ao lado, um de vinho etc. – tudo isso é bastante repreensível. Outro tipo de excitante encontra-se como equívoco da pintura de gênero e da escultura: baseia-se em figuras nuas concebidas de tal maneira que sua posição, semipanejamento e tratamento são direcionados para despertar no espectador a lubricidade, suprimindo de imediato a pura consideração estética e postando-se, portanto, contra a finalidade da arte. Tal erro corresponde, em seu tipo, no todo, àquele outro repreendido nos neerlandeses. Os antigos, na plena nudez e beleza completa das figuras, estão quase sempre livres de semelhante erro, visto que o próprio artista trabalhava de maneira puramente objetiva – não no espírito interesseiro da cobiça subjetiva – a beleza ideal que preenchia seu espírito. O excitante, por conseguinte, deve sempre ser evitado na arte. Há também um *excitante negativo*, ainda mais repreensível que o acima explanado excitante positivo. Trata-se do repugnante. Como excitante propriamente dito, ele desperta a vontade do espectador e destrói a pura disposição contemplativa, exigência de toda concepção estética. Mas o que o excitante negativo, o repugnante, estimula é uma aversão enérgica, uma resistência violenta, ao despertar a vontade com objetos nauseabundos. Por isso sempre se reconheceu que na arte o repugnante é, por inteiro, inaceitável; já o feio, enquanto não for repugnante, pode em seu devido lugar ser tolerado. Exemplos de uso do repugnante na arte: quadros que representam a peste, doentes cheios de chaga e úlceras abertas. Davi nos legou um quadro desse tipo na quarentena de Marseille. Num castelo em Busch, Haag, há uma tela que expõe os irmãos assassinados Witte (1672), seus cadáveres ensanguentados despedaçados pelo povo. Devido a sua repugnância, tal obra é coberta por uma cortina. Uma tragédia de Beaumont e Fletscher, *A viagem marítima*, retrata a morte por inanição num barco. Um cirurgião diz: "Oh, eu, Thor,[53] há alguns dias eliminei de um marujo um grande tumor de garganta e o atirei ao mar! Que tira-gosto apetitoso isso não seria!". E outras coisas de igual quilate saem da boca dos outros famintos. No interior dos túmulos do Museu Anatômico de Cera, em Florença, há cadáveres dos quais irrompem micróbios, insetos, ratos etc. – aqui o repugnante atingiu seu limite.

---

53. Na mitologia germânica, deus do trovão, dos ventos e das nuvens. (N. T.)

Capítulo 10

Da Parte Objetiva da Satisfação Estética ou da Beleza Objetiva

Inserimos a abordagem do *sublime* e o que a ela pertencia após termos findado, pela *metade*, a elucidação do belo, isto é, segundo seu lado subjetivo, pois justamente uma modificação particular desse lado diferencia o belo do sublime. De fato, toda contemplação estética pressupõe o estado do puro conhecimento destituído de vontade. Se tal estado surgiu por si mesmo, na medida em que o objeto foi solicitado e se apresentou – e fomos postos sem resistência, pelo mero desaparecer da vontade da consciência, no estado do conhecer puro – ou se primeiro foi despertado por elevação livre, consciente sobre a vontade, na medida em que o objeto contemplado tem com esta uma relação desfavorável, hostil, cuja prossecução suprimiria a contemplação – aí reside a diferença entre o belo e o sublime. Em objeto, belo e sublime não são essencialmente diferentes; em cada um deles o objeto da consideração estética não é a coisa isolada, mas a Ideia que nele se esforça por revelação, isto é, a objetidade adequada da Vontade num grau determinado: seu correlato necessário, independente do princípio de razão, como ela mesma, é o puro sujeito do conhecer, assim como o correlato da coisa isolada é o indivíduo que conhece, estes últimos residindo no domínio do princípio de razão.

Queremos agora desenvolver de maneira filosófica o que propriamente tem de ocorrer em nós quando, após a intuição de um objeto, o nomeamos *belo*. Por aí se tornará claro o que é exatamente o belo. Quando nomeamos um objeto *belo*, dizemos que ele é objeto de nossa consideração estética, a qual envolve *dois* fatores: de um lado, na consideração do objeto não estamos mais conscientes de nós mesmos como indivíduos, mas como puros sujeitos do conhecer destituído de vontade; de outro, no objeto conhecemos não a coisa isolada, mas uma Ideia. Isso, contudo, só pode ocorrer caso nossa consideração não seja entregue ao princípio de razão, não siga a relação com algo exterior (o que em última instância está sempre conectado a uma relação com a vontade), mas repouse no objeto mesmo, considerado independentemente de todas as relações, arrancado de seu nexo causal, concebido meramente em seu íntimo e em suas determinações essenciais, não em seu exterior. Esses dois fatores têm de se dar simultaneamente, quando consideramos algo *belo*. Pois a Ideia e o puro sujeito do conhecer sempre entram em cena na consciência ao mesmo tempo como correlatos necessários; com essa entrada desaparece também concomitantemente toda diferença temporal, pois os dois são por inteiro alheios ao princípio de razão em todas as suas figuras e residem fora das relações por ele estabelecidas. Eles são comparáveis ao arco-íris e ao sol, que não têm participação alguma na sucessão de gotas que caem incessantemente. Um exemplo: vejo uma árvore *bela*; isso quer dizer que a considerei esteticamente, portanto a vi com olhos artísticos; ora, assim que o objeto considerado não seja mais essa árvore individual, porém a Ideia de sua espécie que se expõe para mim, então essa árvore e eu, durante a intuição, sobrelevamo-nos por todas as relações. Em

Metafísica do Belo 121

consequência, é totalmente indiferente e sem significação se a árvore intuída é exatamente essa ou seu ancestral verdejante de milhares de anos atrás. Do mesmo modo, não tem influência alguma sobre essa consideração, sendo-lhe inteiramente indiferente, se eu, o espectador, sou este indivíduo ou algum outro que viveu numa dada época e num dado lugar; pois, juntamente com o princípio de razão, foram suprimidos tanto a coisa individual quanto o indivíduo que conhece, restando somente a Ideia e o puro sujeito do conhecer, os quais, juntos, constituem a objetidade adequada da Vontade nesse grau. A Ideia, pois, está isenta não apenas do tempo, mas também do espaço: ela não é propriamente uma figura espacial que oscila diante de mim, a qual pode aparecer em grande diversidade; porém, a partir desta, exprime-se uma única Ideia. A expressão, a significação pura dessa figura é sua Ideia; seu ser mais íntimo, que se desvela e fala para mim, é exatamente a Ideia, que pode ser integralmente a mesma, apesar da grande diversidade de relações espaciais da figura.

Daí *toda coisa existente ser bela*, pois, de um lado, cada uma pode ser considerada de maneira puramente objetiva, exterior a qualquer relação, e, de outro, em cada coisa aparece um grau determinado de objetidade da Vontade, consequentemente uma Ideia, a coisa, por seu turno, sendo a expressão desta. Então justifica-se dizer: *toda coisa é bela*.[54] O fato de que

---

54. É importante perceber como Schopenhauer, tido pelos manuais de filosofia e por muitas interpretações da tradição como pessimista, devido ao ponto de partida ético de sua filosofia de que "toda vida é sofrimento", em verdade contrabalança tal postura com uma filosofia do consolo. Dessa perspectiva, seu pensamento resvala aqui e ali para um otimismo prático, do que dá prova a possibilidade, em sua estética, de um mundo essencialmente belo pelo viés da Ideia. O mundo é essencialmente mau, sim, devido à Vontade de vida sedenta por manifestar-se, mas ele também é arquetipicamente belo, devido às Ideias que permitem a transpassagem do em-si volitivo do mundo para a efetividade fenomênica. O mundo em suas imagens primordiais é um espetáculo de luz que envolve as formas eternas e imutáveis das coisas fenomênicas. (N. T.)

também o insignificante possa tornar-se objeto de uma intuição estética, isto é, que admita a consideração pura e destituída de vontade e assim se justifique como belo, pode ser atestado pelas mencionadas naturezas-mortas dos neerlandeses. Uma coisa é *mais bela* que outra quando facilita aquela pura consideração objetiva, vem-lhe ao encontro, sim, como que compele a isso; então a nomeamos *muito bela*. Esse é o caso, *primeiro*, quando algo isolado exprime de modo puro a Ideia de sua espécie, mediante a proporção bem distinta, puramente determinada, inteiramente significativa de suas partes, reunindo em si todas as exteriorizações possíveis da Ideia de sua espécie, manifestando-a com perfeição. Justamente por essas características a coisa isolada facilita ao espectador a transição para a Ideia, atingindo-se assim o estado da intuição pura. *Segundo*, aquela vantagem da beleza particular de um objeto reside em que a Ideia mesma a exprimir-se é *um grau superior* da objetidade da Vontade e por conseguinte diz muito mais, é mais significativa. Eis por que *o homem*, mais do que qualquer coisa, é belo, e a manifestação de sua essência é o fim supremo da arte. A figura e a expressão do homem são os objetos mais significativos das artes plásticas, assim como suas ações o são da poesia.

Todavia, cada coisa tem sua beleza própria, não apenas cada ser orgânico a expor-se na unidade de uma individualidade, mas também cada ser inorgânico, informe, sim, cada artefato. Pois todos manifestam as Ideias, pelas quais a Vontade se objetiva nos graus mais baixos, dando por assim dizer o tom mais profundo e grave da harmonia da natureza. Gravidade, rigidez, resistência, dureza, fluidez etc. são as Ideias que se exprimem em rochedos, edifícios, correntezas d´água. As belas jardinagem e arquitetura podem apenas ajudá-las a desdobrar suas qualidades distintamente, de maneira multifacetada e plena, oferecendo-lhes oportunidade de exprimir-se de forma pura, e justamente por isso elas clamam por consideração estética, facilitando-a. Isso, ao contrário, dificilmente acontece com aqueles edifícios ruins, ou ambientes que negligenciam a natureza e corrompem a arte; todavia, mesmo desses objetos desfigurados as *Ideias fundamentais* e gerais da natureza não podem ser totalmente banidas; elas ainda falarão por tais objetos ao espectador que as procure. A diferença reside no fato de que, aqui, a forma artística dada à pedra não é meio de facilitação algum da consideração estética, mas antes apenas um obstáculo que a dificulta. Também artefatos servem, em consequência, para a expressão das *Ideias*. Porém, não é a Ideia de artefato que se exprime a partir deles, mas a de material ao qual se deu essa forma artística. A partir do artefato, nele mesmo, não se exprime Ideia alguma, mas um conceito humano de onde se originou essa forma semelhante. Forma artificial é aquilo que os escolásticos nomearam *forma acidentalis*, forma acidental, em oposição à *forma substancialis*, forma substancial. Retornarei à expressão da Ideia de material quando retomar a consideração da bela arquitetura.

De resto, sobre esse tema Platão manifestamente errou. Em duas passagens (*Rep.* X, 596 b; *Parmen.* 130 b-d), ele afirma: mesa e cadeira expressam as Ideias de mesa e cadeira: isso seria a *forma acidentalis*; mas, segundo toda a minha visão, só há conceitos de mesa e cadeira, não Ideias – elas não podem expressar Ideia alguma a não ser a de seu material. Já os discípulos mais próximos de Platão discutiram sobre essa questão e estabeleceram que não há Ideias de artefatos (cf. *Alcinous, introductio in Platonicam philosophiam, c 9*).

Há ainda um ponto na doutrina platônica das Ideias do qual tenho de me distanciar bastante: quando ele ensina (*Rep.* X, 597 d-598 a) que o objeto cuja exposição a bela arte intenta, o modelo da pintura e da poesia, não seria a Ideia, mas a coisa individual. Minha visão inteira da arte e do belo almeja justamente tornar claro o contrário; é, portanto, a refutação integral daquela opinião platônica, a qual nos fará tão pouco errar quanto, em verdade, é reconhecidamente a fonte de um dos maiores erros de Platão, vale dizer, a depreciação e a rejeição da arte, em especial da poesia: imediatamente associados à mencionada passagem estão seus juízos falsos inacreditavelmente infundados sobre a arte e a poesia.[55] Nesse ponto, Platão teve de pagar pelo erro o tributo devido por todo mortal. Ele diz em outro lugar (*Rep*. X, 607 b): Παλαια μεν τις διαφορα φιλοσοφια τε και ποιητικη (*um conflito antigo entre filosofia e arte poética*). Porém, isso não é verdadeiro. Ambas apoiam-se maravilhosamente. A poesia é um suporte e ajudante da filosofia, uma fonte transbordante de exemplos, um estimulante da meditação, uma pedra de toque de sentenças morais e psicológicas. A poesia está propriamente para a filosofia como a experiência está para a ciência. A experiência conhece o mundo do *fenômeno* no particular e de maneira exemplar, a ciência conhece o mesmo mundo do fenômeno no todo, em seu aspecto geral e universal. De modo semelhante, a poesia (como a arte em geral) conhece as Ideias e com elas a essência íntima propriamente dita que se expõe em todos os fenômenos, mas também apenas de maneira exemplar, na exposição de casos isolados; ora, a mesma essência íntima e verdadeira do mundo a filosofia a conhece em seu todo e universalmente (*ergo, da Capo*). Em consequência, há entre a poesia e a filosofia a mais bela concórdia, como o há entre a experiência e a ciência. De modo geral, permanece perfeitamente verdadeiro em relação à poesia o que Goethe diz em *Tasso*:

---

55. Com isso Schopenhauer filia sua estética à tradição neoplatônica de pensamento, cujo representante maior foi Plotino, ao revoltar-se contra Platão e dizer: "Se alguém desdenha as artes porque elas são ativas enquanto imitadoras da natureza, deve-se dizer de uma vez por todas que também as coisas da natureza imitam outra coisa. Tem-se de saber que as artes não reproduzem simplesmente o visível, mas remontam a princípios (*lógoi*) nos quais a própria natureza tem sua origem. Ademais, elas acrescentam e complementam justamente lá onde falta para algo atingir a perfeição, pois possuem a beleza. Fídias criou seu Zeus sem recorrer a nada visível. Ele o fez tal qual Zeus mesmo apareceria, caso quisesse revelar-se a nossos olhos". Cf. PANOFSKY, E. *Idea, ein Beitrag zur Begriffsgeschichte der älteren Kunsttheorie*. Berlim, Volker Spiess, 1982, pp. 11-12. (N. T.)

Und wer der Dichtkunst Stimme nicht vernimmt
Ist ein Barbar, er sei auch wer er sei.[56]

Volto à ocupação teórica com a impressão estética do belo. O conhecimento do belo supõe sempre, inseparável e simultaneamente, o puro sujeito que conhece e a Ideia conhecida como objeto. Portanto, a fonte da fruição estética residirá ora mais na apreensão da Ideia conhecida, ora mais na bem-aventurança e tranquilidade de espírito do conhecer puro livre de todo querer e individualidade, bem como do tormento ligado a esta. A predominância de um ou de outro componente da fruição estética dependerá de a Ideia apreendida intuitivamente ser um grau mais elevado ou mais baixo da objetidade da Vontade. Assim, tanto na consideração estética (na efetividade, ou pelo *medium* da arte) da bela natureza nos reinos inorgânico e vegetal quanto nas obras da bela arquitetura, a fruição do puro conhecer destituído de vontade será preponderante, porque as Ideias aqui apreendidas são graus mais baixos de objetidade da Vontade, por conseguinte não são fenômenos de significado mais profundo e conteúdo mais sugestivo. Se, ao contrário, o objeto da consideração ou da exposição estética forem animais e homens, a fruição residirá mais na apreensão objetiva dessas Ideias, as quais são a manifestação mais nítida da Vontade, visto que expõem a grande variedade de figuras, a riqueza e o significado profundo dos fenômenos, logo manifestam da maneira mais perfeita a essência da Vontade, seja em sua veemência, sobressalto, satisfação, seja em sua discórdia (nas exposições trágicas), finalmente até mesmo em sua viragem ou autossupressão, a qual, em especial, é o tema da pintura cristã: de modo geral, a pintura histórica e o drama têm por objeto a Ideia da vontade iluminada pelo conhecimento pleno.

---

56. "Quem não tem ouvidos para a poesia / É um bárbaro, não importa quem seja." (N. T.)

Passarei agora em revista as artes isoladas e exporei sua maneira de fazer efeito, conferindo assim mais clareza e completude a esta metafísica do belo.

Capítulo 11

Arquitetura e Hidráulica

A matéria nela mesma não pode ser exposição de uma Ideia, pois, como vimos logo no início,[57] ela é por inteiro causalidade: seu ser é o puro fazer efeito. A causalidade, entretanto, é figuração do princípio de razão; o conhecimento da Ideia, porém, exclui radicalmente aquele princípio. Também vimos na metafísica[58] que a matéria é o substrato comum de todos os fenômenos isolados das Ideias; consequentemente, ela apresenta-se como o elo de ligação entre a Ideia e o fenômeno (ou coisa isolada). Por conseguinte, a matéria por si mesma não pode expor Ideia alguma. O que se comprova *a posteriori* pelo fato de não ser possível nenhuma representação *intuitiva* da matéria enquanto tal, mas apenas um conceito abstrato: cada Ideia, entretanto, é conhecida intuitivamente. Representações intuitivas expõem somente formas e qualidades – cujo sustentáculo é a matéria e nas quais as

---

57. Schopenhauer refere-se às preleções sobre a metafísica da natureza. (N. T.)
58. Cf. nota anterior. (N. T.)

Ideias se manifestam. Por outro lado, todo *fenômeno* de uma Ideia, na matéria, como qualidade desta, tem de aparecer; pois como fenômeno entrou em cena no princípio de razão e no *principium individuationis*, princípio de individuação. Portanto, a matéria é o elo de ligação entre a Ideia e o fenômeno, ou o *principium individuationis*, modo de conhecimento do indivíduo. Platão coloca muito corretamente, ao lado da Ideia e do fenômeno, que compreenderiam juntos todas as coisas do mundo, ainda a matéria como um terceiro termo diferente de ambos. O indivíduo, como fenômeno da Ideia, é sempre matéria. Cada qualidade da matéria também é sempre fenômeno de uma Ideia, e, como tal, passível de uma consideração estética, isto é, conhecimento da Ideia que nela se expõe. Isso vale até mesmo para as qualidades mais gerais da matéria, sem as quais ela nunca existe, e que constituem a objetidade mais tênue da Vontade. Tais qualidades são: gravidade, coesão, resistência, fluidez, reação contra a luz etc.

Manifestar semelhantes Ideias é o fim propriamente estético da *arquitetura*: por mais paradoxal que isso possa parecer, espero a seguir ser o mais convincente possível.

Temos de primeiro observar que a arquitetura permite duas considerações inteiramente distintas, visto que estas possuem duas determinações também inteiramente distintas e que ela deve realizar na maioria das vezes numa mesma obra. Ou seja, a arquitetura é em primeiro lugar uma ocupação utilitária, que serve à necessidade, devendo nos proporcionar teto e abrigo. Nesse sentido, ela está inteiramente a serviço da Vontade, isto é, serve aos fins da *vontade* humana, não ao conhecimento nele mesmo. A este ela se apresenta com sua segunda característica, quando entra em cena como bela arte e não tem nenhum outro fim senão o estético. Ora, como aqui não tratamos de tecnologia, mas de metafísica do belo, deixemos de lado a primeira determinação da arquitetura, seus fins úteis e portanto a serviço da vontade e a consideremos meramente como bela arte, na medida em que serve apenas ao conhecimento. (Sobre a possibilidade de a arquitetura realizar os dois fins numa mesma obra, veja-se mais adiante.)

Por conseguinte, enquanto tomamos a arquitetura meramente como bela arte, perguntamos: qual é seu fim estético específico? Demonstrarei minha afirmação acerca disso, há pouco expressa, mediante uma consideração especial do modo de fazer efeito estético da arquitetura e das condições ligadas a ele. Entretanto, só posso fornecer uma demonstração convincente após deixar inteiramente claro ao leitor, por meio de desenvolvimento mais detalhado, o sentido da afirmação. E este é o seguinte: o fim estético da arquitetura é simplesmente trazer para a mais clara intuição as Ideias que constituem os graus mais baixos de objetidade da Vontade, ou seja, gravidade, coesão, resistência, dureza, as qualidades gerais da pedra, essas primeiras, mais elementares e mais abafadas visibilidades da Vontade, esses, por assim dizer, tons graves da natureza; e de novo, ao lado deles, seu fim estético também é servir para a manifestação da *luz*, que em muitos aspectos é o oposto das mencionadas qualidades ou Ideias. Primeiro estas. Enquanto a arquitetura procura manifestá-las, tem de colocá-las em atividade e, para consegui-lo, precisa ocasionar uma luta entre elas. Pois já nesses graus mais baixos de objetidade da Vontade vemos sua essência manifestar-se em discórdia e luta, o que é ainda mais visível nos graus mais elevados. Em consequência, o tema propriamente estético da bela arquitetura é a *luta entre gravidade e rigidez*: eis de fato seu único tema estético, por mais variado que seja o tratamento dele; sua tarefa é justamente permitir que aquela luta apareça de maneira diversificada. Para ter sucesso nessa tarefa, ela priva aquelas forças indestrutíveis que se exteriorizam no ser da matéria (gravidade e rigidez) do caminho mais curto de satisfação de seu esforço, retendo-as por um desvio, renovando e instigando a luta, e com isso o esforço inesgotável de duas forças originárias se torna visível de forma diversa. Vamos agora considerar a coisa mais detalhadamente. Imaginemos uma vez que a massa inteira da matéria, na qual se baseia um edifício, fosse abandonada a si mesma e sua inclinação originária. O que ela exporia? Um mero amontoado, que se teria ligado tão fixa e densamente ao solo, ao corpo da Terra, quanto fosse possível, pois para este o constrange incessantemente a *gravidade*, a qual é aqui o grau de aparição da Vontade; porém, a rigidez, também objetidade da Vontade, contrapõe-se, enfrenta a gravidade, impede que a matéria se desfaça, como o faria caso fosse fluida em vez de rígida. A arquitetura, no entanto, traz a luta entre gravidade e rigidez a uma exteriorização mais visível ainda que no amontoado. Ela obsta o esforço, a inclinação da gravidade em sua satisfação imediata e lhe permite simplesmente uma satisfação mediata por um desvio, na medida em que lhe contrapõe funcionalmente a rigidez. Por exemplo, o entablamento, que gostaria de pesar sobre o solo, só pode satisfazer esse esforço mediatamente, pelas colunas, por meio das quais pressiona o solo. A abóbada tem de sustentar-se por si mesma, gravidade e rigidez lutam imediatamente nela por toda parte; só por intermédio de sua base, ou dos pilares sobre os quais repousa, ela pode pressionar o solo; e assim por diante, em todas as partes de um belo edifício. Mas justamente por esse desvio forçado, justamente por essas travações, desdobram-se da maneira mais distinta e variada possível aquelas forças inerentes à rude massa pétrea; aí reside exatamente o fim estético da bela arquitetura, além do qual ela não vai. Por conseguinte, sustentação e peso são o único e constante tema da arquitetura: todas as suas obras são variações desse tema. Ora, visto que a *ordenação das colunas* expressa esse tema do modo mais puro, ela como que constitui o tom grave geral da arquitetura inteira: dela podem-se inferir mais ou menos todas as regras; a exposição arquitetetural conecta-se na maioria das vezes às três ou cinco ordenações das colunas. Em consequência, sua regra estética capital soa: *toda sustentação deve ter um peso correspondente, todo peso deve ter uma sustentação manifestamente suficiente,* a proporção entre sustentação e peso sendo sempre determinada por esse fim imediato. Por isso, é certo, a beleza de um edifício repousa na finalidade evidente de cada parte, não na finalidade estabelecida em vista da determinação humana, para o fim arbitrário do construtor, que nunca deve ser imediatamente evidente, bem como nada se relacionando imediatamente a ele pode pertencer à estética da arquitetura; a ele pertence a obra da arquitetura funcional, não a bela. A beleza repousa na finalidade evidente e imediata de cada parte para a composição das partes próximas e, de modo mediato, para a composição do todo. Para esse fim cada parte tem de possuir, segundo sua posição, grandeza e forma, uma proporção tão necessária que, tanto quanto possível, caso alguma parte fosse removida, o todo desmoronaria; e no entanto, *até aí*, o todo permanece rígido e seguro. Pois só quando cada parte suporta tanto quanto lhe for conforme, e cada uma é sustentada exatamente na posição em que o deve ser, e na extensão necessária, é que se desenvolve aquele jogo para valer, aquela luta entre gravidade e rigidez, forças essas que justamente constituem a vida, a exteriorização volitiva da pedra. E, à medida que esse conflito e essa luta se tornam perfeitamente visíveis, manifestam-se claramente aqueles graus mais profundos da objetidade da Vontade. Portanto, toda coluna deve ter um peso que lhe seja exatamente conforme: até o máximo que ela pode suportar confortavelmente. Dessa forma, abóbadas ou arcos não devem ser apoiados imediatamente sobre as colunas, mesmo que estas estejam em condição de suportá-las. Pois as colunas são uma sustentação de força específica e podem facilmente romper-se em cima por uma pressão lateral. As colunas só se mantêm firmes se o peso pressiona verticalmente sobre o capitel. Um arco que repouse com ambas as terminações sobre as colunas sempre pressiona algo lateralmente, ou ao menos parece fazê-lo. A arquitetura exige, entretanto, um convencimento manifesto da perfeita conformidade entre sustentação e peso. Daí a inconveniência de abóbadas sobre colunas; apenas os romanos tardios e os modernos as construíram, nunca os gregos. Assim como a posição e a grandeza de cada parte, também sua figura tem de ser determinada por seu fim e sua relação com o todo, não por arbítrio. Isso diferencia o bom do mau gosto na arquitetura. Nos edifícios antigos dos primeiros tempos, é possível inferir o que seja tudo isso, sim, concebe-se por si mesmo, porque cada parte existe e porque ela é assim; as formas são simples e apreensíveis, determinadas por sua posição e seu fim; nada é arbitrário ou excessivo. Cada parte serve como suporte, como sustentação, ou ao menos reforça o aspecto de firmeza; nada é sem finalidade ou feito simplesmente para atrair os olhos; nenhum enfeite atrapalha a forma natural e essencial das partes. Esse bom estilo, ditado pela essência estética da arquitetura, foi abandonado pelos sucessores da época do primeiro imperador. Daí advêm decorações sem finalidade e inexpressivas. Algumas partes, que deveriam ser fixas e fortes, receberam, por cortes folheados, um aspecto fragmentado; ornamentos fantásticos e sem finalidade foram introduzidos: as pedras de toque dos arcos transformaram-se em figuras humanas; os frisos, em folheados; o que deveria ser plano adquiriu uma superfície rugosa; o que deveria ser reto tornou-se curvo sem motivo algum ou envergado para fixar colunas inúteis: assim é o portal do castelo, envergado, imitação do *arcus Septimii Severi*. Os primeiros arquitetos italianos imitavam o gosto falso dos tempos tardios do imperador. A coluna é a mais simples forma de sustentação, pura e meramente determinada pelo fim. Por esse motivo, a coluna tortuosa revela falta de gosto, é um joguete sem finalidade e inapropriado. A pilastra quadrangular é, em verdade, menos simples que a coluna redonda, menos puramente determinada pelo fim e por isso menos bela: o fato de ela ser mais fácil de erguer que a coluna é casual e uma relação com o exterior; como sustentação, é menos simples. Também as formas do friso, do arco e do entablamento da cúpula são determinadas completamente pelo seu fim imediato e assim esclarecem a si mesmas. Visto que a rigidez e a gravidade só podem fazer efeito contrário com todo o seu poder na direção reta e vertical, na arquitetura em geral deve-se se usar, via de regra, apenas a *linha reta*. A cúpula constitui obviamente uma exceção e, por extensão, todo arco em forma de cúpula: aqui, de fato, a curva é motivada, porque justamente o arco circular ou elíptico é aquilo mediante o qual a rigidez faz efeito contrário à gravidade. Outra exceção, compreensível por si mesma, é a for-

Metafísica do Belo

ma redonda da própria cúpula; janelas arredondadas em cima são de gosto duvidoso, como as chamadas *œil-de-bœuf*. Ademais, linhas retas estritas têm de aparecer, como vemos nos modelos antigos. Os modernos usaram com frequência curvas, frontispícios envergados, consoles orbiculares, sustentações floreadas, frisos em forma gótica ou de cártula – o que é falta de gosto, ou seja, mostra que a verdadeira Ideia da arquitetura não foi apreendida. O capitel é necessário, para intuitivamente nos convencer de que a coluna apenas sustenta o entablamento e não é introduzida como um simples cone. O pé da coluna nos dá a certeza de que ela cessa aqui, como que está bloqueada, em vez de uma parte dela descer solo abaixo. As colunas dóricas mais antigas não têm pés; mas isso, sem dúvida, é um erro. Os ornamentos dos capitéis, frontispícios etc. não são essenciais; pertencem à escultura, não à arquitetura; nesta serão admitidos simplesmente como adorno acrescido, que, entretanto, pode ser dispensado. Uma confirmação dessa teoria do belo na arquitetura é fornecida pelos seguintes fatos: caso compreendamos uma obra da bela arquitetura e devamos receber dela uma fruição estética, é absolutamente necessário que conheçamos a matéria da qual ela é construída e em verdade precisamos ter conhecimento imediato, intuitivo, sensível de seu peso, de sua rigidez e coesão; apenas sob a pressuposição desse conhecimento fruímos esteticamente a obra arquitetônica. Suponhamos que estivéssemos imersos em tal fruição e alguém chegasse e nos dissesse que o edifício não é de pedra, como imaginávamos, mas de madeira e pintado. Nossa fruição estética seria, com tal informação, completamente suprimida ou pelo menos bastante diminuída, pois as forças naturais cujos efeitos a arquitetura nos traz propriamente diante dos olhos, gravidade e rigidez, exteriorizam-se de maneira muito mais fraca na madeira do que na pedra, e têm também na madeira uma relação inteiramente diferente do que na pedra; com isso, a significação e a necessidade de todas as partes do edifício são modificadas e desconjuntadas. Justamente porque gravidade e rigidez são a essência íntima das obras arquiteturais e têm de ser atuantes em medida considerável, nenhuma obra da bela arquitetura pode ser feita de madeira, embora também esta admita todas as formas tão bem quanto a pedra. E tudo isso se explica apenas a partir da nossa teoria. Se, entretanto, durante a visão de um belo edifício, nos alegrássemos e alguém dissesse que aquela construção, que acreditávamos ser de pedra, consiste de materiais completamente diferentes, de peso e consistência bastante diversos, todavia tornados indiscerníveis aos olhos por uma cobertura, nossa alegria seria suprimida de uma só vez; o edifício inteiro nos seria tão indigno de fruição quanto um poema numa língua desconhecida. Todo o exposto seria inexplicável se, como se levou em conta até então, o exprimido, aquilo sobre o que a arquitetura versa, fosse mera ordem, forma e simetria. Somente nossa metafísica fornece uma prova de que aquilo que captamos das obras arquitetônicas são justamente as forças fundamentais da natureza, as Ideias primeiras, os graus mais baixos de objetidade da Vontade. Vale aqui, como em toda parte, o seguinte: onde a satisfação estética nos foi estimulada, uma Ideia tem de ter sido apreendida por nós; por seu turno, uma Ideia sempre se expõe como ser vivo (planta, animal) ou também como forças naturais originárias, as quais decerto são a gravidade, a rigidez, a coesão. A elas não pertencem a simples proporção, a forma e a simetria; a partir daí não se expressa Ideia alguma, pois esses elementos são algo meramente geométrico, simples características do espaço, da forma da intuição em geral. Outra prova da verdade de nossa teoria do que é propriamente estético na arquitetura: cada obra arquitetural tem de ter uma grandeza considerável, vale dizer, não pode ser nem muito grande, nem muito pequena. Como isso seria explicável se o efeito estético brotasse apenas da proporção, da forma e da simetria? Essas até serão mais facilmente notadas e apreendidas no pequeno do que no grande. Se elas fossem levadas em conta para definir a essência da arquitetura, a maquete provocaria o mesmo efeito que a obra. Mas, justamente porque o conflito entre as forças fundamentais que já se exteriorizam na pedra é propriamente o estofo da arquitetura, massas consideráveis têm de existir, porque apenas mediante estas é colocado em jogo um efeito poderoso daquelas forças. O fato de um belo edifício ter de possuir regularidade, proporção e simetria em todas as suas partes é algo mediato; dessa forma, é indicado que cada parte tem de possuir uma finalidade imediata e necessária na composição do todo. Além do mais, a regularidade e a simetria servem para facilitar a visão geral e a compreensão desse todo. Por fim, acresce algo subordinado: as figuras regulares contribuem para a beleza, na medida em que manifestam a legalidade do espaço enquanto tal. Com semelhante *regularidade geométrica* das formas na arquitetura, o que se segue tem um pano de fundo próximo: na natureza orgânica, cada ser possui sua forma específica, que é determinada justamente pela espécie e pela vida que nele se expõem. Ao contrário, o inorgânico, a massa rude, a pedra em geral, é por completo destituído de forma específica (a cristalização concerne somente às pequenas e diversas partes em geral); mesmo a camada onde encontramos os rochedos é apenas uma forma meramente casual determinada por acontecimentos externos, não sendo produzida pelo ser da pedra, não sendo determinada pelo seu íntimo. Nesse sentido, a pedra é como uma matéria *in abstracto*, simples matéria sem forma. Se, portanto, na arquitetura o fim principal, a luta da rigidez contra a gravidade, na qual justamente consiste a vida da pedra, determina a forma no todo; no particular, entretanto, ele a deixa indeterminada ou permite mais que *uma* forma: assim a determinação mais precisa da forma sairá da legalidade do *mero espaço*. O espaço mesmo, todavia, é apenas a forma de nossa intuição ou apreensibilidade; por conseguinte, sua legalidade é a mais simples compreensibilidade e a mais perfeita intuição. Por esse motivo, a legalidade da forma tomada do mero espaço soa: a forma em toda parte é a mais facilmente apreensível e visível; isso, contudo, depende da regularidade e da racionalidade das proporções. Portanto, na arquitetura, cada figura é antes de tudo determinada por seu fim na composição do todo, e dessa maneira torna visível, pela finalidade, a luta entre rigidez e gravidade; a seguir, porém, a forma é determinada pela mais simples compreensibilidade, isto é, pela regularidade e racionalidade das proporções. Em consequência, a arquitetura escolhe formas nitidamente regulares, linhas retas ou curvas inteiramente conformes, cilindros, esferas, cones, cubos, paralelepípedos, pirâmides. As aberturas são em forma de círculo ou elipse, quadrado ou retângulo, cujos lados, no entanto, têm de ter uma proporção racional e em verdade facilmente compreensível, como 4 por 8, 4 por 6; não 6 por 7 ou 12 por 13; ou as aberturas são cavidades, nichos de proporção inteiramente conforme. Mediante essa exigência da compreensão fácil e da intuição, advinda da legalidade do espaço, a simetria também será produzida. Todavia, tudo isso é de uma necessidade mediata e de valor subordinado, de maneira alguma o tema principal. Prova de que a simetria não é exigência imprescindível são as ruínas, que permanecem muito belas, apesar de toda a simetria ter sido suprimida com a queda de grande parte do edifício.

Por fim, nossa teoria do essencial da bela arquitetura, do pensamento fundamental dela, encontra confirmação nas leis permanentes da ordenação das colunas, que sem dúvida são o tema da parte eminentemente estética da arte das construções; o que é explicável pelo fato de a fileira de colunas com seu entablamento expressar da maneira mais perfeita e pura o tema da arquitetura, vale dizer, sustentação e peso. Queremos, por conseguinte, considerar essas leis. Segundo Vitrúvio, há, a bem dizer, apenas três ordenações de coluna: dórica, jônica e coríntia. Existem regras certas para elas, as quais foram descobertas gradativamente na Grécia antiga e ainda hoje valem com precisão. São basicamente as seguintes:

O tronco das colunas deve ter, nas ordenações dórica e jônica, 14 modelos (entendo por modelo a metade do diâmetro da coluna); na coríntia, 16 2/3. O capitel, dórico e jônico, 1 modelo; o coríntio, 2 1/3. O diâmetro superior dos troncos dórico e jônico é 1/5; o do coríntio, apenas 1/6 menor que o inferior. O entablamento deve ter em todas as ordenações 4 modelos, igualmente repartidos em suas três partes: arquitrave ou subentablamento, friso e cornija ou coroa (mais adiante voltaremos ao entablamento). Vê-se que as leis de todas as ordenações são mais ou menos as mesmas: apenas a coríntia é mais delgada, cilíndrica, todavia não muito; seu capitel é maior. Devem-se considerar as ordenações tomadas em conjunto como limites no interior dos quais são possíveis pequenas variedades das colunas; no todo, entretanto, as proporções das colunas são em geral determinadas. Segundo Vitrúvio, a distância entre as colunas é 5. A menor, 3 modelos entre elas; a segunda, 4 modelos; a terceira, 5 1/3; a quarta, 6 modelos; a quinta, 7 modelos: – entenda-se, o espaço livre entre as colunas. Como o modelo tem uma medida relativa, é evidente que, quanto mais alta for uma coluna, mais robusta e portanto também maior será o espaço entre ela e a outra, tudo sempre na mesma proporção. Tais regras foram gradativamente descobertas. As colunas mais antigas, como por exemplo as do Templo de Paestum, ainda não têm ordenação; elas são robustas e pontiagudas e mais próximas umas das outras do que na ordenação dórica, para a qual, de resto, elas tendem. Contudo, desde que os gregos descobriram essas ordenações – ou, para dizer de forma mais correta, as proporções dessas colunas, no interior das quais as três ordenações são apenas subdivisões não significativas –, elas foram rigidamente observadas tanto na Grécia quanto em Roma (a ordenação romana sendo ainda uma variedade secundária). Também posteriormente elas foram seguidas, e, todas as vezes que se tentou um desvio, sem dúvida o resultado foi pior. Pode-se, portanto, sempre repetidamente, voltar à antiga ordenação grega das colunas. Ora, assim como ela foi adotada em todas as construções dos antigos que nos restaram, também se encontra reproduzida em muitos lugares nos tempos atuais. De São Petersburgo até Lisboa, passando por toda a Europa, as proporções de Vitrúvio são sempre encontradas, em cada cidade, em cada casa de campo. Isso de fato é bastante notável! A raça humana melhora todas as coisas com o tempo, ou pelo menos as modifica; as modas passam, e nossas casas são completamente diferentes das antigas, em cada país da Europa o estilo de construção tem suas peculiaridades; no entanto, a ordenação das colunas permanece a mesma por todos os séculos e milênios. Cada desvio dela logo é reconhecido como um equívoco, do qual se tem de ser reenviado ao cânone. Os arquitetos, sem dúvida, procuraram em todos os tempos descobrir proporções melhores para as colunas. Foi em vão. Some-se a isso que as colunas não imitam nenhum objeto natural que determine sua proporção, como no caso da estátua; também tais proporções não são determinadas imediatamente por seu fim e uso (elas podem permanecer, mesmo que estejam fora da proporção), pois o estilo gótico de construção permanece igualmente rijo com suas colunas em forma de tubo. Portanto, não se encontra na natureza nada parecido com o padrão de suas proporções; estas, por conseguinte, aparecem como completamente arbitrárias e escolhidas a bel-prazer, todavia são tão precisamente determinadas – e as determinações permanecem válidas em todos os países e em todos os tempos – que ficamos maravilhados: não podemos admitir que as três ordenações das colunas nos sejam inatas, como o são para as abelhas os seis lados de suas células! Há, portanto, que se encontrar um fundamento na essência estética da arquitetura que determine as proporções das colunas de tal maneira e não de outra. Lembremo-nos do fim estético puro da arquitetura: ela quer trazer as Ideias de gravidade e rigidez, e em verdade como elas estão unidas na pedra, ao desdobramento mais claro de sua essência. A unificação especial daquelas forças naturais na pedra, portanto a natureza pétrea, é propriamente a origem das mencionadas regras. A relação entre gravidade e rigidez, ou tenacidade, é em geral a mesma nos diversos tipos pétreos: o granito é mais pesado que o arenito, tem também coesão mais rígida. O mármore situa-se entre os dois. De fato, sustentação e peso, assim divididos, como o exige a ordenação das colunas, mostram da maneira mais clara a luta entre rigidez e gravidade. Quero tornar isso mais explícito. O peso que uma coluna pode suportar depende simplesmente de seu volume, não de sua altu-

Metafísica do Belo   139

ra; por conseguinte, o peso determina somente o volume. Se, com esse peso e volume, a altura das colunas for bastante considerável, e elas aparecerem excepcionalmente longas e finas, então consideramos de fato a hipótese de que, por ocasião de um abalo – seja do peso e das colunas pelo vento e por condições atmosféricas ou acasos, ou abalo do solo –, as colunas poderiam facilmente ruir, visto que longas colunas finas têm algo de quebrável. Vemos, pois, na luta entre gravidade e rigidez, que, tão logo a gravidade possa adquirir facilmente o predomínio, a rigidez cede, ameaçando as colunas com a quebra. Ao contrário, se as colunas são curtas e robustas, não há perigo; mas assim a luta entre gravidade e rigidez expõe-se de maneira bastante fraca: a rigidez é pouco exigida, pois sustenta o peso por um intervalo pouco elevado em relação ao solo – a gravidade não exterioriza seu poder de modo suficientemente visível e a meta de seu esforço, o solo, não está suficientemente distanciada do peso para tornar intuitivo quão fortemente ela tende para baixo. Entre esses dois extremos – no primeiro a gravidade possuindo um superpoder manifesto e a rigidez parecendo impotente, e já no outro a rigidez tendo pouco a realizar e a gravidade, por consequência, se esforçando de jeito fácil para um fim demasiado próximo – tem de haver um ponto onde peso e sustentação apareçam de maneira correta, conservando o equilíbrio e tornando sua luta manifesta. Esse ponto é o da ordenação grega das colunas em geral e deve ser determinado com precisão. Porém, tal ponto não é tão inteira e precisamente determinável, já que pode sofrer variações segundo o critério das circunstâncias, permitindo algumas modificações. Essas modificações são as três ordenações gregas das colunas; o uso de uma delas em vez de outra será indicado pela relação particular entre a altura, o peso e a dimensão do edifício. Mas no todo se trata de um ponto, não matemático, que possui uma extensão certa; ele foi descoberto aos poucos, por aproximação gradual de dois extremos. A ordenação dórica, mais antiga, era a princípio bastante baixa em relação ao volume e bastante pontiaguda, como o Templo de Paestum ainda mostra. Os monumentos da Grécia antiga indicam como, aos poucos, se chegou à melhor proporção da ordenação das colunas, e em verdade na dórica como a mais antiga. Ela foi construída cada vez mais alta e, gradualmente, aumentou de 8 modelos do tronco para 14, e nisso permaneceu até hoje. A distância das colunas também fornece um momento, uma determinação mais precisa, a saber, poder-se-ia sustentar o mesmo peso com igual altura sobre o solo, tornando as colunas proporcionalmente mais finas que o especificado pela ordenação, caso fossem colocadas mais colunas; ou também, ao contrário, as colunas poderiam tornar-se proporcionalmente mais robustas, caso fossem em menor número e mais espaçadas umas das outras. No entanto, a natureza da pedra também como que determina a distância das colunas. A pedra tem um grau determinado de tenacidade e ligamento, coesão; por causa disso, o entablamento, se estiver apoiado em *um* ponto, pode assim manter-se por certo intervalo até outro ponto, onde novamente precisa de sustentação. O fato de o entablamento em tais distâncias ser sustentado justamente como sua natureza exige é o que torna visível, com acerto, a luta entre rigidez e gravidade. Se os pontos de sustentação são muito distantes um do outro, então há ameaça evidente de o entablamento ruir, mesmo que as colunas sejam fortes o suficiente para o peso, pois os pontos gravitacionais das partes do entablamento se encontram bastante afastados das colunas isoladas. Agora, caso estas estejam muito próximas umas das outras e proporcionalmente não sejam muito fortes para o peso, a rigidez da pedra não pode manifestar sua força, tendo em vista que não pode mostrar quanto seria capaz de oscilar livremente também em amplos espaços intermédios. Aqui a arquitetura permite espaço livre de jogo, na medida em que, para distâncias maiores das colunas, estas podem ser mais robustas, e sua altura maior introduzida não as torna quebradiças. Por consequência, não há para a distância das colunas limites rígidos como o há para suas dimensões.

Vê-se, portanto, que o fundamento da ordenação das colunas é encontrável na natureza da pedra, ou seja, nas relações dela que unem rigidez, tenacidade e gravidade; isso confirma mais uma vez nossa teoria: o que a arquitetura quer trazer para a intuição estética é a luta entre as forças fundamentais da natureza. Ora, como apenas mediante as *três* ordenações são variáveis as proporções das dimensões das colunas, e dentro de limites rígidos, o arquiteto tem de proceder à escolha da ordenação conforme o peso: se este é grande, escolhem-se as colunas dóricas; se é menor, as coríntias. Se com um peso considerável quer-se atingir a altura com colunas coríntias, elas têm de situar-se tão próximas quanto possível. Se com menor peso desejam-se colunas dóricas, elas têm de situar-se distantes umas das outras. Dessa forma, as relações entre peso, altura e largura do edifício, bem como o número apropriado de colunas, têm de determinar a escolha. Comumente se concede que semelhante escolha é feita conforme o fim particular do edifício: o capitel coríntio é sereno e majestoso, portanto para ser usado em palácios, teatros e semelhantes. O capitel jônico é mais simples e sério, por isso adequado a igrejas e moradias. O capitel dórico é ainda mais simples e sério, logo indicado para portões, depósitos militares e assemelhados. Digo que o fim da arte nada tem a ver com fins humanos e a fruição estética não exige que se pense ou conheça a determinação do edifício; ademais, é fraca a pretensa expressão de majestade e serenidade no capitel coríntio, ou de seriedade no capitel jônico. Isso é algo mais imaginário. O peso tem de determinar a escolha de uma proporção mais robusta ou fina das colunas. Com colunas muito robustas, combina um capitel relativamente pequeno, como o dórico e o jônico; colunas altas e delgadas podem também suportar um capitel grande, como o coríntio: elas têm menos a suportar, permitindo, pois, ornamentos variados. Caso se queiram adotar para pesos grandes as colunas coríntias finas, então, já que elas têm de se tornar mais comprimidas, sua altura se tornará bastante elevada; se isso estiver em conformidade com o caso, pode-se adotá-las; se a situação exigir para peso grande uma altura menor, é preferível a coluna dórica. Ou, ainda, se a opção forem colunas coríntias e a altura não puder aumentar, elas têm de situar-se mais perto umas das outras, em grande número – e aqui não se deve pensar imediatamente na determinação do edifício; o arquitetonicamente correto e belo tem de se dirigir de imediato à intuição, não à reflexão sobre o que o homem fará no edifício: isso é um comentário do qual ele não precisa. Em se tratando, entretanto, de portões, depósitos militares etc., que são de tipo mais pesado, as colunas dóricas combinam na maior parte das vezes. O fim do edifício determina sua robustez ou leveza, e estas determinam a escolha da ordenação das colunas e de todo o estilo em geral; na maioria das vezes, é ensinado como regra geral que o exterior de um edifício deve indicar sua finalidade: uma igreja séria, um palácio majestoso, um teatro divertido e coisas do gênero. Pode-se assim fazer porque o proprietário o quer; mas, *esteticamente*, não é essencial: um edifício também poderia ser esteticamente belo mesmo que não servisse para nada; como mencionei, o estético da arte arquitetural ignora a finalidade humana da construção, sua utilidade, indo por si mesmo, lidando com coisas completamente diferentes: a luta entre as forças naturais da pedra, não permitindo que se pense na finalidade do edifício; uma construção pode ser em si muito bela, mesmo que não se veja exteriormente sua finalidade. Assim, há em Veneza um belo e gracioso edifício ligado ao Palácio Doge por uma ponte alta suspensa no ar e encoberta por um grande arco. Quem poderia adivinhar que se trata de uma prisão estatal, com a *ponte de'sospiri*? Colunas ligadas em par são uma descoberta dos modernos; os antigos nunca as utilizaram, justamente porque são de gosto discutível, pois no tema fundamental da arquitetura, sustentação e peso, não reside motivo algum para elas. O peso, num edifício regular, é distribuído *igualmente*, e com isso também as sustentações têm de sê-lo: as colunas isoladas devem ser suficientemente robustas para sustentar o peso, bem como toda a série das colunas precisa ser suficientemente próxima para corresponder a uma

Metafísica do Belo

dada densidade do peso, sem que sejam necessárias semelhantes colunas duplas. Evidentemente, há casos em que as circunstâncias fornecem ocasião para as colunas duplas, vale dizer, quando a sustentação deve ser vigorosa, numa altura menor. Mas isso deve ser evitado.

O *entablamento* com suas três partes e proporções é por inteiro construído tendo-se em conta o tema único da arquitetura, sustentação e peso, ou seja, a luta entre rigidez e gravidade.

Ao lado do exposto tema estético principal das obras da bela arquitetura, esta ainda tem um segundo fim, ou seja, uma vinculação especial com a *luz*. Todo belo edifício aparece duplamente belo se for visto à plena luz do sol e tiver como pano de fundo o céu azul. Outro efeito completamente diferente ele desperta sob o luar (Berlim ao luar). Por isso, na execução de uma obra da bela arquitetura, sempre se leva especialmente em conta a posição geográfica, por causa do efeito da luz. Tudo isso tem seu fundamento em grande parte no fato de, por uma iluminação clara e límpida, todas as partes e relações do edifício se tornarem plenamente visíveis. Nesse sentido, penso que a arquitetura, como está destinada a manifestar a luta entre gravidade e rigidez, também tem o fim de desdobrar em sua eficácia a essência da *luz*, que é de natureza completamente oposta. Vale dizer, na medida em que a massa volumosa, opaca, precisamente limitada, figurada de maneira diversa do edifício, intercepta, trava, reflete a luz, e esta desdobra sua natureza e suas características da forma mais pura e nítida, para grande fruição do espectador; pois, como já mencionado, a luz é o mais aprazível das coisas, uma vez que é a condição e o correlato objetivo do mais perfeito modo de conhecimento intuitivo.

Esse segundo fim da bela arquitetura – o de manifestar a luz segundo sua essência – não pode ser satisfeito pela tentativa feita em nossos dias, aqui em Berlim, de realizar obras arquitetônicas de *ferro*, porque a cor negra do ferro suprime o efeito da luz, e assim esta é tragada; o brilho metálico sob a luz vermelha noturna é apenas um substituto e aos poucos desaparecerá. Em geral, a cor negra é um entrave para o realce nítido das partes. No entanto, edifícios de ferro correspondem muito bem ao fim primeiro da arquitetura, o de tornar intuitiva a gravidade, a rigidez, a coesão, pois possuem tais características num grau ainda maior. Mas, justamente porque neles a proporção das duas forças entre si é diferente em relação à pedra, e porque a tenacidade do ferro ainda é acrescida, as proporções que foram descobertas para os edifícios de pedra e suas partes como as melhores não são de imediato aplicáveis aos edifícios de ferro; por conseguinte, teve-se de encontrar para a bela arquitetura à base de ferro outra ordenação das colunas e das regras em geral. No Monumento, isso não se deixa explicitar, pois ele, infelizmente, é gótico e não corresponde à minha teoria estética da arte arquitetural.

Disse antes que as duas metades sobre as quais está baseada a essência da apreensão estética, ou seja, conhecimento da Ideia e estado do conhecer destituído de vontade, sempre entram em cena simultaneamente; no entanto, a fruição estética ora se encontra mais do lado objetivo, ora do lado subjetivo. Esse último é o caso das obras arquitetônicas, pois as Ideias que aqui são trazidas à mais nítida intuição são os graus mais baixos de objetidade da Vontade, e, por consequência, a importância objetiva daquilo que a arquitetura nos manifesta é relativamente pequena. Aí se explica o fato de a fruição estética da visão de um belo edifício, favoravelmente iluminado, não residir tanto na apreensão da Ideia, mas antes no correlato subjetivo dela, que entra em cena necessariamente com essa apreensão, portanto a fruição estética se originará sobretudo do fato de o espectador, enquanto estiver por inteiro entregue a essa visão, ter se desprendido do modo de conhecimento que lhe é próprio como indivíduo e que serve à vontade, seguindo as relações, ou seja, o espectador se elevou ao conhecimento do puro sujeito livre de vontade. A fruição estética consiste, pois, principalmente, na contemplação pura, em que o espectador está livre de todos os sofrimentos do querer e da individualidade. Por conseguinte, na fruição estética da arquitetura, o lado subjetivo é de fato preponderante; nesse

Metafísica do Belo

sentido, o oposto da arquitetura, e outro extremo na série das belas-artes, é a poesia dramática; nesta, o lado objetivo da concepção estética é preponderante, porque as Ideias, que aqui são trazidas ao conhecimento, são as mais significativas, as mais perfeitas objetivações da Vontade.

A arquitetura tem em relação às artes plásticas e à poesia o diferencial de não fornecer uma cópia, mas a coisa mesma. Artes plásticas e poesia repetem a Ideia que o artista apreendeu, portanto o artista empresta ao espectador seus olhos; o arquiteto, ao contrário, permite ao espectador olhar mediante seus próprios olhos e lhe coloca meramente o objeto, pelo qual lhe facilita a apreensão da Ideia, na medida em que traz o objeto individual e efetivo à expressão mais nítida e perfeita de sua essência.

Agora passemos à relação que a arquitetura tem como bela arte com ela mesma enquanto arte utilitária. As obras das belas-artes não possuem, via de regra, outro fim senão o estético. Esse, no entanto, é um caso bastante raro, em se tratando da arquitetura: o fim principal desta é, antes, comumente alheio ao da arte enquanto tal, ela serve à utilidade, que por sua vez subordina o fim estético. Sob essas condições, o grande mérito do arquiteto reside no fato de, no meio da subordinação do fim estético a fins estranhos, ainda assim impor e realizar os fins puramente estéticos. O arquiteto procura, por conseguinte, de maneira variada, combinar o fim sempre arbitrário do edifício com os fins estéticos apropriados; para isso tem de julgar corretamente qual beleza estético-arquitetônica se ajusta e unifica com um templo, com um palácio, com portões, com um depósito militar, com um teatro e assim por diante.

Uma semelhante relação entre arquitetura bela e útil depende sobretudo do clima. Pois um clima rigoroso multiplica as exigências da necessidade e da utilidade, prescreve-as de maneira estritamente determinada, de modo impositivo, e com isso sobra menos espaço lúdico para o belo. Por esse motivo, a bela arquitetura alcançou a perfeição em regiões temperadas, na Índia, no Egito, na Grécia e em Roma, pois aí as exigências do clima e da necessidade foram menores e menos estritamente determinadas e a arquitetura pôde seguir de maneira bastante livre seus fins estéticos. Ao contrário, sob o céu nórdico, tais fins foram contrariados: o frio produz edifícios completamente fechados, logo, muros quadrangulares. Colunas alheias a tais estilos de construção são introduzidas; o céu escuro requer muitas janelas (as quais, em países quentes, impedem o mormaço); o peso da neve exige os altos e repugnantes tetos pontiagudos; por causa disso, as torres são mais adequadas que as cúpulas. Tão determinadas exigências encerram em limites estreitos o espaço lúdico para o belo da arquitetura: como compensação, ela enfeita-se cada vez mais com adornos emprestados da escultura. Por isso o estilo de construção gótico encontrou tanta aprovação no norte: ele procura a beleza na escultura, nas estranhas estruturas cortantes com as quais os edifícios góticos estão cobertos, tanto do lado de fora quanto do de dentro. De resto, à arte arquitetural gótica não é aplicável minha teoria estética sobre a arquitetura: a luta entre gravidade e rigidez não é seu tema; quase até parece que sua Ideia fundamental seria expor a vitória inconteste da rigidez sobre a gravidade, deixar simplesmente aquela exteriorizar-se sem que a pressão da massa se torne visível, pois tudo tende para cima, com formas pontiagudas, e a massa situa-se embaixo; a arquitetura gótica contenta-se com várias pontas sem peso, com colunas finas em forma de tubo, que nada sustentam e pairam no ar livres, em pequenos arcos e círculos ocos. O excesso de ornamentos com estruturas cortantes inexpressivas, numa simetria confusa e de difícil apreensão, desmembra as volumosas massas e perturba o espectador. Ademais, é característico da arte arquitetural gótica repetir a mesma forma em medidas cada vez menores e mais próximas umas das outras, o que lhe confere certa semelhança com o reino vegetal, onde também é assim; mas tal semelhança é casual e não a Ideia condutora. Em verdade, não sei onde reside o belo da arte arquitetural gótica: suspeito que a satisfação que se tem nela assenta-se na mera *associação de ideias*; certas ideias favoritas da Idade Média juntam-se aí: por conseguinte, tratar-se-ia de um gosto completamente *subjetivo*, sem beleza *objetiva* que cada um pudesse reconhecer. Além disso, na menção da jardinagem, terei melhor oportunidade de demonstrar claramente a ideia fundamental inestética condutora da arquitetura gótica.

Vimos como a arquitetura, em seu efeito estético, tem de sofrer grande limitação mediante as exigências da necessidade e da utilidade. Contudo, por outro lado, ela possui, justamente nessa união com o serviço da necessidade, um apoio bastante forte, sem o qual não poderia subsistir: pois suas obras são de grande envergadura e, em consequência, muito custosas; acresce a isso que seu efeito estético se circunscreve a uma esfera bem limitada. Em virtude disso, a arquitetura, como bela arte, não poderia manter-se à custa de meros fins estéticos; e é sorte o fato de ela, como atividade utilitária e necessária, ocupar um lugar fixo e honroso entre as atividades humanas. Precisamente isso é recusado àquela outra arte – e por esse motivo ela é obstada a estar ao lado da arquitetura como sua irmã propriamente dita –, vale dizer, a bela *hidráulica*, embora do ponto de vista estético esta se equipare a ela. Porque exatamente o que a arquitetura realiza para a Ideia de gravidade, onde esta aparece vinculada com a *rigidez*, isso o realiza a bela hidráulica para a mesma Ideia, quando ela aparece vinculada com a *fluidez*, isto é, ausência de forma, mobilidade fácil, transparência. Pois cataratas espumantes e em borbotões a se precipitar sobre rochedos, quedas-d'água a se espraiar tranquilamente, fontes com seu jorro de colunas aquosas e claros espelhos d'água manifestam, todos eles, as Ideias da pesada matéria fluida, exatamente como o fazem as obras da arquitetura ao desdobrar as Ideias da pesada matéria sólida. Só que as obras da bela hidráulica são raras e, portanto, ainda não atingiram a perfeição de que são capazes, porque aí falta o apoio de um fim utilitário. A bem dizer, há também uma hidráulica utilitária, mas raramente ela se presta a fins estéticos. Apenas em Roma encontrei essa união. A água que é bombeada para a cidade pelo longo aqueduto – em parte construído pelos antigos –

é usada ao mesmo tempo com fins estéticos, em alguns trechos onde jorra, para alegrar o povo: belíssimas quedas-d'água adornadas com colunas diversas e estátuas, bem como fontanas, ornam tais lugares. Como exemplo, podemos citar a famosa *Fontana di Trevi*, a *Fontana in S. Pietro in montorio*, a *Fontana del Tritone* etc.

Capítulo 12

Jardinagem e Pintura de Paisagem

Consideramos, portanto, até aqui as duas artes cujo tema estético são as Ideias que manifestam os graus mais baixos de objetidade da Vontade. Os graus que se situam mais acima destes são fornecidos pela natureza vegetal. Duas artes se ocupam com a manifestação de suas Ideias: a bela *jardinagem*, na medida em que, à maneira da arquitetura, coloca o objeto ao espectador para facilitar-lhe assim a apreensão, e a *pintura de paisagem*, na medida em que repete em imagens as Ideias apreendidas. Entrementes, apenas parcialmente podemos incluir a jardinagem entre as belas-artes, porque seu efeito é bastante limitado, pois está longe de ser mestra em seu tema, como o são a arquitetura e a hidráulica. O belo que a jardinagem exibe pertence quase exclusivamente à natureza: ao fim a primeira pouco realiza. Por outro lado, a jardinagem é bastante impotente em face do desfavor da natureza, e, onde esta trabalha contra, suas realizações são pífias. Ademais, o gosto puro e bom na jardinagem só foi descoberto no século passado e em verdade na Inglaterra. Antes predominava o antigo gosto ou gosto holandês, que emigrou da

Itália e por lá ainda predomina; pelo pouco que os antigos dizem de seus jardins, temos de supor que eram do mesmo estilo. Os jardins do gosto antigo consistem em alamedas retas, árvores e popas aparadas, arcadas, alegretes, figuras diversas e estranhas talhadas nas copas das árvores etc. A jardinagem inglesa, ao contrário, oferece à natureza oportunidade para desdobrar toda a sua beleza, mostrando-a da forma mais vantajosa possível, reunindo árvores em belos grupos, abrindo vistas, perspectivas, introduzindo arbustos diversos e distantes, provocando assim variação e deixando ver a riqueza das figuras, ao alternar alturas e profundidades, ao cuidar da água, permitindo que ela manifeste sua natureza de todas as maneiras. Portanto, ela procura, mediante posições favoráveis dos objetos, facilitar a apreensão das Ideias que se exprimem no mundo inorgânico e vegetal: ela é como o arrumar-se da bela natureza (a partir daí lançaremos adiante um olhar retrospectivo sobre a arquitetura gótica, e assim me aprofundarei mais nesse objeto). De fato, a diferença mais marcante entre os jardins ingleses e os franceses reside fundamentalmente no fato de os primeiros serem erigidos em *sentido objetivo* e os outros, em *sentido subjetivo*, o que significa: na jardinagem inglesa, o fim é orientado para o objeto, o mundo vegetal; quer-se expressar em cada tipo de árvore, em cada tipo de planta, monte, pedra, águas, e da maneira mais pura e clara possível, as Ideias nas quais a Vontade se objetiva; por conseguinte, a objetidade da Vontade nesse grau, ou seja, nessa Ideia, deve ser salientada do modo mais puro possível: eis aí a Ideia condutora, e nesse sentido a jardinagem inglesa é *objetiva*. Já os jardins franceses são planejados *subjetivamente*, e com isso quero dizer: eles se referem em geral à intenção subjetiva do dono, mostram em toda parte apenas a marca de sua vontade e de seus fins; a natureza é subordinada a essa vontade; suas formas, ou seja, as Ideias nas quais a Vontade se objetiva na natureza vegetal, são negadas, e os lugares e formas originários das plantas são modificados; uma vontade alheia, a do dono, é-lhes imposta, a qual se expressa com seus fins nas alamedas retas, nas popas cortadas e floreadas, nas longas arcadas que produzem sombras, nas obras de madeira para que as plantas se prendam e formem um teto, nas formas fantásticas para as quais se cortou o *taxus* e o buxo: tudo carrega a marca do servilismo da natureza em prol da vontade do dono. Portanto, nesse sentido, digo que os jardins ingleses são planejados objetivamente, e os franceses, subjetivamente. Ora, a mesma relação parece existir entre a *arquitetura grega* e a *gótica*: a primeira é planejada objetivamente; a segunda, subjetivamente. A arquitetura antiga traz as Ideias de gravidade e rigidez, a exprimirem-se na pedra, à sua manifestação mais clara mediante a luta em que as coloca: os fins subjetivos da utilidade são com felicidade unidos a fins estéticos e objetivos. Ao contrário, nos edifícios góticos, o fim subjetivo do homem é salientado intencionalmente e expresso de maneira tirânica: aí tudo se refere ao homem e a seu serviço, para o qual o edifício existe; o todo e cada parte dizem respeito à morada e ao abrigo; as entradas aprofundadas por vinte arcos concêntricos deixam explícito que se trata de uma passagem para homens: as portas gregas simplesmente permitem o homem, são dois pilares que sustentam um entablamento. Vejam-se as belas portas da ópera que dá para a biblioteca, acima da escada.[59] Também as abóbadas góticas pontiagudas referem-se ao passeio livre do homem: as pilastras que sustentam a abóbada originam-se da continuação das bordas dos arcos pontiagudos dela, daí sua forma sem finalidade, de gosto duvidoso, e no mais incompreensível; em toda parte, as portas são erigidas em função do homem, balcões para a multidão, tudo em prol de fins subjetivos. Também os inúmeros ornamentos internos e externos representam tal serviço em favor dos fins subjetivos, apresentam *en mignature* pequenas torres, tetos de proteção, baluartes, portinholas. Tudo apenas diz que o homem aqui é senhor e mestre e a ele serve a

---

59. Não devemos nos esquecer de que essas preleções sobre a metafísica do belo foram lidas por Schopenhauer numa sala de aula em Berlim. (N. T.)

matéria com suas forças. Por isso a arquitetura gótica é bárbara e a grega, estética. Acredito que o ponto de vista explanado sobre a arquitetura gótica é o correto e contém sua Ideia diretriz.

A jardinagem nos ofereceu oportunidade para essa visão. Seu tema é a natureza vegetal, mas, por causa da envergadura pequena de suas realizações, ela é apenas meia arte. Sem intermediação da arte, o mundo vegetal se oferece em quase toda parte para a fruição estética. Entretanto, na medida em que é propriamente objeto da arte, seu domínio reside na *pintura de paisagem*; junto com ela reside nesse domínio a inteira natureza destituída de conhecimento, ou seja, rochedos e construções. Arquitetura pintada, ruínas, igrejas com seu interior ocupam o meio entre a natureza-morta e a pintura de paisagem.[60] Em tais exposições, o lado subjetivo da fruição estética é preponderante, ou seja, nossa alegria aí não reside imediata e principalmente na apreensão das Ideias expostas, e sim mais no correlato subjetivo dessa concepção, no estado do puro conhecer destituído de vontade: o pintor nos deixa de fato ver as coisas pelos seus olhos, nos torna participantes de sua apreensão puramente objetiva, e justamente por isso recebemos ao mesmo tempo uma sensação comum e um sentimento refletido do silêncio da vontade, o qual tinha de existir no pintor quando este submergiu de forma tão completa seu conhecimento nos objetos sem vida e os concebeu com tanto gosto, isto é, justamente com tal grau de objetividade. O efeito da pintura de paisagem propriamente dita é, de fato e no todo, também desse tipo; só que, como as Ideias expostas são graus mais elevados de objetidade da Vontade e, portanto, mais expressivas e significati-

---

60. Com isso assoma a característica mais importante da hierarquia das artes em Schopenhauer, vale dizer, o que indica o lugar de uma arte na estrutura da pirâmide não é ela enquanto tal, associada ao material que usa, mas sim o tema que ela expõe. Nesse sentido, uma mesma arte que trate de temas diferentes poderá ter suas obras classificadas diferentemente: uma figura humana esculpida é superior a um cavalo esculpido, um gato pintado é superior a um edifício pintado, e assim por diante. (N. T.)

vas, já entra em cena aqui mais o lado objetivo da satisfação estética e conserva-se o equilíbrio com o lado subjetivo. O conhecer puro enquanto tal não é a coisa principal, mas com igual poder atua sobre nós a Ideia conhecida: vemos em cada paisagem o mundo como representação em um grau significativo de objetidade da Vontade.

Capítulo 13

Pintura de Animais

Até aqui consideramos as artes cujo tema era a natureza destituída de conhecimento, o inorgânico com suas forças e o reino vegetal. O próximo grau principal de objetidade da Vontade é a natureza que conhece. Primeiro os seres irracionais que meramente intuem e não pensam, os animais. Também esses são objeto da arte na *pintura de animais*, que possui inúmeras variedades: ela expõe os animais de todas as espécies, mais frequentemente os quadrúpedes e os pássaros, mostra por consequência ora animais no prado, ora no estábulo; caças, cavalos montados, bem como a luta dos animais entre si ou contra os homens. De cães já há retratos: pintura de gatos em Berna. Também a escultura expõe cavalos, cães etc. No Vaticano, há uma sala repleta de animais, em parte antigos: galgos muito belos. Na pintura de animais – visto que ela expõe um grau de objetivação da Vontade mais elevado que o da pintura de paisagem – a satisfação estética já reside decididamente no lado objetivo. A calma do sujeito que conhece essas Ideias e que silenciou a própria vontade está presente como em cada consideração estética, porém, seu efeito não é sentido, pois nos ocupam a inquietação e a veemência da Vontade exposta. Trata-se também do querer que constitui nosso ser e que aqui aparece diante dos olhos em figuras nas quais seu fenômeno não é dominado, não é silenciado pela clareza de consciência, como em nós, mas se expõe em feições mais fortes e com uma nitidez que toca o grotesco e o monstruoso. Todavia, sem a dissimulação da reflexão (que em nós encobre tantas coisas, justo as cores sombrias), e sim de maneira inteiramente ingênua, livremente exposta. Teofrasto Paracelso disse: "Os animais são um espelho no qual o homem enxerga a si mesmo". O característico das espécies já aparecia nas plantas; mostrava-se, no entanto, só nas formas. Aqui ele se torna muito mais significativo, exprime-se não somente na figura, mas na posição, na ação, nos gestos; porém, sempre revela apenas o caráter da espécie, não do indivíduo.

Esse conhecimento das Ideias de graus mais elevados, que recebemos na pintura por intermediação alheia, também podemos recebê-lo imediatamente pela intuição puramente contemplativa das plantas e a observação dos animais, e estes últimos, em verdade, em seu estado livre, natural, espontâneo. Prefiro um animal vivo a cem embalsamados: nestes falta justamente o espírito, que é, em geral, tudo em tudo. Caso se contemplem de maneira puramente objetiva as figuras variadas, raras dos animais, suas ações e movimentos, então se receberá uma lição enriquecedora do grande livro da natureza.

É, realmente, a verdadeira essência íntima de todas as coisas que se exprime através dessas figuras: em toda parte, o melhor não se concebe por palavras, tem-se de intuir.[61] Enquanto, pela

---

61. Schopenhauer mais uma vez reforça seu intuicionismo. Em sua teoria do conhecimento, correspondente ao primeiro livro de sua obra magna, *O mundo como vontade e como representação*, as intuições são a base de todo conhecimento, são representações originárias, das quais derivam os conceitos da razão, representações de representações. O conhecimento, assim, estriba-se sempre sobre o mundo da experiência. É o lado empirista de Schopenhauer, contrabalançado por seu lado idealista exposto aqui nestas preleções sobre a metafísica do belo. Desse intuicionismo origina-se sua crítica aos sistemas filosóficos demasiado abstratos, que partem apenas de conceitos, de outros livros, e giram em torno de noções tão depuradas que caem no vazio, como seria o caso da noção de absoluto dos idealistas alemães. (N. T.)

intuição do mundo vivo, deixamos a verdadeira essência das coisas falar imediatamente para nós, deciframos a autêntica *Signatura rerum*,[62] assinatura das coisas, da qual falavam os antigos alquimistas e teósofos. Vemos nelas os diversos graus e maneiras de manifestação da Vontade, única e mesma em todos os seres, e que em toda parte sempre quer o mesmo, objetivando-se exatamente como vida, existência em variedades sem fim, figuras diferentes, que são todas acomodações às condições externas divergentes, variações sobre um mesmo tema. Contudo, concebemos inteiramente a essência que se manifesta por meio dessas figuras quando a reconhecemos como nós mesmos, quando aprendemos a compreender o reino animal a partir do nosso si--mesmo e também, por seu turno, nosso si-mesmo a partir do reino animal.

---

62. Título de uma obra do místico Jakob Böhme. (N. T.)

Capítulo 14

Pintura Histórica, Escultura. Também sobre Beleza, Caráter e Graça

A Ideia na qual a Vontade atinge o maior grau de sua objetidade, expondo-se de imediato para a intuição, é, por fim, a grande tarefa da *pintura histórica* e da *escultura*.

Antes teceremos algumas considerações gerais sobre a beleza, o caráter e a graça. Aqui o lado objetivo do belo prepondera por completo e o lado subjetivo entra para segundo plano. Ademais, é para se levar em conta o seguinte: ainda no grau imediatamente inferior a esse, na pintura de animais, o característico é por inteiro uno com o belo: os leões, lobos, cavalos, carneiros, touros mais característicos são também os mais belos. O fundamento disso reside no fato de os animais não possuírem caráter individual algum, mas apenas o caráter da espécie. Por causa disso, nas fábulas em que os animais agem, por exemplo em *Reineke Fuchs*,[63] o nome próprio coincide com o da espécie ou, antes, o primeiro é apenas um acréscimo pleonástico a este: Nobel, o Leão; Isegrimm, o Lobo; Braun, o Urso. Do mesmo modo que a diferença entre a pintura de animais e a pintura histórica, assim também é compreensível a diferença entre as fábulas de Esopo ou *Reineke Fuchs* e o romance e o teatro. Apenas o homem tem caráter individual: daí separar-se, na exposição do homem pela pintura e pela escultura, o caráter da espécie do caráter do indivíduo: o primeiro chama-se então *beleza*, no sentido objetivo, e o segundo conserva o nome "caráter" ou "expressão"; com isso entra em cena uma dificuldade nova, a de expor os dois perfeitamente e, ao mesmo tempo, no mesmo indivíduo.

Beleza humana é uma expressão objetiva: ela significa a objetivação mais perfeita da Vontade no grau mais elevado de sua cognoscibilidade: portanto, a Ideia geral de homem plenamente expressa na forma intuída. Nenhum objeto nos atrai tão rápido para a intuição estética quanto a figura e o belo rosto do homem, cuja visão nos arrebata instantaneamente com uma satisfação inexprimível e nos eleva sobre nós mesmos e sobre tudo o que nos atormenta; o que só é possível exatamente porque essa cognoscibilidade mais clara e pura da Vontade também nos coloca de maneira mais fácil e rápida no estado do puro conhecer, no qual nossa personalidade e querer, dos quais se origina todo tormento, distanciam-se da consciência pelo tempo em que a alegria estética se mantiver. Daí advém que o possuidor de forte receptividade para o belo é, em geral, arrebatado pela visão da beleza humana bem mais do que por qualquer outra coisa. O fato de a natureza obter êxito com uma bela figura humana pode

---

63. Épico animal que se desenvolveu a partir da tradição antiga das fábulas, bem como de tradições europeias locais. O *Fuchs* do título é justamente a raposa. Os franceses parodiaram tais fábulas com *Romand de Renart* (séc. XII). Em seguida, Heinrich der Glichesaere escreveu o romance versificado *Reinhart Fuchs*. Até Goethe, em 1794, fez vir a lume seu *Reineke Fuchs*. (N. T.)

ser explicado pelo seguinte: a Vontade, ao objetivar-se nesse grau mais elevado num indivíduo, vence todas as adversidades por meio de circunstâncias favoráveis e de sua própria força, superando a resistência que lhe opunham seus fenômenos mais baixos, como as forças naturais cegas que se exteriorizam em cada matéria segundo leis físicas e químicas. Essas forças primeiro têm de ser vencidas e delas retirada a matéria que lhes pertencia. Ademais, os fenômenos da Vontade em seus graus mais elevados têm a diversidade por forma; já a árvore é tão somente um agregado sistemático de um sem-número de fibras repetidas e crescidas. E essa composição de partes diversas aumenta com o grau da Vontade; o corpo humano é um sistema altamente complexo de partes por inteiro diferentes, cada uma das quais possuindo vida subordinada ao todo, porém própria, *vita propria*. Que todas essas partes estejam convenientemente subordinadas entre si e ao todo, que conspirem de forma harmônica para a exposição dele e nada atrofiem nem hipertrofiem – eis as condições raras cujo resultado é a beleza, o caráter da espécie perfeitamente estampado. Assim a natureza. E a arte? Opinou-se que se realiza por meio da imitação da natureza. Como, entretanto, o artista pode reconhecer sua obra excelsa a ser imitada? Extraindo-a das coisas imperfeitas? Como deve fazê-lo, senão antecipando o belo *antes de toda experiência*? Alguma vez a natureza produziu um homem perfeitamente belo em todas as suas partes? Opinou-se que o artista tem de estudar conjuntamente as inúmeras partes belas isoladas distribuídas por muitos homens e delas compor um todo belo; essa, porém, é uma opinião disparatada e destituída de sensibilidade. Pois perguntemo-nos mais uma vez: como o artista pode reconhecer que algumas dessas partes isoladas são belas e as outras não? Que a mera imitação servil da natureza não conduz à beleza, vemo-lo nos antigos pintores teutônicos. Considerem suas figuras nuas, Adão e Eva de Lukas Kranach, a casta Lucrécia deste, de Dürer, entre outros.

Nenhum conhecimento do belo é possível de maneira empírica e puramente *a posteriori*; mas tal conhecimento é sempre em parte *a priori* e de tipo inteiramente diferente do das formas do princípio de razão que nos são conhecidas *a priori*, as intuições puras do espaço e do tempo. De fato, estas dizem respeito à forma universal de possibilidade de cada fenômeno enquanto tal, o *como* universal de cada um; desse conhecimento produz-se a Matemática e as ciências naturais puras. Ao contrário, o outro modo de conhecimento *a priori*, que torna possível a exposição do belo, não diz respeito à *forma* do fenômeno, mas ao seu *conteúdo*, não diz respeito ao seu *como*, mas ao seu *quê*. O formal *a priori* da Matemática etc. prescreve ao fenômeno o como ele simplesmente *tem de* aparecer, determina-o para todos os casos. A antecipação estética *a priori*, por sua vez, sabe apenas o que propriamente *deveria* aparecer, não de maneira tão determinada que poderia expô-lo por inteiro antes de toda experiência, mas de tal maneira que pode *julgar* se o que aparece efetivamente está em conformidade com sua lei ou não e se pode depois também *corrigi-lo*. O fato de todos reconhecermos a beleza, caso a vejamos, sendo que no caso do autêntico artista isso ocorre com tal nitidez que ele a mostra como nunca se vira, e, por conseguinte, supera a natureza com sua exposição, tudo isso só é possível porque a Vontade, cuja objetidade adequada em seu grau mais elevado deve aqui ser descoberta e julgada, *somos nós mesmos*. De fato, só dessa maneira temos uma *antecipação* daquilo que a natureza se esforça por expor, pois sua essência íntima é precisamente nossa própria vontade. No gênio, essa antecipação é acompanhada de tal grau de clareza de consciência que ele reconhece nas coisas isoladas a Ideia, como que *entende a natureza em suas meias palavras* e, então, expressa puramente o que ela apenas balbuciou: ele imprime no mármore duro a beleza da forma em que a natureza fracassou em milhares de tentativas, coloca-o diante dela e lhe brada: "Eis o que querias dizer!". Só assim os gregos geniais puderam descobrir o tipo arquetípico da figura humana e estabelecê-lo como cânone da escultura; também apenas devido à mesma antecipação é possível a todos reconhecer o belo lá onde a natureza o conseguiu efetiva e isoladamente. Semelhante antecipação é o *ideal*. Trata-se da Ideia, na medida em que esta, pelo menos em parte, é conhecida *a priori* e, enquanto tal, complementando o que é dado *a posteriori* pela natureza, torna-se prática para a arte. A possibilidade de tal antecipação *a priori* do belo pelo artista, bem como seu reconhecimento *a posteriori* pelo espectador, reside no fato de ambos serem o mesmo em-si da natureza, a Vontade que se objetiva. Apenas pelo igual é o igual reconhecido, disse Pitágoras.[64] Apesar de na formação do ideal da beleza humana pelo artista a coisa principal ser *a priori* (uma antecipação da intenção da natureza), não se deve negar que a experiência tem de vir ao encontro dessa antecipação, na medida em que lhe oferece um esquema determinado, estimula e como que coloca questões à antecipação no espírito do artista, mediante a exibição de corpos humanos que, nesta ou naquela parte, são mais ou menos êxitos da natureza, e, assim, por um método socrático, aquela antecipação é trazida à clareza e determinidade (*Bestimmtheit*), pois também a disposição estético-plástica precisa, como qualquer outra, ser exercitada. Nesse sentido, os escultores gregos possuíam um vantajoso meio de facilitação no clima e no costume de seu país, que lhes dava a oportunidade de ver durante todo o dia figuras nuas ou em grande parte nuas. Cada membro nu lhes exigia o sentido plástico de beleza para seu julgamento e comparação com o ideal: eles exercitavam, assim, seu olhar sobre as nuanças delicadas de todas as formas e membros do corpo e dessa forma seu ideal antecipado da beleza humana podia aos poucos ser trazido a uma tal clareza de consciência que, ao fim, eram capazes de expô-lo exteriormente ao espírito numa obra de arte.

Aludi à opinião disparatada de que os gregos teriam descoberto o ideal de beleza humana, transmitido por suas obras, de maneira inteiramente empírica, na medida em que teriam estu-

---

64. No livro III de sua obra principal, capítulo 45, Schopenhauer atribui a frase a Empédocles. (N. T.)

dado as partes isoladas e belas de diferentes homens, encontrando aqui um braço, ali uma mão, lá um joelho, uma perna, e daí teriam composto o ideal. Um erro análogo a esse concerne à poesia, vale dizer: quando as pessoas se espantam de que alguns poetas, sobretudo Shakespeare, tenham conseguido fazer entrar em cena a grande verdade, variedade e justeza de seus caracteres, concordantes em si mesmos, sendo tão verdadeiros, tratados tão especialmente, delineados a partir do mais profundo íntimo, opinou-se: Shakespeare teria de ter observado em sua experiência própria, na vida mundana, todos esses traços de caráter e então, oportunamente, tê-los reconsiderado, concebido personalidades efetivas e os apresentado novamente. Quão ruim seria então o poeta que não pudesse fazer entrar em cena caráter algum a não ser aquele com o qual cruzara na efetividade; quão raramente ele poderia reunir todos os caracteres necessários para uma ação. Essa hipótese é, portanto, tão absurda quanto a primeira. Como no caso da exposição do belo, isso também ocorre na questão do que é característico. Assim como as obras da arte plástica só são possíveis por uma antecipação pressentida do belo, também as obras da poesia só são possíveis por uma antecipação do característico, embora ambas precisem da experiência como um esquema, com o qual o que lhes era *a priori* obscuramente consciente é trazido à nitidez plena, e assim entra em cena a possibilidade da exposição com clareza de consciência.

Da Graça

Esclarecemos a beleza humana como objetivação adequada da Vontade no grau mais elevado de sua cognoscibilidade. A beleza se expressa na forma e esta reside apenas no espaço, sem relação direta com o tempo. Tal relação, entretanto, é inerente ao movimento. Por consequência, podemos dizer que a objetivação adequada da Vontade por meio de um fenômeno meramente espacial é a beleza em sentido objetivo. A planta nada mais é do que um tal fenômeno meramente espacial da Vontade, pois à expressão do seu ser não pertence nenhum movimento e, por conseguinte, nenhuma relação com o tempo (exceção feita ao crescimento): sua mera figura expressa seu ser e o expõe explicitamente (fisionomias interessantes as das plantas, por causa de sua inocência). Animais e homens, entretanto, ainda precisam, para a manifestação completa da Vontade que aparece neles, de uma série de ações, pelas quais o fenômeno da Vontade tem neles uma relação imediata com o tempo. Do mesmo modo que o fenômeno meramente *espacial* da Vontade pode objetivá-la de maneira perfeita ou imperfeita, em cada grau determinado, o que justamente constitui a *beleza* ou feiura, assim também pode a objetivação *temporal* da Vontade, isto é, a *ação* – e em verdade imediatamente, portanto o *movimento* – corresponder pura e perfeitamente à vontade objetivada, sem adição alguma, sem nada de superficial, sem privação, expressando tão somente, a cada vez, o ato determinado da Vontade. Nesse caso, o movimento ocorre com *graça*; do contrário, sem graça. Assim como, por conseguinte, a beleza é a exposição correspondente da Vontade em geral por meio de seu fenômeno meramente *espacial*, também a *graça* é a exposição correspondente da Vontade por meio de seu fenômeno *temporal*, isto é, a expressão perfeitamente correta e adequada de cada ato da vontade por intermédio do movimento e da posição que o objetivam. Visto que o movimento e a posição pressupõem o corpo, é bastante justa e acertada a expressão de *Winkelmann*: "A graça é a característica proporção da pessoa que age com a ação" (vol. 1, p. 258, *Gesamtausgabe*, Dresden, 1808). As plantas possuem beleza, porém nenhuma graça (a não ser em sentido figurado). Os animais e os homens têm as duas. A graça dos animais, do cavalo, do cão, no andar, pular, brincar, no *deitar-se*; também os bois deitados no campo: todos são objetos da pintura. A graça, por consequência, reside no fato de cada movimento e posição serem executados da maneira mais adequada, espontânea e confortável possível, sendo assim a expressão exata e correspondente de uma intenção ou do ato da vontade, sem nada de superficial (o que apareceria como gestos inapropriados destituídos de significação) e sem privação (o que se exporia como ausência de flexibilidade). A graça, portanto, se mostrará principalmente na efetividade, e, em se tratando das artes, no teatro, na dança e nas artes plásticas, em que ela é um dos temas principais, embora estas possam fornecer apenas uma posição habitual e um instante do movimento. Fala-se também, entretanto, de *graça* nas obras das *artes discursivas*: trata-se de algo metafórico e significa a conformidade das palavras aos pensamentos, ou seja, que o discurso atingiu com facilidade e diretamente seu fim. O oposto disso, a ausência de graça, é o engessamento do estilo, a prolixidade sem fim, preciosismos, prosa poética de candidatos a cargos (Lichtenberg, afetação e maneirismo de todo tipo. Assim como o homem, com frequência, possui graça natural e unicamente esta é autêntica, também o estilo bom surge da consciência clara do pensamento: *Le style c'est l'homme*, o estilo é o homem, disse *Buffon*).

Do Caráter

Como já foi mencionado, é uma marca distintiva da humanidade o fato de nela o caráter da *espécie* e o do *indivíduo* entrarem em cena separados, de maneira que cada homem, em certa medida, expõe uma Ideia inteiramente própria. As artes, por consequência, cujo fim é a exposição da Ideia de humanidade, têm ainda por tarefa, ao lado da beleza – do caráter da espécie –, o caráter do indivíduo, o qual será nomeado κατ' εξοχην; só que este, entretanto, desde que não seja visto como algo casual, exclusivo do indivíduo em sua singularidade, mas apenas como um lado especial da Ideia de humanidade que aparece no indivíduo, para cuja manifestação é relevante a exposição desse indivíduo. Por isso o caráter, embora seja individual, tem ainda de ser concebido e exposto idealmente, ou seja, acentuando-se sua significação em relação à Ideia de humanidade em geral, para cuja objetivação ele contribui à sua maneira; fora isso, o retrato é exposição, repetição do indivíduo enquanto tal, com todos os seus acidentes. Ora, o retrato mesmo, como diz Winckelmann, deve ser o ideal do indivíduo.

O *caráter* concebido idealmente como acentuação de um lado específico da Ideia de humanidade expõe-se visivelmente, em parte, mediante a fisionomia habitual e a corporificação, em parte por meio do afeto e da paixão passageiros, modificação recíproca e alternada do conhecimento e do querer, tudo a exprimir-se nos gestos e no movimento. Visto que, de um lado, o indivíduo pertence sempre à Ideia de humanidade e, de outro, a humanidade sempre se manifesta no indivíduo e inclusive com significação especial e ideal, nem a beleza pode ser suprimida pelo caráter, nem este por aquela, pois a supressão do caráter da espécie mediante o caráter do indivíduo é *caricatura*, e a supressão do caráter individual mediante o caráter da espécie é ausência de significação. Por isso a exposição artística, na medida em que visa à *beleza*, o que sobretudo a *escultura* faz, sempre modificará aquela em alguma coisa, ou seja, o caráter da espécie mediante o caráter individual, e sempre expressará a Ideia de humanidade de uma maneira determinada e individual, acentuando-a num de seus lados particulares, porque o indivíduo humano enquanto tal possui, em certa medida, a dignidade de uma Ideia única, e, para a Ideia de humanidade, é essencial que esta se exponha em indivíduos de significação especial. Por esse motivo não encontramos nas obras dos antigos a beleza humana, por eles distintamente apreendida, exposta numa única figura (ou duas), mas, em certa proporção, a Ideia de humanidade é sempre concebida num de seus lados em muitas e variadas figuras a exprimirem seus caracteres, por consequência é exposta de maneira diferente em Apolo, em Baco, em Hércules, em Antinous, em Júpiter, em Netuno e assim por diante, os quais são como que lados capitais e permanentes da Ideia de humanidade que, ainda, deixam margem a variações. O belo pode ser modificado pelo característico, sim, este pode limitá-lo até a supressão do caráter da espécie, portanto até o inatural, originando a caricatura. Ainda menos que a beleza, a graça pode ser perturbada pelo caráter: não importa a posição ou o movimento que o caráter exija, a graça tem de ser consumada do modo mais conforme, espontâneo e conveniente à pessoa. O que será observado não apenas pelo escultor e pelo pintor, mas também por todo bom ator; do contrário, também aqui se origina a caricatura como distorção e afetação.

A beleza e a graça continuam sendo o tema principal da *escultura*. Já o caráter propriamente dito do espírito, aparecendo no afeto, na paixão, no jogo alternado do conhecimento com a vontade, exponível unicamente mediante a expressão fisionômica e os gestos, é de preferência pertença da *pintura*. Que a escultura não se iguale no característico à pintura se deve sobretudo ao fato de os olhos e as cores residirem fora do âmbito da escultura. Pois, embora os olhos e as cores contribuam bastante para a beleza, são ainda mais essenciais para o caráter. Em compensação, em face da pintura, a escultura tem vantagem na exposição da *beleza*, pois suas obras podem ser consideradas de todos os lados e em cada ponto de vista, e assim a beleza da forma se desdobra pela primeira vez por inteiro. A carência disso, no entanto, não é muito impeditiva para a pintura na exposição do característico, pois caráter e expressão também podem ser concebidos perfeitamente a partir de *um* ponto de vista.

(Aqui, de preferência, o episódio sobre o Laokoon; mostrar as fronteiras da arte.)[65]

Visto que a beleza, ao lado da graça, é o objeto privilegiado da escultura, ela ama o nu e suporta o panejamento apenas à medida que ele não esconde as formas, mas até contribui para

---

65. Schopenhauer se refere à discussão sobre o porquê de Laokoon, no famoso grupo antigo de esculturas, não gritar. Sua solução passará pelo fato de o grito estar completamente fora do domínio da escultura, sendo mais matéria da poesia, do teatro. A exposição detalhada do filósofo acerca desse assunto se encontra no capítulo 46 de *O mundo como vontade e como representação*. (N. T.)

Metafísica do Belo 169

mais bem mostrá-la. De fato, o drapejamento não deve encobrir, mas mostrar indiretamente a forma: a situação das pregas é efeito da forma, e seremos conduzidos desse efeito imediatamente à sua causa, a forma mesma; de modo que a partir dos dados da queda das pregas construímos e intuímos a forma com a fantasia. Essa exposição indireta da forma ocupa, portanto, bastante o entendimento. Assim, na escultura o drapejamento é de certo modo o que na pintura é o *escorço*. (Explicitação e exemplo a partir da *galleria Giustiniani*.) Drapejamento e escorço são ambos alusões, mas não simbólicas, e sim tais que, se bem executadas, compelem o entendimento imediatamente a intuir o aludido, como se ele realmente tivesse sido dado.

(Comparação sobre as artes discursivas.)

A *pintura histórica* tem, além da beleza e da graça, ainda o caráter por objeto privilegiado: por aí se entenda em geral a exposição da Vontade no grau mais elevado de sua objetidade, no qual o indivíduo, como acentuação de um lado particular da Ideia de humanidade, possui significação própria, que se dá a conhecer não apenas mediante a simples figura, mas por ações de todo tipo e modificações do conhecer e do querer que as ocasionam e acompanham, visíveis no rosto e nos gestos. Na medida em que a Ideia de humanidade deve ser exposta nessa envergadura, o desdobramento de seu caráter multifacetado tem de ser trazido diante dos olhos em indivíduos plenos de significação, os quais, por sua vez, só podem se tornar visíveis em sua significação por meio de cenas variadas, acontecimentos e ações. A pintura histórica resolve essa sua tarefa infinita ao trazer diante dos olhos cenas da vida de todo tipo, de significação grande ou pequena. Nenhum indivíduo ou ação pode ser sem significação: em todos e por intermédio de todos desdobra-se gradativamente a Ideia de humanidade. Por isso, nenhum evento da vida humana deve ser excluído da pintura. Em consequência, as pessoas são muito injustas com os maravilhosos pintores da escola neerlandesa ao apreciar apenas suas habilidades técnicas, desprezando-os no resto, porque só expõem temas da vida cotidiana, enquanto, ao contrário, consideram significativos somente eventos da história universal ou bíblica. É preciso antes de tudo diferenciar a significação *interior* da *exterior* em uma ação: as duas são completamente diferentes e vão amiúde separadas uma da outra. A *significação exterior* da ação é a importância dela em relação às suas consequências para e no mundo efetivo; portanto, segundo o princípio de razão. A *significação interior* da ação é a profundidade da intelecção que ela permite na Ideia de humanidade, na medida em que traz a lume os lados dessa Ideia que raramente aparecem, ao tornar possível o desdobramento claro e decisivo de individualidades por meio da colocação delas em circunstâncias convenientes que exprimem com suas características. Apenas a significação interior tem lugar na arte; a exterior, na história. Ambas são completamente independentes uma da outra, podem aparecer juntas, mas também sozinhas. Uma ação altamente significativa para a história pode ser, em sua significação interior, extremamente trivial e comum: por exemplo, um rei faz um acordo de paz desvantajoso; ao contrário, uma cena da vida cotidiana pode ser de grande importância interior, se nela aparecem indivíduos humanos com suas ações e querer, numa luz clara e nítida, até seus recônditos mais secretos. Pai e filho de Tischbein.[66] Também pode ocorrer que, em meio à significação exterior bastante díspar, a significação interior seja a mesma. Por exemplo, a significação interior pode ser a mesma em dois quadros: um deles expõe como alguns ministros poderosos de diferentes nações, por ocasião de um acordo de paz, disputam as fronteiras sobre um mapa, e assim é decidido o destino de muitos milhares de homens; já o outro quadro expõe camponeses numa estalagem querendo fazer valer seus direitos nos jogos de cartas e dados. Ademais, as cenas e os eventos que constituem a vida de

---

66. Johann Heinrich Wilhelm, pintor alemão contemporâneo de Schopenhauer, que o chamava de "pintor metafísico" devido à mestria de seus retratos, que exprimiam o mais limpidamente possível um acento da "Ideia de humanidade." (N. T.)

tantos milhares de homens, seus feitos e esforços, suas necessidades e alegrias, já são importantes o suficiente para se tornar objetos da arte, e têm de, por meio de sua variedade, fornecer estofo suficiente para o desdobramento da Ideia multifacetada de humanidade. Por fim, os objetos históricos da pintura, significativos exteriormente, possuem muitas vezes a desvantagem de ter justamente seu significativo não exponível intuitivamente, devendo ser acrescido pelo pensamento. César atravessa o Rubicão, Carlos, o Grande funda a Universidade de Paris. Desse ponto de vista, o *sentido nominal* de uma imagem tem de ser em geral diferenciado do seu sentido *real*: o primeiro é o sentido individual, no entanto acrescido apenas mediante o conceito; o segundo é o lado da Ideia de humanidade que é transmitido para a intuição pela imagem. Exemplos: Moisés, Urias, Madonna, Raquel e Jacó na fonte. Temas tomados de empréstimo à história não têm, por conseguinte, vantagem alguma em face de temas da mera possibilidade, que não devem ser nomeados individualmente, mas em geral. Exemplos: o Caçador que volta, a Velha com a pantufa em Dresden. Pois também nos acontecimentos históricos o significativo propriamente dito não é o individual, o evento isolado enquanto tal, mas o universal, o lado da Ideia de humanidade que neles se expressa. Por outro lado, os objetos históricos determinados não devem ser rejeitados; apenas ocorre aí que a visão artística propriamente dita deles, tanto no pintor quanto no espectador, nunca se dirige para o indivíduo particular, o que constitui exatamente seu elemento histórico, mas para o universal que aí se expressa, a Ideia. Também se devem escolher somente objetos históricos cujo tema principal seja de fato exponível e não tenha de ser simplesmente pensado por acréscimo, do contrário, o sentido nominal se distancia muito do sentido real, ou seja, o que é simplesmente pensado na imagem se torna o principal e comete um atentado contra o intuído. Assim como no palco não é permissível que o principal transcorra atrás da cena, como ocorre na maioria das vezes nas tragédias francesas, isso também é um erro ainda maior num quadro, porque este não pode narrar seu assunto uma vez sequer. Eventos históricos fazem efeito de maneira decisivamente desvantajosa apenas quando o pintor os limita a um campo escolhido arbitrariamente, não segundo fins artísticos, mas segundo outros fins. Assim, para imortalizar a memória de certos acontecimentos políticos, apresentam-se ao pintor temas que, embora sejam ações capitais e de Estado, não são puras ações humanas, exponíveis intuitivamente. Desse modo, vemos em Veneza, na sala do doge, eventos capitais da época dourada de Veneza pintados primorosamente por Ticiano, pelos dois Palmas, e obras de Paulo Veronese: mas eis então ali figurados o imperador, o papa, o doge em rígidas vestimentas oficiais, sem agitação nem movimento humanos; trata-se aí de cerimônia, não de ação. O pintor temerário ajuda a si com personagens secundários. Tais limitações arbitrárias da arte foram também exigência de objetos fixos da história religiosa, que, infelizmente, atingiu o tempo de florescimento da pintura nos séculos XV e XVI. O Antigo Testamento mostra a história de um povo marginal, menor, apartado, teimoso, hierarquizado religiosamente, isto é, dominado por ilusões e desprezado por todos os povos seus contemporâneos. Os artistas tiveram de sair à cata de misérias de todo tipo: Esaú e as lentilhas, Jacó e Raquel na fonte, o anjo a mostrar a Abraão que sua Sara ainda deve dar à luz. O Novo Testamento, em sua parte histórica, é ainda quase sempre mais desfavorável que o Antigo: circuncisão, três reis, apresentação de Maria no Templo, a história dos padres da Igreja e dos mártires (que são um objeto mais infeliz ainda), tortura e execução (imitação dos pintores de hoje).

Exemplos de motivos que combinam com as imagens: Odisseu no reino dos feácios. As quatro imagens na sala de Capo di Monte. Charlemagne, Harum al-Raschid. Péricles por Fídias. Septuaginta.

Entretanto, tem-se de diferenciar bastante entre os quadros cujo objeto são os elementos históricos do judaísmo e do cristianismo e aqueles nos quais o espírito propriamente ético do cristianismo é manifesto para a intuição mediante a exposição

Metafísica do Belo 173

de homens plenos desse espírito. Tais exposições são de fato a realização mais elevada e digna de admiração da arte pictórica. Também só os grandes mestres as realizaram com sucesso: Rafael, Correggio (em particular nas primeiras pinturas), Domenichino, Carlo Dolce. Pinturas desse tipo não são propriamente para se computar entre as históricas, pois na maioria das vezes não expõem acontecimentos nem ações; por conseguinte, também não possuem motivo algum, são meros agrupamentos de santos, o salvador mesmo, frequentemente ainda criança, com sua mãe, anjos etc. Acrescem a isso os grandes anacronismos, corretamente deliberados, porque aqui não ocorre uma ação, e assim nenhum tempo é levado em conta, mas as pessoas são pensadas fora de todas as relações. Em seu rosto, especialmente nos olhos, vemos a expressão, o reflexo do modo mais perfeito de conhecimento, vale dizer, aquele que não é direcionado às coisas isoladas, porém às Ideias, portanto que apreendeu perfeitamente a essência inteira do mundo e da vida, conhecimento esse que, atuando sobre a vontade, e ao contrário do outro orientado para as coisas isoladas, não fornece *motivos* à Vontade, mas se torna um *quietivo* de todo querer e do qual se originam a resignação perfeita – que é o espírito mais íntimo tanto do cristianismo quanto da sabedoria indiana –, a renúncia a todo querer, a viragem, a supressão da Vontade, e, com esta, da essência inteira do mundo, portanto a redenção. (Mais tarde se entenderá isso.)[67] Assim, aqueles mestres imortais da arte expressaram intuitivamente em suas obras a sabedoria suprema. Aqui se encontra o ápice de toda arte, que expõe a Vontade em sua objetidade adequada, as Ideias, em todos os graus, começando pelo mais baixo, onde as causas a movimentam, em seguida onde as excitações e por fim onde os motivos a movimentam de modo o mais variado, desdobrando sua essência. Agora a arte culmina com a exposição da autossupressão livre da Vontade mediante o grande quie-

---

67. Referência às preleções sobre a metafísica da ética. (N. T.)

tivo que se lhe apresenta a partir do mais perfeito conhecimento de sua própria essência.

Disse que o tema principal da escultura é a beleza e a graça; caráter, expressão, paixão pertencem mais à pintura. Por isso, a escultura requer corpulência e força em todas as suas figuras. Com a pintura, ao contrário, não é bem assim: um Jesus magro na cruz, um São Jerônimo magro a morrer (Domenichino) deixam-se perfeitamente pintar; mas, como escultura, tais temas provocam efeito repugnante. Por exemplo, uma obra famosa de Donatello na Galeria de Florença: São João, o batizante, bastante emagrecido pelo jejum. Eis por que a pintura é a arte do cristianismo, cujo espírito é a resignação e a expiação, ou seja, a negação da Vontade de vida. A escultura foi a arte da Antiguidade, cujo espírito era a afirmação da Vontade de vida.

O que disse até agora já é o suficiente quanto ao *que* se deve expor. Quanto ao *como*, este seria a instrução técnica para as artes. Apenas mais uma coisa: a imagem (corretamente iluminada, agrupada de maneira compreensível) é verdadeira como a natureza, bela como esta não o é. Ademais, fora o fato de a pintura trazer a Ideia à intuitibilidade, ela ainda possui uma beleza independente e autossuficiente, a qual reside na harmonia das cores, na satisfação do agrupamento, no efeito de luz e sombra, na tonalidade do conjunto. Tal beleza acrescida, é, na pintura, o que na poesia é a dicção, o metro, a rima; nos dois casos, tem-se aquilo que primeiro faz efeito completa e imediatamente sobre nós.

Capítulo 15

Da Relação entre *Ideia* e *Conceito* e, em Conformidade com Isso, Julgamento da Alegoria

Todas as nossas considerações feitas até aqui sobre a arte têm em geral por fundamento a verdade de que o objeto da arte – cuja exposição é a meta do artista e cujo conhecimento, por consequência, tem de preceder sua obra como seu gérmen e origem – é a Ideia e nada mais: não a coisa isolada, o objeto da apreensão comum, tampouco o conceito, o objeto do pensamento racional e da ciência. Embora Ideia e conceito possuam algo em comum, ou seja, ambos representam, como unidade, uma pluralidade de coisas efetivas, a grande diferença entre os dois deve ter ficado clara a partir da exposição que fiz antes do conceito[68] e que agora fiz da Ideia.

O *conceito* é abstrato, discursivo, completamente indeterminado no interior de sua esfera, determinado apenas segundo seus limites, alcançável e apreensível por qualquer um que possua ra-

---

68. Ele se refere tanto ao conjunto de preleções sobre a teoria do conhecimento quanto ao livro I de *O mundo como vontade e como representação*. (N. T.)

zão, comunicável por palavras sem ulterior intermediação, esgotável por inteiro em sua definição. A *Ideia*, ao contrário, embora se possa defini-la como representante adequada do conceito, é absolutamente intuitiva e, apesar de representar uma multidão infinita de coisas isoladas, é inteiramente determinada, nunca sendo conhecida pelo simples indivíduo enquanto tal, mas apenas por quem se destituiu de todo querer e de toda individualidade e, assim, se elevou a puro sujeito do conhecimento; por conseguinte, ela é alcançável apenas pelo gênio, em seguida por aquele que, por uma elevação de sua faculdade pura de conhecimento, na maioria das vezes ocasionada pelas obras do gênio, é posto numa disposição genial. Por isso a Ideia não é integral, mas apenas condicionalmente *comunicável*; pois a Ideia apreendida pelo artista e repetida em sua obra só pode dizer algo a alguém de acordo com a medida de seu próprio valor intelectual. Daí as obras mais excelsas de cada arte, as criações mais nobres do gênio existirem somente para poucos: para a maior parte das pessoas, elas são inacessíveis e livros eternamente fechados, pois um grande abismo separa o gênio e suas obras do rasteiro, da obtusidade da maioria. Não se pense que todos aqueles indicados por grandes homens, com gestos de respeito profundo, também possuam um conhecimento efetivo do mérito e do valor das obras de arte. Tem-se aí uma mera veneração baseada em lealdade e crença, não a partir da própria avaliação. Nada é mais raro do que o juízo por convicção própria. A veneração dos grandes homens ocorre aos menores, ou seja, à maioria, como a aprovação do príncipe ocorre aos funcionários subalternos, ou seja, mediante a assinatura dos servidores de Estado mais bem hierarquizados. Assim, cada um dá sua aprovação baseando-se na autoridade, cuja superioridade é acatada silenciosamente. Se não fosse assim, as pessoas rasteiras, incapazes de conceber o excelso, se rebelariam sonoramente e com a mesma *suffisance* (autossuficiência) contra as reconhecidas grandes obras, como eles o ousam quando alguma vez uma obra ainda é nova e não há autoridade alguma para sua defesa. Pois cada um ama o homogêneo e odeia o heterogêneo. O incapaz se sentirá em silêncio, humilhado por aquilo que é grandioso, belo, reconhecido como tal e que, entretanto, nada lhe diz: ele o odeia, embora não ouse dizê-lo em alto e bom som, para não se denunciar. A Ideia, portanto, fala a cada um apenas de acordo com a medida de sua própria faculdade pura de conhecimento, e também quando está expressa na obra de arte. A Ideia, pois, é comunicável condicionalmente; o conceito, incondicionalmente. Por fim, a diferença entre conceito e Ideia também se pode expressar de maneira comparativa: o conceito é semelhante a um recipiente morto, no qual aquilo que se colocou permanece, efetivamente, lado a lado; o que se colocou pela reflexão sintética se deixa também de novo retirar por juízos analíticos, não mais. As Ideias, ao contrário, naquele que as apreendeu, desenvolvem representações que, em relação a seu conceito de mesmo nome, são novas; por isso são comparáveis ao organismo vivo, o qual desenvolve a si mesmo, dotado de força de reprodução, que produz o que nele não estava contido.

Por consequência, em conformidade com tudo o que foi dito, o *conceito*, tanto para a vida como para a ciência, é útil, necessário e proveitoso; no entanto, é *eternamente infrutífero para a arte*. A verdadeira e única fonte de qualquer obra de arte é a Ideia apreendida. Ela é haurida apenas da vida, da natureza, do mundo mesmo pelo gênio ou por quem se entusiasma, em instantes, até a genialidade. Somente de uma tal apreensão imediata se originam as autênticas obras de arte, a portarem em si vida imortal. Justamente porque a Ideia é, e permanece, intuitiva, o artista não está consciente *in abstracto* da intenção e do fim de sua obra, ele não parte de um conceito, mas uma Ideia paira à sua frente; por conseguinte, não pode relatar sua atividade, ele trabalha, como se diz, com o mero sentimento, inconsciente, de maneira instintiva.[69] Total-

---

69. Mais uma vez Schopenhauer retoma Kant e sua *Crítica da faculdade de juízo*, quando este considera uma das características do gênio justamente a inconsciência criativa, ou seja, ele não pode "descrever" ou mostrar "cientificamente" como instituiu seu produto; vale dizer, o criador de uma obra de arte "não sabe ele mesmo" como se encontram as ideias nele, para assim comunicar a outros como fazê-las. Cf. também nossa nota 37, cap. 6. (N. T.)

mente ao contrário, porém, procedem os imitadores, os maneiristas, *imitatores, servum pecus*. Estes estão bastante conscientes de sua atividade, pois na arte lidam com conceitos. Eles percebem o que agrada e faz efeito nas obras autênticas, tornando-o distinto, concebido em conceito para si mesmos, portanto de forma abstrata, e assim aproximam-se delas para imitá-las aberta ou veladamente, de maneira astuta, com intenção refletida. Na medida em que sugam seu alimento de obras alheias, assemelham-se a plantas parasitas; também se parecem com os pólipos, que assumem as cores daquilo de que se apropriam. Possuir pensamentos próprios, conceber por si mesmo Ideias e reproduzi-las é mérito de poucos. Por isso, depois que um homem de gênio aparece, seus pensamentos são encontrados posteriormente nas obras de milhares de imitadores, apenas modificados na ordem e na posição, porém sem um acréscimo essencial. Com isso, os imitadores se assemelham a máquinas que, com precisão, separam e misturam o que nelas se introduziu, mas nunca podem realizar a digestão, e por isso sempre se pode ainda separar e reconhecer os componentes estranhos da mistura. A obra do gênio, ao contrário, é comparável a um corpo orgânico que assimila, transforma e produz. Pois o gênio, sem dúvida, será instruído e formado pelos seus predecessores e suas obras; contudo, será frutificado imediatamente apenas pela impressão do que é intuitivo, pela vida e pelo mundo mesmo. Por isso a elevada formação jamais prejudica sua originalidade. Os imitadores e maneiristas, por conseguinte, concebem a essência das realizações modelares alheias em *conceitos*; porém, de conceitos não se pode originar obra de arte alguma que tenha vida interior própria, portanto nenhuma obra de arte autêntica, a qual só nasce da Ideia apreendida intuitivamente. Entrementes, tais obras maneiristas encontram com frequência, e, rápido, a aprovação sonora dos contemporâneos, pois estes, isto é, a grande maioria obtusa, só podem conceber conceitos, e se apegam a estes. Todavia, após alguns anos, tais obras já são inapreciáveis, visto que o espírito da época – ou seja, os conceitos imperantes, nos quais se enraizavam tais obras –

mudou. Isso mostra então que o crédito de quinquênio[70] ainda não é fama póstuma alguma. Ao contrário, vemos as obras de todo tipo do gênio autêntico permanecerem por séculos afora, sim, milênios, eternamente joviais e sempre com o vigor original. Isso porque as obras autênticas são criadas imediatamente da natureza, da vida mesma, sem reproduzir a forma acidental dos fenômenos, que muda com rapidez, mas sim expondo a essência da natureza ou da humanidade, que em todos os tempos permanece a mesma, justamente porque essa essência é a Ideia que reside fora do tempo. Por isso, as obras autênticas não pertencem a época alguma, mas à humanidade em geral. Daí as obras dos pintores, escultores, poetas de gênio verdadeiro, de qualquer século, serem ainda hoje fruíveis: Homero e Dante, Calderón e Voltaire. Muitas vezes, tais obras são recebidas de maneira hostil por sua própria época, e seu valor integral nunca será reconhecido de imediato, precisamente porque se envergonham de adular o espírito, isto é, os conceitos de seu tempo; sim, elas se colocam até numa certa contradição com o próprio tempo, porque desvelam mediata e negativamente seus equívocos; tardam a ser reconhecidas e o são de mau grado. Entretanto, nunca envelhecem, e mesmo em tempos pósteros ainda se expressam de modo fresco e novo. Um exemplo filosófico: como Christian Wolf é obsoleto e por inteiro indigno de fruição; como Platão é sempre jovial e fresco! Disso tudo resulta fácil e claramente o seguinte: o gênio muitas vezes teve de apelar à posteridade do juízo de sua época. Agora, quem é essa posteridade? Por acaso o tempo torna melhor a geração posterior? Ó, não, a grande massa, a maioria que decide, sempre permanecerá sem sensibilidade para o excelso, em todo tempo; os homens raros, todavia, possuidores de juízo próprio e honesto – e mesmo que não possam produzir obras imortais –, que podem compreendê-las e reconhecer sua autenticidade, tais homens, por serem raros, apare-

---

70. No original, *Quinqueniumskredit*. (N. T.)

cem aos poucos no decorrer do tempo; adquiriram de outro modo a autoridade e, dessa maneira, seu juízo vale entre seus contemporâneos; tais indivíduos isolados que aparecem sucessivamente emitem no decorrer dos séculos seu juízo de reconhecimento das obras genuínas, e tais enunciados somam-se lentamente, constituindo o tribunal visado quando se apela à posteridade. Pois uma geração nunca porta cabeças suficientes, quanto as necessárias, capazes de julgamento para fundamentar uma autoridade duradoura.

Alegoria

Portanto, se a meta de toda arte é a comunicação da Ideia apreendida, que justamente pela intermediação do espírito do artista (no qual ela aparece purificada e isolada de todo elemento estranho) também é concebível por quem possui receptividade fraca e não é capaz de produtividade alguma; se, ainda, o recurso ao conceito na arte é condenável – então não podemos admitir que uma obra artística seja intencional e deliberadamente a expressão de um conceito, como é o caso da *alegoria*. Uma alegoria é uma obra de arte que significa algo outro que o exposto nela. Αλλο μεν αγορωυει, αλλο δε νοει, algo diferente do que diz (ao alegórico opõe-se o quirológico). Contudo, o que é intuitivo, por conseguinte a Ideia, exprime-se por inteiro, imediata e perfeitamente a si e não precisa da intermediação de algo outro para ser indicado. O que, desse modo, é indicado e representado por algo inteiramente outro, visto que não pode por si mesmo ser trazido à intuição, é sempre um *conceito*. Por conseguinte, mediante a alegoria um conceito deve sempre ser indicado e, assim, o espírito do espectador é desviado da representação intuitiva exposta e conduzido a uma outra representação não-intuitiva, portanto abstrata. Aqui, pois, um quadro ou uma estátua deve realizar o que um escrito realiza, porém de maneira melhor. Logo, o que explicitamos como o fim da arte, a exposição da

Ideia apreendida intuitivamente, desaparece aqui. Entretanto, para o aqui intentado na alegoria não se exige nenhum grande acabamento da obra de arte, mas é suficiente ver o que a coisa deve ser: se isso for encontrado, o objetivo é alcançado, pois o espírito é conduzido a uma representação de tipo inteiramente diferente, a um conceito abstrato, que era o objetivo anteposto. Por consequência, as alegorias nas artes plásticas nada mais são que hieróglifos. Caso elas tenham valor artístico, como exposições intuitivas, ele provém não das alegorias, mas de outra coisa. Assim, por exemplo, *As horas*, de Poussin, *O gênio da fama*, de Aníbal Carraci, *A noite*, de Correggio, são imagens muito belas. Porém, isso deve ser separado por completo do fato de serem alegorias. Como alegorias, não realizam mais do que uma inscrição, sim, até menos. Estabeleci antes[71] a diferença entre o sentido real e o nominal de uma imagem: nas imagens alegóricas, o sentido nominal é exatamente o elemento alegórico, o pensamento que a imagem deve produzir; o sentido real é aquilo que ela de fato expõe. Por exemplo, em *As horas*, de Poussin, o sentido alegórico, nominal, é o curso das estações do ano condicionado pelo próprio tempo; ao contrário, o sentido real, o exposto de fato, são quatro belas moças dançando em círculo, conforme a música tocada por um ancião, ao lado do qual se encontra uma ampulheta. Esse sentido real, a exposição intuitiva, exprime Ideias: a Ideia do ser humano como mulher jovem, como ancião e assim por diante; porém, esse sentido real faz efeito sobre o espectador apenas na medida em que ele não pensa no sentido nominal, alegórico: basta que dirija sua atenção para este, e a intuição é abandonada, ocupando-o agora conceitos *in abstracto*. Contudo, a transição da Ideia para o conceito é sempre uma queda. Na outrora Coleção Justiniana, encontra-se, de Michelangelo Caravaggio, a exposição alegórica do amor sensual, ou volúpia. Uma bela imagem: um jovem alado com arco e flecha, expressão

---

71. Cf. cap. XIV. (N. T.)

de prazer selvagem no rosto; ele tem uma carapaça, livros, instrumentos matemáticos e musicais, também louros e coroa e cetro jogados entre os pés, para expressar que o poder da volúpia é tão grande que, onde impera, todos os esforços nobres são refreados, e ela, triunfante, apodera-se do homem inteiro. Tal pensamento abstrato é o elemento alegórico, o sentido nominal, e conduz, evidentemente, do que de fato é exposto aos meros conceitos. Todavia, o sentido alegórico aqui se aproxima tanto da exposição real que facilmente se retorna do primeiro para a segunda; sempre, entretanto, o valor propriamente dito da imagem não reside em ela ser a expressão de uma sentença moral, e sim, imediatamente, em ser a exposição de um semelhante jovem nu. Bem pior, em todos os aspectos, é uma alegoria de Luca Cambiasi, que deve expressar o pensamento do amor humano em geral: uma mulher extenuada, ajoelhada, rodeada por três crianças que tentam subir em seu colo, e para uma delas é dado o peito. Isso expressa de maneira bastante fraca e indiretamente o pensamento do amor humano: o pensamento abstrato liga-se remotamente à imagem, ao contrário do que ocorre no outro caso. Nos grandes afrescos de Rafael, no Vaticano, encontra-se como mera figura decorativa, entre outras, uma bela e grande mulher que segura uma rédea nas mãos: isso deve significar o autocontrole; evidentemente, para expressá-lo, a figura é tão somente um hieróglifo bastante imperfeito e não nos fornecerá nenhum outro pensamento acerca do autocontrole além daquele que já possuímos: o valor da imagem reside por inteiro no efetivamente exposto, uma mulher bela, forte, com o que se tem de esquecer completamente o sentido alegórico como algo alheio ao fim artístico. Muitas vezes o sentido nominal, a intenção alegórica, faz dano ao sentido real, à verdade intuitiva. É o caso, para ser preciso, da famosa *A noite*, de Correggio; de fato, nesta a luz deve ser entendida como alegórica, mas a emanação dela a partir da criança, sem um centro luminoso propriamente dito, é algo antinatural e, por mais que seja executada belamente, vai contra a verdade intuitiva, contra a natureza. Um exemplo de um quadro no qual o sentido alegórico suprime toda verdade imediata e concebível intuitivamente é uma imagem de Michelangelo Caravaggio que se encontra no Palácio Borghese, em Roma: toda a imagem é um hieróglifo que deve expressar o ditado bíblico: "A semente da mulher deve destruir a cabeça da serpente". Vê-se Maria com o Menino Jesus, que, com cerca de dez anos de idade, tem uma serpente na cabeça, porém permanece inteiramente calmo, sem medo ou pavor; também Maria vê a tudo completamente serena. Junto deles há ainda a santa Elisabete, olhando de maneira cerimoniosa e trágica para o céu. O que os gregos ou os romanos deveriam pensar disso? Por outro lado, também há imagens alegóricas, que ao mesmo tempo são históricas, nas quais o sentido alegórico é adicionado apenas a esmo e não prejudica o sentido real, na medida em que a imagem, mesmo isenta do sentido alegórico, também possui uma finalidade e um sentido perfeito: aí, com naturalidade, a alegoria é completamente admissível. Assim, na Loggia de Rafael, a "Origem da discórdia" é expressa com a seguinte imagem: Adão e Eva trabalham, Caim e Abel brigam por uma maçã. Apesar de as imagens alegóricas muitas vezes possuírem elevado valor artístico, este, no entanto, é completamente separado e independente daquilo que elas realizam como alegorias. Uma obra alegórica serve concomitantemente a dois fins, vale dizer, a expressão de um conceito e de uma Ideia. A obra de arte só pode ser a expressão de uma Ideia. A expressão de um conceito é um fim estranho à arte, um divertimento prazenteiro, uma imagem que ao mesmo tempo serve para realizar o que uma inscrição, como o hieróglifo, faz. Por exemplo, o pensamento de que o amor sexual é o agente mais poderoso da natureza nos é comunicado de maneira agradável mediante a exposição do Amor que cavalga sobre um leão ou porta o elmo e a pele de leão de Hércules. A exposição é em si muito bonita e também não está em contradição direta com a natureza, o acréscimo sendo a reflexão moral que ela expressa.

Ocorre o mesmo com o tempo (ancião com foice e ampulheta) que corta as asas de Amor. Isso foi inventado em favor daqueles para os quais a essência propriamente dita da arte não pode dizer coisa alguma e que, no entanto, também gostariam de pensar algo diante de um quadro. É como se uma obra de arte fosse ao mesmo tempo um instrumento útil e, portanto, também servisse a dois fins: por exemplo, uma estátua que é a um tempo candelabro ou cariátide, ou um baixo-relevo que concomitantemente é o escudo de Aquiles. Aos verdadeiros amigos da arte nem uma coisa nem outra agradará. Não quero afirmar com isso que uma imagem alegórica, justamente no que se refere a essa característica, não desperte impressão vivaz na mente; mas tal impressão também seria, sob condições iguais, despertada por uma inscrição. Por exemplo, alguém que tivesse colocado para si próprio fins nobres, dignos da glória, e estivesse enredado nos laços da volúpia, caso lançasse um olhar para a imagem alegórica de Michelangelo Caravaggio, esta poderia abalá-lo vivamente, na medida em que despertaria sua consciência moral; mas o mesmo ocorreria se ele, de maneira inesperada, lesse em algum lugar uma inscrição como: "Quem se entrega aos prazeres será desprezado pelas musas, sendo-lhe recusado o louro da glória". Ou, se um homem tivesse descoberto e comunicado uma grande verdade, porém não encontrado crença alguma, então uma imagem alegórica expondo o tempo a levantar um véu, permitindo que se veja a verdade nua, faria efeito poderoso e emocionante sobre ele; mas o mesmo o faria a divisa francesa *le temps découvre la vérité* (o tempo desvela a verdade); ainda mais o dito italiano *il tempo è gallant uomo, dice la verità* (o tempo é um senhor nobre, e diz a verdade). Pois o que propriamente faz efeito aqui é sempre apenas o pensamento abstrato, não o elemento intuitivo, e o efeito é de natureza racional, não estética.

Portanto, a alegoria é uma tendência errônea nas artes plásticas, porque serve a um fim alheio e muitas vezes oposto ao da arte. Essa tendência se torna por inteiro insuportável, entretan-

Metafísica do Belo

to, quando, conduzida a tal extremo, sua compulsão forçada de interpretação deve esclarecer a obra de arte, com o que se cai no absurdo. Por exemplo, uma tartaruga para simbolizar o pudor feminino; Nemesis abrindo sua túnica e olhando para o interior de seu seio, significando que ela também vê as coisas mais ocultas; a interpretação de Bellori, segundo a qual Aníbal Carraci veste a volúpia com uma túnica amarela, porque queria com isso significar que as alegrias voluptuosas em breve murcham e se tornam amarelas como palha. Por mais impositivas e sem gosto que sejam semelhantes exegeses, ainda existe aí uma relação entre o que é exposto e o que é indicado, uma conexão baseada na subsunção sob um conceito amplo ou sob uma associação objetiva de representações: eis por que tudo isso ainda se deve nomear alegoria. O que corresponde à palavra Αλληγορια, αλλο μεν αγορευω, αλλο δε νοεω: "Digo algo diferente do que enuncio, mas me entenderão, pois o que enuncio é um conceito, o que digo é um exemplo aí compreendido, que remete por si ao conceito". Outra maneira indireta de indicar o conceito, embora mediante algo isolado e intuitivo, é o *símbolo*. De fato, este é a indicação de uma coisa por meio de outra completamente diferente, em que até mesmo aquele outro tipo de conexão desaparece por inteiro, com o que, em consequência, sinais e elementos por ele indicados não estão naturalmente e por si mesmos conectados, mas apenas convencionalmente, vale dizer, por meio de um acordo, de uma norma instituída de maneira arbitrária e casual. Neste caso, não se trata mais de alegoria em sentido próprio, mas de mero *símbolo*. Assim, a rosa é símbolo da discrição; o louro, da glória; a palma, da vitória; a concha, da peregrinação; a cruz, da religião cristã; a cobra que se morde no rabo, da eternidade. Todas as alusões imediatas das meras cores também pertencem ao símbolo: o amarelo é a cor da falsidade; o azul, da fidelidade. A palavra símbolo, ξυμβολον, de συμβαλλειν, significa *convenção, acordo*. As pessoas se puseram de acordo em que uma determinada imagem, ou sinal, deveria significar certo conceito, com o qual não possuía conexão alguma. A origem de συμβολον é a *tessera hospitalis*, marca de reconhecimento; em seguida, chamou-se *cada sinal* de acordo, símbolo. A própria palavra indica isso: em síntese, qualquer sinal arbitrário. (Um antigo lexicógrafo diz:[72] "εικων και ὁμοιωμα, imagem e cópia se chamava aquilo que φυσει seria compreensível por natureza e em toda parte, por exemplo a imagem de um leão; ao contrário, συμβολον, símbolo, e σημειον, sinal, aquilo que seria θεσει por convenção, como por exemplo o sinal de guerra e paz, que entre os romanos é um, entre os persas é outro".) Os iniciados nos mistérios tinham certos sinais pelos quais se reconheciam. Quase toda religião possui símbolos, sinais com os quais os fiéis conectam certos conceitos; em especial onde tais conceitos são obscuros, místicos, não determinados precisamente e difíceis de ser concebidos; onde, portanto, a opinião sobre eles e sua significação poderia ser objeto de disputa entre os fiéis, justo aí entra em cena o símbolo e é de utilidade, porque apenas sugere de maneira geral o conceito, sua determinação mais precisa ficando a cargo de cada um, o conceito sendo meramente indicado de modo geral como um ponto de concórdia da fé. Assim é o sacramento. Assim também parece que, entre os antigos egípcios, os Ídolos simbólicos (mesmo os que se aproximavam dos hieróglifos) de Osíris, Ísis, Anúbis, Harpócrates, Hórus, Tífon indicavam diferentes conceitos em diferentes classes de espectadores, embora todos se unificassem no símbolo. Nesse sentido, Ísis e Osíris, entre outros, eram (como parece) pessoas reais para o povo, deuses corporificados que viveram e morreram na Terra. Já outros mais instruídos, alguns padres, pensavam-nos como entidades estritamente físicas e astronômicas, Ísis = Egito, Osíris = Nilo, ou também o Sol; assim imaginavam acontecimentos e períodos astronômicos em referência a outros planetas e eventos de sua vida. Por fim, todos os iniciados viam nos mitos e esculturas

---

72. Fragm. *Lexici Graeci Augustan. ad calcem Hermanni de emendanda ratione Gramm. gr.*, p. 319. (N. A.)

apenas a indicação simbólica de verdades metafísicas universais concernindo ao íntimo da natureza. Esse uso religioso do símbolo levou em nossos dias muitas pessoas a confundir seu estatuto religioso com o estético. Daí falarem do símbolo em geral com veneração e mistério. Muitos artistas fazem alegorias a partir de gosto falso e as nomeiam símbolos, porque acreditam que isso seja proferido de maneira mais *exquisite*, mais distinta. Mas, de fato, o símbolo não é senão o descrito: temos de usar as palavras em conformidade com seu sentido etimológico originário, não segundo a moda e o capricho do dia; e nesse contexto a alegoria e o símbolo diferenciam-se no objeto e na expressão. Na arte, portanto, o símbolo é muito mais inferior que a alegoria, pois se trata de algo inteiramente arbitrário, convencional, que não se baseia em coisa objetiva alguma, mas no arbítrio e na determinação subjetivos. Tais símbolos possuem com frequência utilidade para a vida, em especial nos mistérios e religiões; para a *arte*, entretanto, seu valor é estranho: todos devem ser vistos como hieróglifos ou ideogramas chineses: situam-se na classe dos ramos de erva que servem de tabuletas nas tabernas; das chaves que identificam o camareiro-chefe; do couro dos montanheses. A *parole*, palavra, é um símbolo. Todos os brasões são símbolos. Por fim, há ainda o *emblema*, que é o símbolo fixado para sempre e mediante o qual certas pessoas míticas ou históricas, também conceitos personificados, se tornam reconhecíveis: os animais dos Apóstolos, a coruja de Minerva, a maçã de Paris, a âncora da Esperança, o arco e flecha do Amor, o bastão de Esculápio etc. O espaço livre próprio dos símbolos e emblemas são os sinetes, as vinhetas e coisas semelhantes, porque aqui a intenção não é tanto realizar algo belo, mas algo que *possua significado*, um sinal para se reconhecer a pessoa ou sua disposição moral; com frequência algo misterioso (o peixe ιχθυς); também essa é propriamente a origem de todos os brasões, cuja natureza é inteiramente simbólica.

A visão anterior sobre a alegoria e sua inconveniência para as artes plásticas resulta da minha exposição mesma da arte. Essa visão, porém, é exatamente oposta à de *Winckelmann*, que, em toda parte, fala em favor da alegoria, sim, explica-a precisamente como o fim supremo da arte, ao afirmar que esta é "a exposição de conceitos universais e coisas não sensíveis" (*Werke*, I, p. 55). A cada um é permitido emitir livremente o próprio juízo. De minha parte, tenho de naturalmente rejeitar essa e outras semelhantes colocações de Winckelmann sobre a metafísica do belo propriamente dita, embora de resto o respeite muito. Daí se nota que se pode ter a maior receptividade para o belo da arte, e o juízo mais correto sobre as obras artísticas, sem no entanto se estar em condição de oferecer uma descrição abstrata, propriamente filosófica acerca de sua essência. É como nos assuntos éticos: alguém pode ser bastante nobre e virtuoso, ter uma consciência moral que decide com a precisão de uma balança de ouro sobre casos específicos, sem, entretanto, estar em condição de fundamentar filosoficamente e expor *in abstracto* a significação ética das ações.

A alegoria possui com a *poesia* uma relação completamente diferente da que tem com a arte plástica. Se nesta é repreensível, naquela é admissível e bastante útil. Pois na arte plástica o que é dado de imediato é o intuitivo, que justamente é o fim de toda arte; dele, porém, desvia-se a alegoria (numa obra plástica) para pensamentos abstratos. Na *poesia*, a relação é inversa: aqui o que é dado imediatamente em palavras é o conceito, e o próximo passo é sempre ir deste ao intuitivo, cuja exposição tem de ser executada pela fantasia do ouvinte. Se na arte plástica é-se conduzido de algo dado imediatamente a algo outro, este tem de ser sempre o conceito, porque aqui o abstrato não pode ser dado imediatamente. Porém, um conceito nunca pode ser a origem e o fim de uma obra de arte. Na poesia, ao contrário, o conceito é o material da exposição, dado em primeiro lugar, e que por conseguinte pode ser de bom grado abandonado para se invocar algo intuitivo por completo diverso dele e no qual o alvo propriamente dito é atingido. O fim da arte é sempre a Ideia. Esta, entretanto, é em si intuitiva e não precisa de intermediação alguma. Na arte plástica, portanto, cuja esfera de atuação se circunscreve inteiramente ao intuitivo, nenhuma exposição mediata é admissível, não é exigida do que foi exposto nenhuma passagem para algo outro. Ao contrário, no encadeamento de uma poesia muitos pensamentos inteiramente abstratos podem ser imprescindíveis; contudo, em si mesmos e imediatamente não são passíveis de intuição, sendo, portanto, alheios à arte. Com isso, com frequência são trazidos à intuição mediante um exemplo isolado subsumido a eles. Dessa forma, o conceito, em si estranho à arte, logo inestético, metamorfoseia-se numa Ideia e dessa maneira é assimilado pela arte. Isso já ocorre em cada expressão figurada: em cada metáfora, comparação, parábola, alegoria, todas as quais se diferenciam pela maior ou menor extensão de sua exposição, bem como por alguns detalhes que residem só na forma. O que há de comum entre tais figuras pode-se resumidamente assim indicar: elas expressam o pensamento com uma imagem. Se a imagem for meramente um caso particular do conceito ou pensamento, então se chama *exemplo*. Se tanto o pensamento quanto a imagem forem expressos, tem-se uma *comparação*, na qual os dois termos estão normalmente ligados por um "como". Agora, caso não se expresse o conceito ou pensamento mesmo, mas simplesmente se institua a imagem, permitindo ao ouvinte passar desta para o pensamento, tem-se a *alegoria*, à qual pertence também a *fábula* e a *parábola*, que são alegorias precisas. Quando não se estabelece propriamente a imagem, mas se a pressupõe de maneira tácita e se diz dos conceitos o que propriamente vale para a imagem, então se tem a *metáfora*, em sentido estrito. Por exemplo: "A juventude logo murcha". "Sua fúria efervesce tão rápido quanto diminui." "A chave do mistério." Depois que a comparação faz seu serviço – tornar o abstrato intuitivo, reconduzir o conceito a uma Ideia –, ela é abandonada e o estofo da poesia é retomado. Por conseguinte, comparações e alegorias provocam um efeito esplêndido nas artes discursivas. Como exemplos, podemos citar Cervantes falando do sono, Homero e o mau agouro de Ate na *Ilíada*, Menenius Agrippa, Platão e sua alegoria da caverna, Perséfone, Dom Quixote, Gulliver.

Alter hircum mulget, alter cribrum supponit (um ordenha a ovelha, outro segura a peneira) [Lucian, Demonax 28], que é como Lucian expressa um esforço por inteiro inútil.

"Aqueles cuja lâmpada noturna ilumina o globo terrestre."[73] (Kleist, *Der Frühling*.)

Alegorias mediante personificações de meros conceitos, em especial qualidades humanas, como virtudes e vícios, afetos e paixões, constituem, por assim dizer, um tipo próprio de alegoria; exposições desse tipo, especialmente as dramáticas, são denominadas por alguns κατ᾽ εξοχην alegorias por excelência. Na poesia, elas com frequência são primorosas. Horácio escreveu de maneira muito bela:

> *Timor et minae*
> *Scandunt eodem quo dominus; neque*
> *Decedit aerata triremi, et*
> *Post equitem sedet atra cura.*[74]
> (Horácio, Od. III, 1)

> *Scandit aeratas vitiosa naves*
> *Cura, nec turmas equitum relinquit,*
> *Ocior cervis, et agente nimbos*
> *Ocior Euro.*[75]
> (Horácio, Od. II, 16)

---

73. Que é como Kleist expressa o pensamento de que filósofos e investigadores iluminam o gênero humano. Cf. *O mundo como vontade e como representação*, cap. 50. Cf. também, mais adiante neste livro, o cap. 16. (N. T.)

74. "Mas medo e temor sobem, / Até onde sobe o mestre; / E também a bordo sobe a tenebrosa preocupação; / E sobre o cavalo senta-se atrás do cavaleiro." (N. T.)

75. "A funesta preocupação sobe a bordo das naus; / Segue os esquadrões de cavaleiros, / Mais rápida que os cervos, mais rápida / Que a tempestade leste coçando as nuvens." (N. T.)

Metafísica do Belo

Te semper anteit saeva Necessitas
Clavos trabeales et cuneos manu
Gestans ahena, nec severus
Uncus abest, liquidumque plumbum.[76]
(Horácio, Od. I, 35)

Alegorias poéticas são os ditos dos pitagóricos: "Evita o caminho da multidão"; "Não atiça o fogo com o tição". Elas passam ao simbólico, caso o que é dito não seja decifrável, mas precise de comunicação. "Não quebra a coroa"; "Não senta sobre o granel".

Ações alegóricas na efetividade: Tarquinius Superbus corta as cabeças de papoula mais elevadas para fazer seu filho entender que este aniquila os mais nobres dons. Ações simbólicas: pão e sal ao senhor regente como alusão à submissão.

Um alegoria por inteiro arquitetônica existia em Roma, quando se chegava ao Templo da Honra somente passando pelo Templo da Virtude.

Portanto, na medida em que na alegoria poética o conceito é sempre dado, e ela o procura tornar intuitivo por uma imagem, pode ocorrer de às vezes ela também ser apoiada ou expressa por uma imagem pintada, a qual, no entanto, não é obra de arte plástica, mas se deve considerar apenas como hieróglifo indicativo, não fazendo jus a valor pictórico, porém apenas a valor poético. Exemplos: Lavater. Lápide. Árvore genealógica. Alegorias desse tipo devem ser sempre incluídas entre as poéticas, não entre as pictóricas, e precisamente assim são justificadas. Aqui também a execução pictórica permanece sempre coisa acessória: dela nada mais será exigido do que expor o tema de modo reconhecível. É o caso da situação em que reconhecemos facilmente o erro dos outros, mas não os nossos, expressa pela imagem de um homem

---

76. "Diante de ti segue a impiedosa Necessidade, / Portando na brônzea mão pregos / De carpinteiro e chavetas, sem esquecer / O duro grampo e a prata líquida." (N. T.)

que carrega duas bolsas: em uma, pendurada à frente, estão os erros alheios; na outra, pendurada atrás, estão os próprios erros. Trata-se de um caso espirituoso, que, dito, produz seu efeito tão bem quanto se fosse pintado.

Assim como na arte plástica, também na poesia a alegoria se transforma em símbolo se entre o que é exposto e o que é indicado abstratamente existir apenas uma relação arbitrária. Desvantagem do símbolo, cujo sentido é completamente esquecido com o tempo e não diz mais nada. Assim, a revelação de João (o Apocalipse), como alegoria poética, é aquilo que são, como exposição plástica, os hieróglifos do Egito.

Capítulo 16

Sobre a Arte Poética

Conforme nossa teoria das belas-artes em geral, estamos autorizados a pressupor que, tanto quanto as artes plásticas, a poesia também tem a finalidade de manifestar as Ideias, os graus de objetivação da Vontade, comunicando-as ao ouvinte com a distinção e a vivacidade mediante as quais a mente poética as apreende. As Ideias são essencialmente intuitivas; na poesia, entretanto, o comunicado imediatamente por palavras é apenas o conceito abstrato. A intenção, todavia, é, por meio dos representantes desses conceitos, tornar intuitivas ao ouvinte as Ideias da vida, o que só é possível com a ajuda de sua própria fantasia. Portanto, o objetivo é colocar a fantasia em movimento de acordo com o fim correspondente; só que, de imediato e por palavras, podem-se comunicar apenas conceitos abstratos. Estes são, pois, o material da poesia, bem como da prosa mais seca. As palavras, por conseguinte, fazem efeito imediatamente só sobre a razão, não sobre a fantasia; sobre esta só podem fazê-lo, por consequência, mediatamente. Assim, cabe ao poeta por tal atuação indireta, intermediada por conceitos sobre a fantasia, colocar esta em movimento, de tal maneira que ela mesma crie no ouvinte as imagens nas quais ele conhece as Ideias, cuja comunicação o poeta intencionava. Vejamos agora por qual meio o poeta torna isso plausível.

1) O primeiro meio é a *composição dos conceitos*: isso tem de ocorrer de tal maneira que suas esferas se intersectem, com o que nenhuma delas pode permanecer em sua universalidade abstrata, mas, em vez do conceito, um *representante intuitivo* dele aparece diante da fantasia, que as palavras do poeta sempre modificam ulteriormente, conforme a intenção de cada momento. Assim como o químico combina dois fluidos perfeitamente claros e transparentes e dessa combinação resulta um precipitado sólido, o mesmo se dá com o procedimento do poeta: a partir da universalidade abstrata, incolor, transparente dos conceitos, ele sabe como combiná-los e, por assim dizer, obter o precipitado concreto, individual, a representação intuitiva, fazendo-a consistente na fantasia do ouvinte. Essa produção de representações intuitivas é necessária, visto que a Ideia só pode ser conhecida intuitivamente; o conhecimento da Ideia, entretanto, é a meta de toda arte. Assim como na química a maestria consiste em se obter todas as vezes justamente o precipitado que se intencionava, também na poesia a combinação de conceitos tem de ser de tal modo que dela surjam todas as vezes as imagens da fantasia que se intencionava. A esse fim servem justamente os epítetos, que são apropriados à exposição poética: todo conceito principal é trazido pelos epítetos de sua universalidade a uma determinidade cada vez mais precisa, até a intuição. Por isso Homero coloca quase sempre ao lado de um substantivo um adjetivo, cujo conceito corta a esfera do conceito substantivo, ao mesmo tempo diminuindo-o consideravelmente, com o que é trazido muito mais próximo da intuição. Assim, Zeus se chama ευρυωψ, o que antevê, também τερπικεραυνος, o alegre fulminador, o que se apraz no trovão; Poseidon se chama εννοσιγαιος, o que abala a Terra; Apolo se chama ἑκατηβολος, o que

Metafísica do Belo

dispara certeiro;[77] Íris se chama ποδηνεμος, rápida como o vento; Afrodite se chama φιλομμειδης, a que ri de bom grado; as palavras se chamam επη πτεροεντα, aladas; o mar πολυφλοισβος, o sussurrante bravo; a Terra se chama ζηδωρος αρουρα, a que dá a vida, a todos alimentando; a morte θανατος τανηλεγης, a que se distende lentamente; os deuses se chamam ρεια ζωοντες, os que vivem facilmente, sem esforço; e, ao contrário, os mortais se chamam δειλοι βροτοι, os que vivem duramente. Hesíodo nomeia a fagulha, que Prometeu tomou de Zeus, ακαματοιο πυρος τηλεσκοπον αυγην (*Teogonia* 566), o raio *fugaz* do fogo *inextinguível*.

Exemplo de Goethe.

Os epítetos, portanto, empregados de maneira funcional, são o primeiro meio para colocar a fantasia em movimento, na medida em que conduzem da universalidade dos conceitos àquilo que é particular e determinado.

2) O segundo meio para colocar a fantasia em movimento é a *construção intuitiva (Anschaulichmachung) do exposto*, que também se entende como vivacidade da exposição e da expressão. É a condução do conceito à intuição, que é alcançada pelo fato de o poeta não ser frio e vago ao narrar as ocorrências, mas sim colori--las, descrevendo-as de modo bastante determinado; portanto, ele abandona a universalidade do conceito abstrato e dirige-se para o inteiramente particular, o concreto, o sempre determinado, descrevendo-o com poucas palavras, e tão primorosamente, que a imagem aparece diante da fantasia. Assim, Homero não diz laconicamente que "amanheceu", porém:

Ημος δ' ηριγενεια φανη ροδοδακτυλος
Ηως[78]
(*Odisseia*, XVII, 1)

---

77. Conforme um dos cognomes de Apolo, segundo a tradução da *Ilíada* de Carlos Alberto Nunes. Rio de Janeiro, Ediouro, 2001. (N. T.)

78. "Logo que a Aurora, de dedos rosa, surgiu matutina" (*Odisseia*. Tradução de Carlos Alberto Nunes. Rio de Janeiro, Ediouro, 2001). (N. T.)

Ou também:

Ηως μεν κροκοπεπλος απ' Ωκεανιο ροαων
Ωρνυθ', ί να αθανατοισι φοως φεροι ηδε βροτοισιν[79]
(*Ilíada* 19, 1)

E Shakespeare:

Good morrow, masters, put your torches out:
The wolves have prey ´d; and look the gentle day,
Before the wheels of Phoebus, round about
Dapples the drowsy east with spots of gray.
Much ado.[80]
(*Muito barulho por nada, V, 3*)

Homero não diz simplesmente "Anoiteceu", mas:

Δυσετο τ' ηελιος, σκιοωντο δε πασαι αγνιαι[81]
(*Odisseia*, II, 388)

E Goethe:

Der Abend wiegte schon die Erde
Und an den Bergen hieng die Nacht.

Schon stand im Nebelkleid die Eiche,
Ein aufgethürmter Riese, da,

---

79. "Do cróceo manto já a Aurora do seio do oceano se alçara." (*Ilíada*. Tradução de Carlos Alberto Nunes. Rio de Janeiro, Ediouro, 2001.) (N. T.)

80. "Ora, senhores, apagai as tochas. / Foram-se os lobos, a gentil Aurora / Já surge leda por detrás das rochas; / Febo em seu carro o vasto mundo engloba." (Trad. de Carlos Alberto Antunes. São Paulo, Melhoramentos, s/d.) (N. T.)

81. "E quando o Sol se deitou e as estradas a sombra cobria" (*Odisseia*, trad. cit.).

Wo Finsterniss aus dem Gesträuche
Mit hundert schwarzen Augen sah.[82]

Homero descreve assim o fato de Pandaros atirar uma flecha em Menelau (*Ilíada*, 4, 124):

Αυτας επειδη κυκλοτερες μεγα τοξον ετεινεν,
Λιγξε βιος, νευρη δε μεγ' ιαχεν, ά λτο δ' οιστος
Οξυβελης, καθ' όμιλον επιπτεσθαι μενεαινων.[83]

Que após a morte cesse toda diferença social de posição, eis aí um pensamento comum; mas ele pode nos arrebatar e comover ao tornar-se intuitivo: o califa Harum Al-Raschid cruzou com um eremita que observava, absorto, uma caveira. "Que fazes com isso?" "Procuro descobrir se foi o crânio de um esmoleiro ou de um rei."

O pensamento de que os filósofos e os investigadores ilustram a raça humana torna-se bastante tocante pela imagem intuitiva de um verso de Kleist em *Frühling*: "Aqueles cuja lâmpada noturna ilumina o globo terrestre".

É preciso notar que essa construção intuitiva das coisas, na medida em que é alcançada pelo dirigir-se ao que é determinado e individual, possui uma dificuldade inteiramente singular, levando-se em conta que se deve evitar *a expressão vulgar*. De fato, todas as expressões que descrevem conceitos muito específicos têm algo de vulgar, comum; ao contrário, a expressão universal é, todas as vezes, mais nobre. Por exemplo: "Ele ficou de pé na porta" tem algo de comum. Isso já não acontece com a expressão

---

82. "O entardecer já embalava a Terra / E nas montanhas pendia a noite. / Já vestido de névoa estava o carvalho, / Um gigante robusto, lá, / Na floresta, de onde a escuridão / Com cem olhos negros fitava." (N. T.)

83. "Quando o grande arco adquiriu o feitio de um círculo grande, / Forte vibrou; zune a corda possante, a silvar disparando / A flecha aguda, sedenta de voar para a turba inimiga." (trad. cit.). (N. T.)

"Ele ficou de pé na entrada". "Ele tirou sua saia" não é tão bom quanto "Ele a despiu"; "Ele a colocou numa caixa" não é tão bom quanto "Ele a conservou num embrulho". Portanto, a intuição não tem de ser alcançada mediante a precisão dos conceitos, mas pelo fato de estes se cortarem reciprocamente, como mostrei antes.

Todos os grandes poetas têm o dom do intuitivismo, porque eles partem das intuições de sua fantasia, não de conceitos, como os imitadores, os quais querem com palavreado pomposo estimular intuições vivazes nos outros, ao passo que eles mesmos possuem apenas conceitos: querem comunicar calor, enquanto no íntimo são frios. Mas, do modo mais maravilhoso, esse dom é empregado quando nos permite intuir coisas que não conhecemos na efetividade – porque não se encontram na natureza – e, portanto, o poeta mesmo também não as viu; contudo, ele as descreve de tal maneira que sentimos serem possíveis, de tal modo que teriam de se parecer assim e não diferentemente. Desse ponto de vista, *Dante* é único. Ele descreve o inferno: são combinações apropriadas que não podem ter lugar no mundo efetivo, porém, tão verdadeiras que vemos tudo, a cidade dos heréticos, cujas moradas são caixões ardentes, onde eles se deitam; o pântano de pez efervescente, de onde os condenados emergem a cabeça, como sapos. Por isso digo que a grandeza de Dante reside em ele possuir a *verdade do sonho*, ao passo que outros poetas têm a verdade do mundo real. Dante nos permite ver coisas inimagináveis, como em sonho; elas nos iludem justamente assim. É como se ele tivesse sonhado cada um de seus cantos, à noite, e os escrito pela manhã, tão impregnados estão da verdade onírica. Muitos – acredito que em primeiro lugar Lessing – pensaram que a intuição é em especial criada ao descrever-se as coisas continuamente em movimento, não em repouso. Assim parece, contudo não é o caso: também objetos em repouso podem ser trazidos à mais elevada intuição:

Voss:

*Auf die Postille gebückt, zur Seite des wärmenden
Ofens.*[84]

Shakespeare:

*She sat like patience on a monument
Smiling at grief.*[85]
(What you will, 2)

É meramente casual se a maioria das exposições bastante intuitivas descrevem cenas movimentadas: ocorre que no encadeamento, no progresso da poesia há muito mais ocasião para a descrição de cenas movimentadas do que em repouso, porque estas não ajudam à ação do todo.

3) Um terceiro meio para colocar a fantasia em atividade, e assim ela intuir o que o poeta intenta, é a inerência e propriedade da expressão, *proprietas verborum*, o acerto na designação, vale dizer, que o poeta apreenda o específico, a essência íntima da coisa, exprimindo-a sem interferência do casual e inessencial. Com isso, as coisas apresentam-se de uma só vez diante de nós e não precisam de mais palavras: sentimos exatamente o que foi dito e pintamos o inessencial de acordo com nosso humor. Já no diálogo, o homem rico de espírito se distingue do homem comum, instantaneamente, ao empregar com exatidão suas palavras nas coisas, ao escolhê-las com acerto, enquanto o homem comum fala simplesmente por frases também comuns, sendo o transcorrer de seu discurso comparável a moedas fora de circulação. O homem rico de espírito, entretanto, imprime em suas palavras a própria estampa, como um rei que cunha as próprias

---

84. "Debruçado sobre a postila, ao lado do fogareiro / Que aquece." (N. T.)

85. "Sentou-se como a paciência sobre o mausoléu / A qual sorria para seu desgosto." (N. T.)

moedas. Em grandes poetas esse é sempre o caso, em elevado grau. Exemplos se encontram em cada bela passagem de um poeta: sempre vemos em suas palavras os pensamentos cintilarem nitidamente, como, mediante uma roupagem colante e umedecida, o corpo é visível. Enquanto os poetas ruins tateiam entre milhares de palavras e imagens, acumulam expressões, e no entanto não encontram o termo correto, o poeta verdadeiro, ao contrário, expressa com uma única palavra toda a coisa, e sua imagem se coloca claramente diante de nós. Todo verso de um bom poeta é um exemplo.

Em *Troilus and Cressida* de Shakespeare, Cressida e Diomedes namoram e se acariciam. Thersites os observa e diz:

> *How the devil luxury, with his fat rump and potato*
> *finger tickles these two together.* (V, 2)[86]

Virgílio. *Eneida*, 10, 733-34.

> *Illi dura quies oculos et ferreus urguet*
> *Somnus, in aeternam clauduntur lumina noctem.*[87]

É maravilhoso o exemplo de Goethe: *Kennst Du das Land.*[88]

Ou a descrição da vida humana em *As you like it*, de Shakespeare, A.2, c. 7.

Ou ainda a *Zigeunerlied*, de Goethe:

> *Im Nebelgeriesel, im tiefen Schnee,*
> *Im wilden Wald, in der Winternacht,*

---

86. "Como o demônio da luxúria, com seu ventre gordo e dedos de batata, afaga esses dois." (N. T.)

87. "Unge-o repouso duro e férreo sono, / E em noite fecha eterna os baços lumes." (Trad. Odorico Mendes. São Paulo, Atena, 1956.) (N. T.)

88. "Conheces o país [onde os limoeiros verdejam]." (N. T.)

Ich hörte der Wölfe Hungergeheul,
Ich hörte der Eulen Geschrei.[89]

4) Um quarto meio, que se conecta justamente com o recém-explicitado, é a *brevidade da expressão*. A descrição pormenorizada é sempre ruim: na poesia ela suprime todo efeito. A multidão de conceitos acompanhada por muitas palavras nos detém fixamente no mero pensamento e não permite alcançar a intuição. Ora, justo porque o poeta deve escolher com cuidado as palavras, tem de ser econômico com elas. As palavras precisam ser inteiramente significativas; poucas palavras têm de exprimir pensamentos que despertam muitas e vivazes imagens intuitivas.

Virgílio, *Eneida*, 10, 358-59:

Haut aliter Troianae acies aciesque Latinae
Concurrunt, haeret pede pes, densusque viro vir.[90]

O *Filocteto*, Sófocles, 787.

Εοτω το μελλον.[91]

Aí reside o fatalismo inteiro, o submeter-se ao destino irresistível.

Um exemplo excelente da brevidade da expressão se encontra na *Ifigênia* de Goethe, primeiro ato, na narrativa inteira de Ifigênia sobre o destino de sua casa, de Tântalo a Agamenon.

Se os dois últimos meios citados para o estímulo da intuição na fantasia se combinam, portanto acerto preciso e brevidade da expressão, então isso se chama vigor da expressão.

---

89. "No barulho da névoa, na neve profunda, / No bosque selvagem, na noite de inverno / Ouvia o uivo faminto dos lobos, / Ouvia o grito das corujas." (N. T.)

90. "Destarte os Frígios travam-se e os latinos, / Pé com pé, rosto a rosto, arca por arca." (Trad. cit. de Odorico Mendes.) (N. T.)

91. "É o que tem de ser." (N. T.)

Palmira, na conclusão de *Maomet*, crava o punhal no próprio peito e exclama para Maomet: "O mundo é para tiranos, vive!"

Em *King John*, de Shakespeare, um príncipe infeliz expressa seu tédio de vida da seguinte maneira:

> *Life is as tedious as a twice told tale,*
> *Vexing the dull ear of a drowsy man.* (III, 4)[92]

Portanto, a fantasia do ouvinte é estimulada; ela é o *medium* para a poesia expor e comunicar as imagens da vida, as Ideias da natureza. Com isso, a poesia possui uma vantagem particular em relação às artes plásticas, cujas imagens alimentam não a fantasia, mas os olhos. Noutros termos, lá onde a fantasia é o *medium*, a execução mais detalhada e as feições mais delicadas se adequarão melhor, todas as vezes, a cada um exatamente em conformidade com sua individualidade e esfera de conhecimento, formação e humor, estimulando-o assim vivamente. As artes plásticas não podem se adequar confortavelmente a cada individualidade, mas oferecem uma imagem determinada, que tem de valer para todos, ao que ainda se acrescenta o fato de o artista também não poder despir-se de toda a sua individualidade; por conseguinte, a imagem carrega igualmente a tinta da individualidade do artista, portanto de algo meramente subjetivo, verdadeiro apenas para ele e que, dessa forma, permanece para os outros como um acréscimo estranho, sem efeito, por assim dizer um lastro; este será tanto menor quanto mais objetivo, isto é, mais genial for o artista. Dessa vantagem essencial da poesia esclarece-se o fato de a grande massa de homens, a maioria, o povo, ser muito mais frequentemente estimulada de maneira vivaz e profunda por uma obra de poesia, uma canção, uma balada, uma narrativa, um conto de fadas, um romance, do que por quadros ou estátuas. Que o leitor pense nisso por si mesmo.

---

92. "A vida é tão tediosa quanto dois contos, / Vexando o ouvido insensível de um sonolento." (N. T.)

Dois auxiliares especiais da poesia são o *ritmo e a rima*. O efeito deles é inacreditavelmente poderoso. Temos de explicitá--lo da seguinte maneira: todo o nosso modo de representação está essencialmente ligado ao tempo; com isso adquirimos a peculiaridade de sempre seguir intimamente, e por assim dizer concordando com cada som que se repete em intervalos regulares. Assim, o ritmo e a rima se tornam, em primeiro lugar, um laço que cativa nossa atenção, na medida em que acompanhamos de bom grado a apresentação, e, em segundo lugar, nasce por eles uma concordância cega, irrefletida, no que está sendo apresentado, anterior a qualquer juízo, e com isso a apresentação adquire certo poder de convencimento empático, independente de quaisquer fundamentos. Já o ritmo, único usado pelos antigos, é reconhecidamente um auxiliar mais nobre e digno para esse fim do que a rima, que os antigos decerto tinham de conhecer, mas recusavam por completo, e que portanto, na maioria das vezes, se considera uma descoberta bárbara. Essa vantagem do ritmo se esclarece pelo fato de ele, ou a temporalidade, ser apreendido pela intuição pura *a priori* do *tempo*, pertencendo, pois, à sensibilidade *pura*, não empírica ou física. A esta, entretanto, por conseguinte à sensação dos sentidos, pertence a *rima*, pois esta é matéria do órgão auditivo.

Há duas regras para a rima:

1) A rima não tem de ser assonante com a rima precedente, mas o mais heterogênea possível.

2) Partes iguais do discurso não devem formar uma rima, ou seja, verbo com verbo, substantivo com substantivo, porém verbo com substantivo.

Devido à universalidade do material do qual se serve a poesia para comunicar as Ideias, portanto os conceitos, a *extensão de seu domínio é imensa*. Toda a natureza, as Ideias de todos os graus são exponíveis pela poesia: de acordo com a Ideia a ser comunicada, ela procede ora descrevendo, ora narrando ou expondo de maneira imediatamente dramática. Todavia, na exposição dos graus mais baixos de objetidade da Vontade, a poesia é, na maioria das vezes, superada pelas artes plásticas, porque a natureza destituída de conhecimento, e também a meramente animal, manifesta quase toda a sua essência num único momento apropriado. O *homem*, ao contrário, na medida em que se exprime não apenas mediante a simples figura e expressão do rosto, mas por uma cadeia de ações acompanhadas por pensamentos e afetos, é o tema principal da arte poética: nenhuma outra arte pode realizar isso de modo igual à poesia, pois esta possui o que falta às artes plásticas, o desenvolvimento de seus eventos de forma sucessiva.

O objeto da arte poética é, portanto, preferencialmente a manifestação da Ideia correspondente ao grau mais elevado de objetidade da Vontade, a exposição do *homem* na série concatenada de seus esforços e ações. Também a *experiência* e a *história* ensinam a conhecer o homem. Daí podermos perguntar: por que precisamos da poesia para nos mostrar o que diariamente nos circunda? Poderia responder: em geral, a poesia está para a experiência e a história como a pintura paisagística está para a natureza efetiva, ou a escultura para as figuras de homens efetivos. Contudo, quero aqui descer mais aos detalhes e investigar que relação a poesia tem com a experiência efetiva e a história. Isso em muito contribuirá para apresentarmos o conceito correto da essência, do fim e do valor dessa arte.

História e experiência não nos ensinam tanto a conhecer *o* homem em geral, mas antes apenas homens isolados, *os homens*, como eles aparecem, ou seja, elas mostram de bom grado os efeitos da natureza humana, não esta em si mesma; fornecem mais notícias empíricas da conduta humana – das quais podemos inferir regras para nosso próprio comportamento – em vez de lograr um olhar profundo em nossa essência íntima. Sempre resta a possibilidade de também se conhecer, a partir da história e da própria experiência, a essência íntima da humanidade, do homem em geral; mas, se isso ocorre, então concebemos a experiência própria – ou então o historiador a história – com olhar artístico, poético, vale dizer, não meramente conforme o fenômeno e as relações, mas conforme a Ideia e a essência íntima. A

Metafísica do Belo 205

experiência pessoal é a condição indispensável, necessária para a compreensão tanto da poesia quanto da história, pois é, por assim dizer, o dicionário da língua falada por ambas. A história está para a poesia como a pintura de retratos está para a pintura histórica, pois a história dá o verdadeiro no particular, a poesia, o verdadeiro em sua universalidade. A história tem a verdade do fenômeno, a qual pode ser neste verificada, a poesia tem a verdade da Ideia, não encontrada em fenômeno individual algum e no entanto exprimindo-se a partir de todos. O poeta expõe com escolha e intenção caracteres significativos em situações significativas, já o historiador toma a ambos como eles aparecem. Sim, na escolha dos acontecimentos e das pessoas que ele quer expor, o historiador não precisa vê-los em sua significação interior, autêntica, que exprime a Ideia, mas tem de escolhê-los conforme a significação exterior, aparente, relativa, cujo valor se assenta em sua referência a relações e consequências. O critério de valor para o historiador não é a significação das pessoas e dos acontecimentos de acordo com seu caráter essencial e expressão da Ideia, mas a significação segundo as relações, o encadeamento, a influência sobre o próximo, sim, especialmente sobre a própria época. Eis por que o historiador não perderá de vista uma ação intrinsecamente comum, insignificante em si mesma, caso seja a de um rei, pois ela tem consequência e influência. Ao contrário, ações de indivíduos, mesmo altamente significativas e até de indivíduos destacados, não serão expostas, porque não têm consequência, influência alguma sobre os acontecimentos dos povos em geral. Tudo isso se baseia em última instância no fato de a consideração do historiador seguir o princípio de razão, possuindo por tema o fenômeno, cuja forma é o referido princípio. O poeta, ao contrário, tem por tema a Ideia de humanidade, sua essência, como ela é em toda parte, exterior à relação, ao tempo, vale dizer, a objetidade adequada da Vontade em seu grau mais elevado. De fato, embora também pelo modo necessário de consideração do historiador a essência íntima da humanidade – a significação propriamente dita dos fenômenos, o núcleo de todos os invólucros – nunca se perca totalmente, pode sempre, pelo menos por aquele que a procura, também ser encontrada e reconhecida na história; no entanto, aquilo que é significativo não pelas relações, mas em si mesmo, o desdobramento propriamente dito da Ideia, será encontrado muito mais nítida e corretamente na poesia do que na história. Nesse sentido, podemos estabelecer a proposição paradoxal de que devemos atribuir à poesia muito mais verdade interior, própria, autêntica, do que à história. Isso pretendo demonstrar com maiores detalhes mais adiante. O historiador tem de seguir os acontecimentos individuais justamente em conformidade com a vida, deve expô-los como eles se desenvolveram no tempo, numa cadeia múltipla e intrincada de fundamento e consequência; contudo, é impossível que, para isso, ele possua de fato todos os dados, tenha-os visto ou explorado a tudo. Portanto, será abandonado a todo momento pelo original de seu quadro, ou até mesmo um falso pairará diante dele, o que deve ocorrer necessariamente com tanta frequência que eu poderia afirmar: em qualquer história se encontra mais o falso que o verdadeiro. Reconhecendo esse fato, Fontenelle escreveu: *l'histoire n'est qu'une fable convenue* (a história é apenas uma fábula convencional). Inteiramente outra é a relação do poeta com o original de sua exposição. Seu entusiasmo, ou exaltação, baseia-se justamente no fato de a Ideia de humanidade ser por ele apreendida a partir de um determinado lado, o qual ele deseja expor: é a essência do seu si-mesmo que se objetiva nessa Ideia, tornando-se nítida. Seu conhecimento, por conseguinte, como antes indiquei ao tratar da escultura, é em certo sentido *a priori,* pelo menos metade *a priori*; em consequência, seu original situa-se fixo, nítido, claramente iluminado diante de seu espírito, não podendo fugir-lhe. Por isso miramos a Ideia pura e nítida no espelho de seu espírito, e sua descrição, até a mais insignificante, é verdadeira como a própria vida. Se julgo o valor e a verdade da poesia de modo elevado, deve-se pensar com isso que sempre tenho em mente os poetas raros, grandes, autênticos, que cada nação tem a mostrar em pouco número; de modo algum penso na raça de poetas superficiais e medíocres, forjadores de rimas, inventores de fábulas, que há em todos os tempos, em especial atualmente no país teutônico.

Mediocribus esse poëtis
Non homines, non Di, non concessere columnae.[93]

Os antigos historiadores tornaram-se tão grandiosos justamente porque eram poetas. Quando os dados lhes faltavam, complementavam-nos de forma correta a partir da Ideia, como por exemplo nos discursos dos heróis, sim, em seus diálogos: sua maneira de tratar o assunto aproxima-se da poesia épica. Mediante esse complemento a partir da Ideia, suas exposições alcançam unidade perfeita e plena coesão interior; com isso, mesmo quando a verdade exterior não lhes é acessível, ou até é falseada, eles salvam a verdade interior, ou seja, a verdade poética, a verdade da Ideia de humanidade. Eu disse que a História está para a poesia como a pintura de retratos está para a pintura histórica; agora podemos aqui usar a já mencionada regra de Winkelmann para o retrato,[94] quando ele afirma que o retrato deve ser o ideal do indivíduo. Justamente isso realizaram os antigos historiadores em suas descrições. Eles expuseram de tal maneira o dado, o particular, o individual, que o lado da Ideia de humanidade que aí se exprimia entrou em cena clara e puramente. Os historiadores modernos raramente seguem os passos dos antigos, e muitas vezes vale para aqueles o que Goethe diz, ou seja, eles oferecem

Ein Kehrichtfass und eine Rumpelkammer
Und höchstens eine Haupt – und Staats – Aktion.[95]

---

93. "A mediocridade ao poeta / Não é permitida, seja por homens, seja por deuses, ou as colunas." (N. T.)
94. Cf. cap. 14, "Do caráter". (N. T.)
95. "Um barril de entulhos e inutilidades / E quando muito uma ação principal e de estado." (N. T.)

A história, enquanto tal, possui seu grande valor duradouro e inquestionável, tendo-se em vista o conhecimento do encadeamento dos fenômenos do mundo humano. Para quem, entretanto, pretende conhecer a humanidade em seu íntimo, em todos os fenômenos e desenvolvimentos de sua essência idêntica, portanto conforme sua Ideia, para esse as obras dos poetas grandiosos e autênticos apresentarão uma imagem muito mais fiel e clara do que já o conseguiram os historiadores; pois, entre estes, até mesmo os melhores, como poetas, não são por muito tempo os primeiros e também não têm mãos livres. Ainda uma comparação da relação do poeta com o historiador: o mero e simples historiador que trabalha apenas de acordo com os dados se assemelha a alguém que, sem conhecimento algum da Matemática, investiga por medições as proporções das figuras que acabou de encontrar; suas especificações descobertas empiricamente têm de, por conseguinte, conter todas as incorreções próprias às figuras assinaladas. O poeta, ao contrário, assemelha-se ao matemático, que constrói *a priori* aquelas proporções numa intuição pura, não empírica, estabelecendo-as, portanto, não como elas se encontram efetivamente nas figuras assinaladas, mas como são na ideia[96] e que o desenho deve tornar sensível.

Um tipo particular de história são as biografias: estas são histórias as mais especiais. Em vista do fim mencionado, vale dizer, o conhecimento da essência verdadeira da humanidade, tenho de reconhecer que as biografias, sobretudo as autobiografias, possuem um valor mais elevado que a história propriamente dita, pelo menos como esta é comumente tratada. Em geral, para esse fim, cada história é tanto mais útil quanto mais específica for; e a biografia é a forma mais específica. A vantagem dela, nesse aspecto, reside, em parte, na facilidade de reunir seus dados de maneira mais correta e completa que a história, em parte porque na história propriamente dita não agem tanto os homens,

---

96. Ideia aqui no sentido de pensamento. (N. T.)

mas antes os povos e os exércitos, e os indivíduos, porventura a entrarem em cena, aparecem numa distância tão grande, cercados de tanta pompa e circunstância, envoltos em vestimentas de Estado volumosas ou em couraças pesadas e rígidas, que de fato é difícil reconhecer o movimento humano em meio a tudo isso. Ao contrário, a descrição fiel da vida do indivíduo mostra, numa esfera limitada e visível, o modo de ação humano em todas as suas nuances e figuras: vemos clara e pormenorizadamente o primoroso, a virtude, a grandeza, e mesmo a santidade do indivíduo, ou então a perversidade, a mesquinhez, a malícia da maioria, a perfídia de muitos. Da perspectiva que consideramos, ou seja, o conhecimento da essência da humanidade como ela se expõe, não importa quais os objetos em torno dos quais gira a ação e quais são os agentes postos em movimento; é indiferente se se trata de coisas diminutas ou grandiosas, reinos ou aldeias, pois aí se tem uma avaliação inteiramente relativa. Todas essas coisas, em si, não têm significado, a não ser pelo fato de aí a vontade humana ser movimentada, e unicamente nesse sentido; cada motivo tem sua significação simplesmente em sua relação com a vontade (a relação do motivo enquanto coisa com outras coisas não é aqui considerada). Muitas vezes se disse que as autobiografias são pura mentira e dissimulação, mero compêndio de vaidade. Isso é errado. A mentira, de fato, é possível em toda parte, mas talvez em nenhum outro lugar é mais difícil do que na autobiografia. A dissimulação é mais fácil na conversação. Isso parece paradoxal, mas já numa carta é, no fundo, mais difícil dissimular, pois aí quem escreve, abandonado a si mesmo, vê antes o que se passa em seu interior, não no exterior. É difícil para alguém assim aproximar o que está distante e alheio, vendo-o de forma correta. Com isso, ao contrário da conversação, perde-se a medida da impressão que se provocaria em outrem. O destinatário de uma carta, por outro lado, a lê de maneira serena e numa disposição que o remetente não conhece nem partilha; ele lê a carta repetidas vezes, em diferentes ocasiões, com o que pode facilmente desmascarar a intenção secreta. Devido a essa característica da coisa, conhece-se melhor e mais facilmente um autor, também como homem, a partir de seu livro, pois aquelas condições fazem efeito na escritura de um livro de modo ainda mais vigoroso e constante. Por esse motivo, é tão difícil a dissimulação num livro cuja matéria é o próprio escritor – portanto numa autobiografia – que talvez não haja uma única autobiografia na qual, em geral, não exista mais verdade que em qualquer história já escrita. O homem que traça sua vida já se situa, por assim dizer, num ponto de vista exterior a ela: ele a abarca agora em seu todo e amplitude; o particular torna-se pequeno, o próximo se distancia, o distante se aproxima, as precauções desaparecem. Tal ponto de vista até eleva o outrora pequeno homem a uma certa grandeza, ele se confessa a si mesmo de maneira voluntária. Em semelhante situação, a mentira não é tão fácil quanto no torvelinho das labutas da vida, já que em cada homem também reside uma inclinação originária para dizer o que é verdadeiro – que em cada mentira tem de primeiro ser vencida – e, justo no caso aqui abordado, tal inclinação assume uma posição inusitadamente forte. Tendo em vista todos os fundamentos mencionados, recomendo as autobiografias àqueles que querem conhecer o homem em geral a partir dos livros, atribuindo a elas, nesse sentido, a vantagem sobre a história, isto é, a história dos conflitos. Ainda uma comparação para tornar intuitiva a relação da biografia com a história dos povos. A história nos apresenta a humanidade como, de uma alta montanha, a natureza nos é mostrada em perspectiva: vemos muito de uma só vez, vastos espaços, grandes massas, mas nada é reconhecível de maneira clara e em conformidade com sua constituição. A vida exposta do indivíduo, ao contrário, nos exibe o homem da mesma forma como a natureza se apresenta a nós quando a reconhecemos ao passear por entre suas árvores, plantas, rochedos e correntes d'água. Quanto ao emprego da comparação à arte poética, que melhor nos ensina a conhecer o homem, pode-se dizer o seguinte: mediante a arte da pintura de paisagem, o artista nos permite ver a natureza com seus olhos, que são mais puros e claros, facilitando-nos assim o conhecimento das Ideias, e o estado exigido para isso do conhecimento não mais individual, destituído de vontade. O mesmo realiza o poeta para a Ideia de humanidade, a qual nós próprios apreendemos mais dificilmente na história, na biografia e na experiência própria. Também mediante a poesia, como por qualquer outra arte, o gênio segura diante de nós um espelho límpido; neste vemos reunido na luz mais cristalina tudo o que é essencial e significativo, purificado de todas as casualidades e estranhezas.

A exposição da Ideia de humanidade, que cabe ao poeta, pode ser executada de duas maneiras: ou aquilo a ser exposto é também simultaneamente o expositor, o que ocorre na *poesia lírica* – na canção propriamente dita –, na qual o poeta apenas intui vivamente seu estado e o objetiva, pelo que uma certa subjetividade é própria a esse gênero, ou a exposição é inteiramente diferente do expositor, como nos demais gêneros, nos quais o expositor se oculta em maior ou menor grau, ao fim desaparecendo por completo. Na *romança*, o expositor ainda expressa seu próprio estado mediante o tom e o desenvolvimento do todo. Ela é muito mais objetiva do que a canção, porém ainda possui algo subjetivo, o qual já desaparece mais no *idílio*, mais ainda no *romance*, quase por completo na *epopeia*, até os últimos vestígios no *drama*, que é o gênero mais objetivo e, na maioria dos aspectos, o mais perfeito e difícil gênero de poesia. O *gênero lírico* é o mais fácil, justamente pelo que foi dito. Embora nas artes apenas o gênio autêntico possa realizar algo de bom, parece que unicamente a poesia lírica constitui uma exceção. Pois até homens no todo não-geniais podem às vezes produzir uma bela canção, vale dizer, quando seu interior é de tal maneira despertado por um estímulo forte, proveniente do exterior, e um entusiasmo momentâneo eleva suas faculdades espirituais acima de sua medida comum; pois para essa canção ele precisa apenas de uma intuição vivaz e uma concepção objetiva de seu próprio estado no momento de exaltação. Isso o comprovam as tantas belas canções de indivíduos de resto desconhecidos, as canções populares e de amor de todas as nações, na Alemanha reunidas no *Wunderhorn*, na Inglaterra no *Percy's relics of ancient poetry*.

Vamos agora considerar em sentido próprio a essência específica da canção. Para isso temos de tomar como exemplo canções primorosas, no sentido estrito do termo, não aquelas que já se aproximam de outro gênero, como da romança, da elegia, do hino, do epigrama. As canções propriamente ditas de Goethe são um modelo perfeito: *Schäfers Klagelied*;[97] *Willkommen und Abschied*;[98] *Auf dem See*;[99] *Herbstgefühl*.[100] E muitas canções do *Wunderhorn*: *O Bremen ich muss dich nun lassen*.[101] Trata-se do sujeito do querer, a vontade própria, que preenche a consciência de quem canta, amiúde como querer desprendido, satisfeito (alegria), mais frequentemente como paixão – sempre enquanto afeto – obstada (tristeza), estado de ânimo excitado. Ao lado disso e simultaneamente, a visão da natureza circundante faz o cantor tornar-se consciente de si como sujeito do conhecimento puro destituído de vontade, cuja calma espiritual imperturbável aparece agora em contraste com o ímpeto do querer sempre travado, sempre carente; a sensação desse contraste, desse jogo de alternativas é propriamente o que se exprime em toda canção e constitui em geral o estado lírico. Nesse estado entra em cena o puro conhecer para nos redimir do querer e seus ímpetos; nós o seguimos, embora apenas por instantes: o querer, a lembrança de nossos fins pessoais sempre nos afasta de novo da contemplação calma; mas também a próxima e bela cercania, na qual o conhecimento puro destituído de vontade se oferece, sempre nos libera de novo do querer. Com isso, na canção e na disposição lírica, o querer (o interesse pessoal atado a fins) e a intuição pura da cercania que se oferece aparecem milagrosamente misturados um com o ou-

---

97. "Lamentação do pastor." (N. T.)
98. "Bem-vinda e despedida." (N. T.)
99. "No lago." (N. T.)
100. "Sentimento de outono." (N. T.)
101. "Ó Bremen, tenho de te deixar." (N. T.)

tro: buscam-se e imaginam-se relações entre ambos: a disposição subjetiva, a afecção da vontade, comunica à cercania intuída sua cor em reflexo, cercania que, por sua vez, também faz o mesmo. A canção autêntica é a impressão desse estado de ânimo inteiro tão misturado e dividido. Para tornar concebível esse desdobramento abstrato de um estado, situado bem longe de qualquer abstração, mencionemos a *Schäfers Klagelied*.

Es schlug mein Herz geschwind zu Pferde.[102]

Aqui se trata de grande satisfação do querer veemente: amor feliz; no entanto, este não preenche completamente o espírito vasto, belo do cantor, mas permanece um excesso de conhecimento puro, com o qual ele apreende a tarde e a paisagem de maneira puramente objetiva.

Em verdade, toda a essência propriamente dita da poesia lírica e seu efeito se encontra no fato de, milagrosamente, em nós o sujeito do querer e o sujeito do conhecer serem unos, um eu; e, no entanto, ambos entram em cena de modo tão contrastante.

Nos *gêneros de poesia mais objetivos*, especialmente no *romance*, na *epopeia* e no *drama*, o alvo – a manifestação da Ideia de humanidade – é sobretudo atingido por dois meios: concepção profunda com exposição correta de *caracteres significativos* e trama de *situações relevantes*, nas quais os primeiros se desenvolvem. Podemos fazer uma comparação com a química. Ao químico cabe expor de maneira pura e genuína os elementos simples e suas ligações principais: porém, isso não é suficiente: ele também tem, diante de nossos olhos, de expô-los à influência de certos reagentes que exteriorizam suas características específicas, de tal forma que estas se tornam bastante distintas, nitidamente visíveis. De modo semelhante, cabe ao poeta primeiro mostrar-nos caracteres significativos, expô-los de maneira fiel e verdadeira

---

102. "Meu coração bateu veloz para o cavalo." (N. T.)

tal qual a natureza, mas isso não é suficiente. Para que os conheçamos de forma correta, ele tem de encontrar certas situações que justamente desdobram por inteiro todas as propriedades dos caracteres, expondo-os claramente em contornos marcantes: são as situações significativas. Na vida real e na história, só raramente o acaso produz situações com tais características, as quais se encontram isoladamente, perdidas e encobertas por uma multidão de fatos insignificantes. A significação plena das situações no que tange à combinação e escolha de caracteres significativos deve diferenciar romance, epopeia e drama da vida real; em qualquer caso, entretanto, a verdade pétrea é condição imprescindível do efeito; já a ausência de unidade nos caracteres, a contradição deles consigo mesmos ou no que tange à essência da humanidade em geral, bem como a impossibilidade ou inverossimilhança nos acontecimentos, mesmo que pequenos, atentam contra a poesia, tanto quanto as figuras deformadas, as perspectivas falsas ou a iluminação equivocada na pintura. Pois sempre desejamos nesses casos o límpido *espelho da vida*, da humanidade, do mundo, *clarificado mediante a exposição, tornado significativo pelos arranjos*. Sabemos que todas as artes têm somente um objetivo, a exposição das Ideias. Sua diferença mais essencial reside meramente em qual grau de objetidade da Vontade, as Ideias, elas intentam expor, e com isso de novo se determina seu material e o tipo de sua execução. Nesse sentido, mesmo artes muito distantes umas das outras deixam-se, no entanto, elucidar reciprocamente por comparação. Em virtude disso, queremos elucidar a poesia por meio da bela hidráulica. Se devemos apreender as Ideias que se exprimem na água, não basta que vejamos a água num lago calmo ou numa torrente regular de água, mas aquelas Ideias antes se desdobram por inteiro quando a água aparece sob todas as circunstâncias e obstáculos que, fazendo efeito sobre ela, ocasionam a exteriorização completa de todas as suas características. Justamente por isso dizemos que a água se mostra *bela* ao precipitar-se, escoar, espumar, saltar para cima, ou quando, ao cair bem do alto, é pulverizada nessa queda, ou

Metafísica do Belo 215

ainda quando, artificialmente impelida, sobe em jato. Ora, mostrando-se assim diversificada sob diversas circunstâncias, a água sempre afirma fielmente seu caráter específico, pois lhe é natural tanto jorrar para cima como permanecer calma produzindo reflexos, ou escoar, ou descer borbulhando em correntes: para todos os casos, ela está sempre bastante preparada, desde que existam as circunstâncias para isso. Ocasionar semelhantes circunstâncias é tarefa da hidráulica, e o que ela realiza com a matéria fluída o arquiteto realiza com a rígida matéria sólida; justamente o mesmo faz o poeta épico ou dramático com a Ideia de homem. Pois o fim comum de todas as artes é o desdobramento, a elucidação da Ideia, da objetivação dos graus da Vontade que se expressam no objeto de cada arte. A vida do homem, como se mostra na maioria das vezes, assemelha-se à água tal qual ela se apresenta, na maior parte das vezes, nos lagos e rios. Mas, assim como mediante a arte da água esta pode desdobrar todas as suas propriedades, também na epopeia, no romance, no drama caracteres significativos são primeiro estabelecidos e então colocados em circunstâncias nas quais todas as suas propriedades se desdobram, com o que as profundezas da mente humana se desvelam e se tornam visíveis em ações extraordinárias e plenas de sentido. Dessa maneira a arte poética objetiva a Ideia de homem, para o qual é próprio expor-se em caracteres extremamente individuais. Os gêneros poéticos objetivos possuem, portanto, duas tarefas inteiramente diferentes: a invenção dos acontecimentos e a exposição dos caracteres. Esta última, mais do que a primeira, é capacidade exclusiva do gênio, pois exige a intelecção mais profunda da essência da humanidade; é o dom de produzir seres individuais que representam o gênero, vale dizer, de criar como a natureza mesma os criou, pensar cada um de tais seres, permitindo-lhes falar e agir em conformidade com uma individualidade completamente diferente da do poeta.

O poeta tem de criar pessoas como a própria natureza, imaginá-las e deixar que elas falem de acordo com seu caráter, como os homens reais o fazem. Todavia, um esclarecimento se faz preciso, para evitar o mal-entendido de que se deve procurar a naturalidade extrema em todas as exteriorizações. Não é assim, senão a naturalidade se torna facilmente superficial. Apesar de toda a verdade na exposição dos caracteres, estes devem ser tratados de modo *idealístico*. Queremos tornar claro como isso se dá. Os homens reais possuem cada um seu caráter, muitos até um caráter bastante específico; contudo, nem sempre permanecem fiéis a ele, nem sempre agem e falam em conformidade com sua individualidade. Não penso aqui na possibilidade da dissimulação, que deixo de lado. Mas o humor sempre cambiante, em particular devido aos estados físicos, faz com que cada um nem sempre exteriorize, o tempo todo e de maneira igualmente enérgica, seu caráter. Alguma impressão particular recebida confere ao caráter, por certo período, uma disposição que lhe é estranha; determinados conceitos e verdades universais que o surpreenderam num momento modificam então, por algum tempo, sua fala e seu modo de agir, até que por fim retorne à sua natureza. Por isso, na realidade, todo caráter mostra muitas anomalias que turvam por instantes sua imagem. Assim, a fala e a ação de cada um não estarão o tempo todo de acordo com sua individualidade. *La Rochefoucauld* disse com inteiro acerto: "*On est quelquefois aussi différent de soi-même que des autres*" (às vezes, somos tão diferentes de nós mesmos quanto dos outros). Portanto, em casos isolados, o sábio se mostrará bobo; o inteligente, ignorante; o corajoso, medroso; o teimoso, complacente; o duro e áspero, suave e gentil; e vive-versa. Na efetividade, cada um, devido às disposições passageiras ou influências, foge às vezes de seu caráter. Na poesia, entretanto, isso não pode ocorrer, pois nosso relacionamento com a pessoa poética é de curta duração e sempre apenas unilateral; dessa forma, todas as anomalias do caráter têm de permanecer excluídas da pessoa, a qual tem, em sua ação e fala, de manifestar seu caráter de maneira consequente, clara, pura e exata. Isso significa justamente que o caráter tem de ser exposto de modo *idealístico*; apenas o essencial dele, *por inteiro*, deve ser mostrado, permanecendo excluído qualquer elemento

Metafísica do Belo

casual e perturbador. Nós mesmos idealizamos pessoas conhecidas quando trazemos à lembrança sua imagem de caráter; deixamos de lado o que lhe é propriamente estranho, o que porventura
possa ter revelado de casual, e concebemos apenas o essencial
e específico delas. Dessa forma, o poeta tem de ter concebido
e exposto seus personagens. Dessa exigência do *idealístico na
exposição do caráter*, segue-se que a exposição poética não deve
ser absolutamente *natural*, mas também necessita ultrapassar a
natureza no característico, exatamente como o mostrei antes ao
discorrer que o artista deve ultrapassar a natureza na exposição
do belo nas artes plásticas. Precisamente mediante o ideal do
caráter apreenderemos as exposições poéticas de maneira muito
mais viva do que na realidade da vida comum, pois lá concebemos a Ideia de homem muito mais intensa e claramente. A isso
ainda acresce o fato de, na efetividade, as pessoas, na maioria das
vezes, não saberem traduzir em palavras justo suas sensações
mais vivazes. Seu mais veemente sofrimento, sua maior alegria,
são inexprimíveis; sua cólera e seu ódio expressam-se de modo
selvagem e inapropriado. Caso o poeta também aí quisesse
seguir só a natureza, não poderíamos lançar nenhum olhar
profundo na mente humana. Por conseguinte, o poeta também
aí idealiza a natureza, faz todos os homens falarem de tal forma
em seus afetos como se fossem apenas mentes poéticas; a cada
um é conferida a capacidade que Tasso, de Goethe, atribui a
si mesmo:

> *Und wenn der Mensch in seiner Qual verstummt,*
> *Gab mir ein Gott zu sagen, wie ich leide.*[103]

Nesses moldes se expressa cada sensação da pessoa poética,
sobretudo em Shakespeare, e estamos bastante equivocados se

---

103. "E quando o homem silencia em seu tormento, / Um Deus me deu o dom
de dizer quanto sofro." (N. T.)

as censuramos como inaturais, pois elas pertencem ao idealístico da poesia. Os franceses são fiéis à natureza: *Dieu!, Ciel!, Seigneur!*, portanto piores. Schiller, por sua vez, seguiu Shakespeare. Quando a Thekla real sabe da morte de seu amado, sua dor é expressa exclusivamente em exclamações fragmentadas isoladas, em palavras escolhidas de dor; mas a Thekla poética faz sua dor irromper em belas estrofes, mediante as quais conhecemos e compartilhamos sua sensação.

Ao tratar das artes plásticas, mostrei que o artista genial não apreende a beleza da natureza efetiva, mas dela possui uma espécie de conhecimento *a priori*, uma antecipação do que quer produzir, e por isso a entende em meias palavras e expõe perfeitamente o que ela na maioria das vezes fracassa em expô-lo. Também assim é o conhecimento do poeta a respeito dos caracteres dos homens, bem como da conduta deles, a qual não é de modo algum puramente empírica, mas também antecipada e, por assim dizer, *a priori*. O poeta é, ele mesmo, um homem *inteiro* e completo, carrega toda a humanidade em sua pessoa e possui clareza de consciência para tornar-se ciente disso. Ele tem um conhecimento *do homem em geral* e sabe separar o que vale para este daquilo que pertence apenas à individualidade. Por consequência, pode modificar na fantasia seu próprio ser, na medida em que é o ser da humanidade em geral, em diferentes individualidades, e dessa maneira construí-las *a priori*, deixando-as agir conforme as circunstâncias em que são colocadas. Assim, em sua ficção parte do conhecimento *do homem* em geral, da essência da humanidade haurido em seu íntimo, e não do conhecimento de *homens*, isto é, indivíduos isolados que observou; por isso pode expor o que nunca viu. O que o poeta faz na exposição, isso o fazemos no reconhecimento e no julgamento, pois cada um de nós também carrega a humanidade inteira em si mesmo, isto é, germes, dispositivos para todas as inclinações e paixões de que o homem é capaz; só não estamos conscientes destas com a distinção e a clareza de consciência que capacitam à exposição; no entanto, achamo-nos em condições de reconhecer o correto da exposição, mesmo que em nossa experiência não se encontre original algum com o qual possamos compará-la. Em consequência, se o poeta traz um rei para o palco e o faz agir com sua família e ministros, não precisa ter observado no interior do palácio, mas, a partir de seu conhecimento do homem em geral, sabe imaginar como um caráter determinado, introduzido em tal situação, com tal poder e superioridade, tem de expressar-se. Também nós sabemos julgar o correto e o incorreto da exposição sem ter experiência alguma da situação. Schiller conseguiu expor acertadamente no campo do *Wallenstein* a vida e o trabalho dos soldados sem ter visto nada de igual em suas proximidades, assim como também conhecemos o acerto e a correção de sua exposição sem ter tido experiência do exposto. Walter Scott, em seus *Tales of my Landlord*, descreve cenas dos ladrões mais depravados e hediondos, transcorridas em esconderijos, com uma verdade e uma vivacidade que despertam nosso medo durante a leitura, já que sentimos a correção e o acerto delas. E, no entanto, nem ele nem nós vimos uma coisa igual. Portanto, a criação do poeta provém do conhecimento límpido de sua essência própria, logo, da essência da humanidade; ele mira mais em si do que em torno de si; e assim também o fazemos no julgamento de sua obra. Comparamos a ação das pessoas poéticas menos com aquilo a aparecer-nos no mundo do que com nossa própria essência. Por mais que no tocante à experiência haja coisas independentes dela e, nesse sentido, *a priori*, a rica experiência própria contribui bastante para a formação do poeta, e também do conhecedor, pois faz efeito ao menos como estímulo do conhecimento interior, fornecendo esquemas para determinadas descrições de caracteres. Se o poeta observou muitos homens isolados, com diferentes caracteres, idade, posição, poder, destino, e os viu em diversas e decisivas situações, seu conhecimento da natureza humana foi bastante enriquecido em vida, em determinação, em amplitude, foi trazido à consciência clara e estimulado a entrar em cena – e com isso tanto melhor poderá expor suas personagens ideais determinadas. O mesmo vale para o conhecedor e julgador: seu conhecimento da natureza humana se torna mais maduro e correto pela experiência, embora no principal não se baseie nesta. Por outro lado, também ganhamos, mediante o estudo dos poetas, em conhecimento humano para a vida efetiva, ou, dito mais corretamente, tornamo-nos mais capazes de aquisição de conhecimento humano, já que não é como se nos chocássemos contra pessoas cujo original seriam caracteres poéticos conhecidos, cuja ação poderíamos julgar previamente, mas, mediante o estudo de caracteres poéticos, tornamo-nos mais capazes de apreender de forma rápida e segura as individualidades que nos aparecem e diferenciar, nas maneiras delas, o característico do casual. Nosso olhar para a apreensão do característico no homem é tão aprimorado por isso quanto o é, pelo desenho, nosso olhar para a apreensão das proporções espaciais.

De resto, é bastante notável como todos nós somos em *sonho* poetas perfeitos. Em geral, para obter um conceito da atividade do gênio no poeta autêntico, da independência dessa atividade em face de qualquer reflexão, considere-se a própria atividade poética nos sonhos: quão correta e intuitivamente o é cada um deles, expressando-se em feições seletas e características! As pessoas oníricas, criações nossas, falam como se fossem completamente estranhas; falam não segundo nossos sentidos, mas conforme os delas. Propõem questões que nos embaraçam, argumentos que nos desconcertam, adivinham o que de bom grado gostaríamos de ocultar etc. Apresentamos no sonho circunstâncias inesperadas com as quais nós mesmos nos assustamos: como tais descrições ultrapassam em muito tudo o que com intenção e reflexão conseguiríamos! Caso o leitor acabe de acordar de um sonho dramático deveras vivaz e bem desenvolvido, então passe-o em revista e admire-se com o próprio gênio poético. Por conseguinte, pode-se dizer: um grande poeta – por exemplo Shakespeare – é um homem que, acordado, pode realizar o que nós realizamos em sonho. Assim pôde Fídias criar com pensamento e consciência o que só o conseguiríamos sonhando: a forma humana.

A invenção dos acontecimentos e das situações é de valor subordinado, visto que eles apenas imitam a forma exterior do fenômeno; a exposição dos caracteres, ao contrário, apresenta a essência íntima do homem. É possível aperfeiçoar a invenção dos acontecimentos por meio de exercício, experiência ou estudo; contudo, também é um talento inato, que pode existir sem que haja gênio propriamente dito para a poesia, ou seja, a exposição do homem conforme sua essência. É o caso de Kotzebue.[104]

A dificuldade de inventar os acontecimentos também se pode depreender do fato de os trágicos antigos terem trabalhado sempre os mesmos mitos históricos. Shakespeare tomou como material para suas exposições em parte as histórias inglesa e romana, em parte as novelas já existentes.

Reconhecidamente, o ápice da arte poética é a *tragédia*, tanto no que se refere à grandeza de seu efeito quanto à dificuldade de sua realização. Aqui se deve observar algo de suma significação para nossa inteira visão geral de mundo: o objetivo dessa suprema realização poética não é outro senão a *exposição do lado terrível da vida*. O conflito da Vontade consigo mesma em todos os seus fenômenos, já por mim demonstrado nos graus mais baixos de sua objetivação,[105] aparece finalmente aqui no grau mais elevado de objetivação da Vontade, na existência do homem, desdobrado da maneira mais completa, com distinção aterrorizante. Tal conflito se torna visível justamente no sofrimento humano, o qual é produzido em parte pelo acaso e pelo erro, que aparecem como senhores do mundo e que, por causa de seus ardis que adquirem a aparência de intencionalidade, são personificados como *destino*. Fora isso, semelhante sofrimento da humanidade, que é tema da referida exposição, resulta do íntimo da própria humanidade, mediante os entrecruzados esforços voluntários dos indivíduos e a maldade e a perversão da maioria. Em to-

---

104. Poeta dramático alemão (1761-1819). (N. T.)
105 . Cf. cap. 11. (N. T.)

dos, o que vive e aparece é *uma* única e *mesma* Vontade, cujos fenômenos, entretanto, combatem entre si e se devoram. O sofrimento da humanidade como ele advém de ambas as fontes é exposto pela tragédia: se a primeira fonte for mais utilizada, tem-se a tragédia de destino; se for a segunda, tem-se a tragédia de caráter. A Vontade, que vive em todos os indivíduos, entra em cena em *um* indivíduo de forma violenta, noutro mais fracamente; por meio da luz do conhecimento, aqui é trazida mais, lá menos, à consciência. Suas exteriorizações são assim amenizadas; por fim, é-nos mostrado que, em indivíduos isolados, esse conhecimento, por intermédio do próprio sofrimento, pode ser liberado e incrementado de tal maneira que atinge um ponto em que ocorre uma súbita mudança de todo o modo de conhecimento, o todo do fenômeno não ilude mais e se vê através de sua forma – o *principium individuationis*. Teremos uma noção mais nítida e precisa de semelhante mudança no conhecimento justamente na Ética. Contudo, tenho aqui de antecipar que a elevação do conhecimento até o ponto onde se vê através do *principium individuationis* suprime o egoísmo do indivíduo, visto que este então reconhece sua essência íntima, a Vontade como coisa-em-si, também em todos os outros indivíduos. Ora, quando o egoísmo expira, os motivos, que antes movimentavam tão violentamente o indivíduo, perdem todo o poder sobre este, e, em vez de motivos, nasce – em quem foi conduzido a esse ponto pela própria vida, ou pelo reconhecimento da própria essência verdadeira em todos os outros indivíduos, e a partir do conhecimento da justeza do fenômeno enquanto tal – um *quietivo* de todo querer; este produz a resignação perfeita, ou seja, renuncia-se à Vontade de vida em geral, ela se extingue, não simplesmente a vida individual. Por conseguinte, o desenvolvimento da tragédia tomada em seu todo é sempre este: o caráter mais nobre, o herói, após longa luta e sofrimento, aos quais ele estava submetido na peça, agora atinge um ponto supremo de seu sofrimento, no qual bravamente renuncia aos fins que até então seguira de forma tão veemente, abdica para sempre de todos os prazeres da vida e

Metafísica do Belo

sobrevive sem querer mais algo, ou, com frequência, põe fim à sua vida, seja por mãos próprias, seja por mãos alheias, sempre brava e alegremente. Tomem-se como exemplo o inabalável príncipe de Calderón; Gretchen em *Fausto*; Hamlet, que expressa claramente como abandonaria contente o mundo, colocando para Horácio a permanência nele como um duro dever; a *Donzela de Orleans*; a *Noiva de Messina* – todos morrem vendo o mundo com olhos inteiramente diferentes dos de até então. São purificados por seus sofrimentos, de modo que morrem após a Vontade de vida em geral já ter morrido neles; a palavra final no *Maomet* de Voltaire expressa isso literalmente: "O mundo é para tiranos, vive!" Assim, vemos na maior parte das tragédias o herói fazer, ao fim, a transição do querer mais veemente e do esforço violento para a resignação, isto é, para o não-querer total, visto que mediante todo sofrimento padecido surge-lhe um conhecimento novo, uma visão nova da existência. Por fim, no ponto em que o sofrimento atingiu o ápice, ocorre a ruptura. Porém, também nas tragédias em que finalmente essa apoteose verdadeira ou transfiguração do herói não nos é trazida diante dos olhos, mas vemos sucumbirem justamente apenas os mais nobres e excelsos, violentados pelo destino ou pelos perversos e maus (como em *Lear*), é indicada ao espectador a resignação durante toda a exposição, ele é instado a renunciar ao querer num mundo tão terrível que, assim, de certa maneira tem por regentes o acaso, o erro, a maldade; toda a exposição trágica é para o espectador um chamado à resignação, à negação livre da Vontade de vida. Somente a ética pode tornar tudo isso mais compreensível.

A impressão da tragédia, mais do que qualquer outra coisa, pertence propriamente ao *sublime*. Livramo-nos não apenas dos interesses da Vontade – para nos manter contemplando puramente –, mas sentimo-nos instados a renunciar para sempre ao querer.

Sobre a técnica da tragédia tenho a seguinte observação a fazer. A essência da tragédia reside na exposição de uma grande infelicidade, que pode ser feita de diversas maneiras. Contudo, estas podem ser classificadas conceitualmente em três tipos. 1) A infelicidade origina-se exclusivamente da maldade de um caráter; trata-se, então, de uma maldade extraordinária, que toca os limites extremos da possibilidade; esse caráter é o único responsável por toda a infelicidade. Exemplos desse tipo (que raramente se encontram entre os antigos; talvez em Atreus e em Thyestes) são: Ricardo III; Iago em *Otelo*; Shylok; Franz Moor, entre outros. 2) A infelicidade pode ser produzida pelo destino cego, ou seja, acaso e erro. Tal caminho foi seguido pela maioria dos trágicos antigos; são as tragédias de destino propriamente ditas. Um modelo perfeito desse tipo é o *Édipo Rei*, de Sófocles. Exemplos semelhantes entre os modernos são *Romeu e Julieta*; *Tancredo*, de Voltaire; a *Noiva de Messina*. 3) A infelicidade é produzida pela mera disposição mútua das pessoas, pela combinação de suas relações recíprocas, de tal modo que não é preciso um erro monstruoso, nem um acaso inaudito, nem um caráter malvado acima de toda medida e atingindo os limites da perversidade humana; mas, aqui, apenas os caracteres são dispostos como o são normalmente em termos morais; meras circunstâncias são colocadas, tais quais aparecem com frequência. Contudo, as pessoas são de tal maneira opostas que sua situação as compele conscientemente a tramar a maior desgraça umas contra as outras, sem que com isso a injustiça recaia exclusivamente de um lado. Esse último tipo de tragédia me parece superar em muito as anteriores, na medida em que por ela somos comovidos mais vivamente. De fato, nesse tipo de técnica trágica, a grande infelicidade não se apresenta a nós, a exemplo dos dois outros casos, como uma simples exceção no destino humano, como algo que poderia ser produzido apenas por incidentes raros e circunstâncias ou por caracteres monstruosos, mas como algo que se origina fácil e por si mesmo, quase como essencial e inevitável, da ação e dos caracteres humanos. E justo por isso a grande infelicidade se aproxima temerariamente de nós. Nas duas primeiras técnicas vemos, em verdade, o destino monstruoso e a maldade atroz como potências terríveis que, entretanto, ameaçam apenas de longe. Por conseguinte, nós mesmos temos esperança de nos subtrair a elas, sem necessidade de nos refugiar no recolhimento. Ao contrário, na última técnica as potências que destroem a felicidade e a vida aparecem de tal modo que também fica aberto para elas, a todo instante, o caminho até nós – pois aqui vemos o grande sofrimento ser produzido por complicações cujo essencial também poderia ser assumido por nosso destino, ou por ações que talvez nós mesmos seríamos capazes de realizar, e portanto não teríamos o direito de reclamar de injustiça, caso outros realizassem o mesmo. Mediante o aproximar-se dessa possibilidade de infelicidade, sentimo-nos, horrorizados, no próprio inferno. Por isso concedo a esse último tipo de tragédia um mérito maior: a execução acarreta grandes dificuldades, porque aqui, a expensas de meios e motivos de ação, simplesmente por meio de seu posicionamento e distribuição, deve ser produzido o maior dos efeitos. Na maioria das tragédias, mesmo as melhores, esse caminho difícil não foi o escolhido. Um exemplo perfeito desse tipo é *Clavigo*, embora, em outros aspectos, ela seja amplamente superada por outras tragédias de Goethe. Igualmente *Cid*, de Corneille. Também *Hamlet* é, em certa medida, uma tragédia desse tipo, caso nos atenhamos apenas a sua relação com Laerte e Ofélia. *Wallenstein*, ainda, possui semelhante mérito. *Fausto*, por inteiro, é desse tipo – caso se considere como ação principal somente sua conduta para com Gretchen e seu irmão.

Portanto, em conformidade com a visão apresentada, a tragédia tem a tendência de indicar ao espectador, mediante a exposição do lado terrível da vida e com a descrição de grandes infelicidades, a resignação, a renúncia, a negação da Vontade de vida, para cujo fim a própria exposição apenas aponta, o espírito do espectador direcionando-se para esse fim por meio da impressão que recebe, ou também permite de imediato ao herói atingir tal objetivo, expondo-o como transformado pela resignação completa e, por consequência, a maior parte das vezes recebendo bravamente a morte como salvação. Assim, a tendência da tragédia é indicar a negação da Vontade de vida. Ao contrário, devemos perguntar: qual é a tendência da *comédia*, manifestamente o oposto da tragédia? Nenhuma outra senão precisamente a indicação contrária, ou seja, a alegria na continuidade da afirmação da Vontade de vida. É lógico que a comédia também tem de trazer *sofrimento* à cena, pois, por motivos que conheceremos na minha metafísica da ética, não é possível uma exposição da vida humana sem o imiscuir-se do sofrimento, visto que apenas assim é estimulado o esforço essencial à vida. Só que a comédia mostra o sofrimento sem levá-lo ao fim, em parte mostrando-o como passageiro e dissolvendo-se na alegria – para a qual o sofrimento apenas abriu caminho –, em parte mostrando-o misturado com alegrias, o insucesso transformado em êxito, o medo neutralizado pela esperança, a luta recompensada com a vitória; a alegria triunfa, e a mensagem final é que a vida em seu todo, e até mesmo os sofrimentos a ela atados, sempre contêm muito estofo e prazer que podem nos levar ao riso. Só precisamos encontrá-los para, em qualquer circunstância, ter motivos para permanecer de bom humor. Nesse sentido, a comédia expõe até os caracteres mais odiosos e os eventos mais transtornantes, sempre realçando seu lado risível. A comédia, portanto, como o oposto da tragédia, diz em suas figuras variadas o seguinte: a vida em seu todo é boa, é um passatempo ótimo, sem exceção.

Num mundo que, como sabemos, é apenas o fenômeno da Vontade de vida, essa última visão tem de ser por inteiro conveniente à maioria das pessoas; por isso se encontram mais amantes da comédia que da tragédia, e nossa disposição inclina-se mais para a primeira do que para a segunda.

Visto que no decorrer do tempo a afirmação da Vontade de vida, via de regra, fortifica-se cada vez mais, as pessoas de idade avançada tendem a gostar mais de comédias, evitando as tragédias; o contrário ocorre com os jovens.

Capítulo 17

Da Música

Passamos em revista todas as artes. Começamos com a arquitetura, cujo fim como bela arte residia na expressão da objetidade da Vontade nos graus mais baixos de sua visibilidade, onde ela se mostra como esforço regular abafado, destituído de conhecimento, e no entanto já apresentava autodiscórdia, vale dizer, a luta entre gravidade e rigidez. Concluímos com a tragédia, que justamente trazia diante dos olhos, no grau mais elevado de objetidade da Vontade, numa magnitude terrível, o conflito dela consigo mesma.

Contudo, percebemos que uma bela arte ficou excluída de nossa consideração, e tinha de ter ficado, visto que no encadeamento sistemático de nossa exposição não havia lugar algum para ela: trata-se da música. Esta se encontra por inteiro separada de todas as demais artes. Conhecemos nela não a cópia, repetição de alguma Ideia das coisas do mundo. No entanto, é uma arte a tal ponto elevada e majestosa, que é capaz de fazer efeito mais poderoso que qualquer outra no mais íntimo do homem, sendo por inteiro e tão profundamente compreendida por ele como se fora uma linguagem universal, cuja compreensibilidade é inata e cuja clareza ultrapassa até mesmo a do mundo intuitivo. Por conseguinte, ela é bastante digna de uma investigação filosófica. No entanto, empreenderemos esta de um modo mais profundo do que Leibniz o fez ao declará-la um *exercitium arithmeticae occultum nescientis se numerare animi* (exercício oculto de aritmética no qual a alma não sabe que conta). De seu ponto de vista, ele tinha razão, pois considerava apenas o sentido inteiramente imediato e, propriamente dizendo, exterior da música, em verdade sua casca. Nesse aspecto acertou. De nosso ponto de vista, entretanto, consideramos o efeito estético da música; e, se lançarmos apenas um olhar à grandeza e ao poder desse efeito, temos de admitir que a música expressa algo inteiramente diferente de meras relações numéricas; ela tem outra significação ainda muito mais séria e profunda, em referência à qual as relações numéricas, em que a música se deixa resolver, não se comportam como o assinalado, mas antes como o sinal. Esse sentido, portanto, é o que procuramos. Da analogia com as demais artes podemos concluir que também ela, de certa maneira, tem de estar para o mundo como a *exposição* para o *exposto*, a *cópia* para o *modelo*. Pois seu efeito é no todo semelhante ao das outras artes, apenas mais vigoroso, mais rápido, mais necessário e infalível. Também sua relação de cópia com o mundo tem de ser bastante íntima, infinitamente verdadeira e precisa, visto que é compreendida de imediato por qualquer um e dá a conhecer certa infalibilidade no fato de que sua forma se deixa remeter a *regras* expressas em *números*, das quais não pode desviar-se sem deixar de ser música. Contudo, o *ponto de comparação* da música com o mundo, a maneira pela qual a primeira está para este como cópia ou repetição, encontra-se profundamente oculto. A música foi praticada em todos os tempos, sem se poder dar uma resposta a tal indagação. Ficou-se satisfeito em compreendê-la instantaneamente, renunciando-se a uma concepção abstrata dessa compreensão imediata.

Encontrei uma explanação sobre a relação de cópia que a música possui com o mundo existente – em virtude da analogia

Metafísica do Belo

que teria de ter com as demais artes – que se coaduna perfeitamente com toda a minha metafísica, deixando-se também confirmar em muitos casos. No entanto, tal explanação é do tipo que nunca pode ser comprovado, pois leva em conta, e estabelece, uma relação da música – que reside ainda no domínio da representação – com algo que, essencialmente, nunca se pode tornar representação, a coisa-em-si, a Vontade. Nesse sentido, minha explicação apresenta a música como a cópia de um modelo que, ele mesmo, nunca pode ser trazido à representação. Assim, por mais que semelhante explanação seja convincente, só posso apresentá-la como uma hipótese, ficando a cargo de cada um concordar ou rejeitar, o que depende, em última instância, de quão profundamente cada um compreende a essência propriamente dita da música e também de quão profundamente está compenetrado em meu pensamento acerca da essência do mundo e dele se convenceu. Ademais, essa explanação sobre o sentido íntimo da música só pode ser compreendida plenamente (para que isso seja possível tem de ser familiar a cada um a minha inteira metafísica) caso se tenha ouvido música com frequência e com reflexão persistente. Mas vamos à explanação mesma.

A objetidade adequada da Vontade são as Ideias. Estimular o conhecimento delas mediante a exposição de coisas isoladas é o objetivo de todas as outras artes, as quais sem exceção objetivam a Vontade, todavia apenas mediatamente, isto é, por meio de Ideias. Ora, como nosso mundo nada mais é do que o fenômeno das Ideias na pluralidade, mediante sua entrada no *principium individuationis* (forma de conhecimento do indivíduo), a música, visto que vai além das Ideias, é também por inteiro independente do mundo fenomênico, ignora-o absolutamente e poderia, por assim dizer, existir mesmo que ele não existisse, algo que não se pode dizer das outras artes. De fato, a música é uma cópia e objetidade tão *imediata* de toda a Vontade como o mundo o é, até mesmo como o são as Ideias, cujos fenômenos variados constituem o mundo das coisas singulares. A música, portanto, não é de modo algum, como as outras artes, cópia de

Ideias, mas cópia da própria Vontade, da qual as Ideias também são a objetidade. Ora, como é a mesma Vontade que se objetiva tanto nas Ideias quanto na música, embora de maneiras completamente diferentes, então, em verdade, não se deve pressupor entre essas duas maneiras de objetivação uma semelhança, mas sim tem de haver (e isso é algo possível de demonstrar) um *paralelismo*, uma *analogia* entre a música e as Ideias, cujos fenômenos na pluralidade e na imperfeição são o mundo visível. Para facilitar a compreensão dessa difícil explanação, pretendo demonstrar esse paralelismo, essa analogia. Os tons mais graves da harmonia, o baixo contínuo, são na música aquilo que no mundo fenomênico são os graus mais baixos de objetidade da Vontade – a natureza inorgânica, a massa do planeta. De fato, todos os tons agudos, de fácil movimento e fugidios, devem ser vistos como originados de vibrações simultâneas do tom fundamental, cuja emissão sempre acompanham suavemente, e é lei da harmonia que só podem acompanhar uma nota grave aqueles tons agudos que ao mesmo tempo ressoam efetiva e simultaneamente com ela (seus *sons harmoniques*) por vibrações concomitantes. Isso é análogo ao fato de, como temos de admitir, todos os corpos e organizações na natureza deverem ter-se originado do desenvolvimento gradual a partir da massa planetária; essa é sua fonte e, ao mesmo tempo, sustentáculo. A mesma relação, portanto, têm os tons mais agudos com o baixo contínuo. Existe um limite inferior além do qual nenhum tom grave é audível, correspondendo ao fato de que matéria alguma é perceptível sem forma e qualidade, ou seja, sem exteriorização de uma força inexplicável, a qual justamente é fenômeno de uma Ideia; para dizer de maneira mais apropriada, isso corresponde ao fato de matéria alguma poder sê-lo totalmente sem uma exteriorização da Vontade. Portanto, assim como do tom é inseparável certo grau de altura, também da matéria é inseparável certo grau de exteriorização da Vontade. Dessa forma, o baixo contínuo é, na harmonia, o que no mundo é a natureza inorgânica, a massa mais bruta, sobre a qual tudo se assenta e a partir da qual tudo se eleva e desenvolve.

Ademais, as vozes intermediárias que produzem toda a harmonia e se situam entre o baixo contínuo e a voz condutora que canta a melodia são, na música, o que é no mundo intuitivo a sequência dos graus de Ideias nas quais a Vontade se objetiva. As vozes mais próximas do baixo correspondem aos graus mais baixos, ou seja, os corpos ainda inorgânicos, porém já se exteriorizando de diversas maneiras. As vozes mais elevadas, por sua vez, representam os reinos vegetal e animal.

Os intervalos determinados da escala tonal são paralelos aos graus determinados de objetidade da Vontade, às espécies determinadas da natureza. O *desvio* da correção aritmética dos intervalos, mediante uma *temperatura* (*Temperatur*) qualquer, ou produzida pelo tipo escolhido de tom, é análogo ao desvio do indivíduo do tipo da espécie. Sim, as *dissonâncias* impuras, que não formam nenhum intervalo determinado, são comparáveis às *deformações* monstruosas situadas entre duas espécies animais, ou entre homem e animal.

A todas essas vozes graves e intermediárias, que constituem a *harmonia*, falta ainda a *coesão* no desenvolvimento, possuído apenas pela voz mais alta, que canta a *melodia*, única também a se movimentar rápido e facilmente em modulações e escalas, enquanto as outras possuem somente um movimento mais lento, sem terem cada uma por si uma coesão persistente. Do modo mais pesado movimenta-se o contrabaixo, representante da massa mais bruta; esse movimento lento lhe é essencial: é difícil imaginar uma sequência mais veloz ou trinado nas notas baixas. Do modo mais rápido, entretanto, sem coesão melódica e progresso significativo, movimentam-se as vozes intermediárias mais elevadas, que seguem paralelas ao reino animal. O movimento desconexo e a determinação regular de todas as vozes intermediárias é análogo ao fato de em todo o mundo irracional, do cristal até o animal mais perfeito, nenhuma existência possuir uma *sucessão* de desenvolvimentos espirituais, nenhuma se aperfeiçoar por formação cultural, nenhuma trazer a bom termo um decurso de vida planejado de algum modo, e concatenado, mas todas subsistem uniformemente em todo tempo, conforme sua espécie, determinadas por leis rígidas. Por fim, na *melodia*, na *voz principal* elevada, que canta e conduz o todo em progresso livre e irrestrito, em conexão significativa e ininterrupta de *um* pensamento do começo ao fim, expondo um todo, reconheço o grau mais elevado de objetidade da Vontade, a vida do homem com esforço e clareza de consciência, pois apenas ele, na medida em que é dotado de razão, vê sempre adiante e retrospectivamente no caminho de sua realidade possibilidades incontáveis e, assim, traz a bom termo, com clareza de consciência, um decurso de vida tomado como um todo concatenado. Correspondendo a isso, somente a melodia tem conexão plena de sentido e de intenção, do começo ao fim. Ela narra, por consequência, a história da Vontade iluminada pela clareza de consciência, cuja impressão na realidade é a série de seus atos; mas a melodia diz mais: narra a história mais secreta da Vontade, pinta cada agitação, cada esforço, cada movimento seu, tudo o que a razão resume sob o vasto e negativo conceito de *sentimento*, que não pode ser acolhido em suas abstrações. Por isso sempre se disse que a música é a linguagem do sentimento e da paixão, assim como as palavras são a linguagem da razão.

A essência do homem reside em sua vontade se esforçar, ser satisfeita e de novo se esforçar, incessantemente; sim, sua felicidade e bem-estar consistem apenas nisso: em que a transição do desejo para a satisfação, e desta para um novo desejo, ocorra rapidamente, pois a ausência de satisfação é o sofrimento, a ausência de novo desejo é o anseio vazio, *langor*, tédio; justamente por isso, correspondendo ao que foi mencionado, a essência da melodia é um afastar-se, um desviar-se contínuo do tom fundamental, por diversas vias, não apenas para os intervalos harmônicos, para a terça e a dominante, mas para cada tom, para a sétima dissonante e para os intervalos extremos; contudo, sempre ocorre um retorno ao tom fundamental. A melodia expressa por todos esses caminhos o esforço multifacetado da Vontade, mas também a satisfação mediante o reencontro final de um intervalo harmônico, e mais ainda do tom fundamental.

Metafísica do Belo   233

A invenção da melodia, o desvelamento nela de todos os mistérios mais profundos do querer e sentir humanos, é obra do gênio, cuja atuação aqui, mais que em qualquer outra atividade, se dá longe de qualquer reflexão e intencionalidade consciente e poderia chamar-se inspiração. Aqui o conceito é infrutífero, como na arte em geral. O compositor manifesta a essência mais íntima do mundo, expressa a sabedoria mais profunda, numa linguagem não compreensível por sua razão: como um sonâmbulo magnético, fornece informações sobre coisas das quais, desperto, não possui conceito algum.[106] Por conseguinte, no compositor, mais que em qualquer outro criador, o homem é diferente do artista, separando-se deste por completo. Até na explicação dessa arte maravilhosa o conceito mostra seus limites.

Assim como a transição rápida do desejo para a satisfação e desta para um novo desejo constitui a felicidade e o bem-estar, também as melodias rápidas, sem grandes desvios, são alegres; já as melodias lentas, entremeadas por dissonâncias dolorosas, retornando ao tom fundamental apenas muitos compassos além, são tristes e análogas à satisfação demorada, difícil. A demora do novo estímulo da Vontade, o *langor*, não poderia encontrar nenhuma outra expressão a não ser no tom fundamental prolongado, cujo efeito seria logo insuportável: do que já se aproximam bastante as melodias monótonas, inexpressivas. A música de dança, consistindo em frases curtas e fáceis, em movimento veloz, parece exprimir a felicidade comum, fácil de ser alcançada; ao contrário, o *allegro maestoso*, com grandes frases, longos períodos, desvios amplos do tom fundamental, descreve um esforço mais elevado, mais nobre, em vista de um fim distante e sua realização final. O *adágio* fala do sofrimento associado a um grande e nobre esforço, a desdenhar qualquer felicidade vulgar. Mas quão maravilhoso é o efeito dos modos maior e menor. É fascinante

---

106. "Magnetismo animal" era, na época de Schopenhauer, o nome da hipnose, e "sonâmbulo magnético", o da pessoa hipnotizada. (N. T.)

observar que a mudança de um meio-tom, a entrada em cena da terça menor em vez da maior, impõe a nós imediata e inevitavelmente um sentimento penoso, angustiante, do qual o modo maior rapidamente nos libera de novo. O *adágio* alcança no modo menor a expressão mais aguda da dor, tornando-se lamento comovente. A música de dança, no modo menor, parece descrever a perda da felicidade frívola – que antes se deveria desdenhar – ou falar do alcance de um objetivo menor por meio de fadigas e labutas. A música, portanto, expressa a essência verdadeira de todas as possíveis aspirações e disposições humanas, a, por assim dizer, alma interior delas. O número inesgotável de possíveis melodias corresponde ao inesgotável da natureza na diversidade dos indivíduos, fisionomias e decursos de vida. A passagem de uma tonalidade para outra, quando a conexão com a anterior é interrompida, poderia talvez ser comparada à morte – na medida em que nesta o indivíduo finda, mas a vontade que apareceu nele existe tanto quanto antes e aparece num outro indivíduo, cuja consciência, todavia, não tem nenhuma ligação com a de seu antecessor.

Entretanto, nunca se deve esquecer na exposição de todas essas analogias que a música não tem nenhuma relação direta com elas, apenas uma relação mediata; pois a música nunca expressa ou copia o fenômeno, mas unicamente a essência íntima, o Em-si de todos eles, a Vontade mesma. O mundo fenomênico, ou natureza, e a música devem ser vistos como duas expressões distintas da mesma coisa. Tal coisa mesma, a Vontade, é, por conseguinte, a única *analogia que intermedeia* os dois, o *tertium comparationis*, cujo conhecimento é exigido para se reconhecer a analogia. A música, portanto, caso vista como expressão do mundo, é uma linguagem universal no mais supremo grau, que está até mesmo para a universalidade dos conceitos como aproximadamente estes estão para as coisas isoladas. Sua universalidade, entretanto, não é de maneira alguma a universalidade vazia da abstração, mas de um tipo totalmente outro, ligada a uma determinidade mais distinta e persistente. Ela se assemelha, assim, às figuras geométricas e aos números, que, como formas *universais* de todos os objetos possíveis da experiência, aplicáveis *a todos a priori*, não são, no entanto, abstratos, mas passíveis de intuição e sempre determinados. Todos os esforços possíveis, estímulos, exteriorizações da Vontade, todas as ocorrências no interior do homem, as quais a razão atira no vasto e negativo conceito de sentimento, são exprimíveis mediante o número infinito das possíveis melodias, porém sempre na universalidade da mera forma sem matéria, sempre apenas segundo o Em-si, não o fenômeno, por assim dizer a alma mais interior dessas ocorrências, sem o corpo. A música, como já disse, diferencia-se de todas as outras artes por não ser uma cópia do fenômeno, ou, mais exatamente, da objetidade adequada da Vontade, mas por ser uma cópia imediata da própria Vontade. Em consequência, poder-se-ia denominar o mundo tanto música corporificada quanto Vontade corporificada. Daí se compreende o fato de a música realçar em cada pintura, sim, em cada cena da vida efetiva e do mundo, o aparecimento de uma significação mais elevada; e tanto mais quanto mais análoga é sua melodia ao espírito íntimo do fenômeno dado. A música combina com tudo, em todas as exposições. Nada lhe pode ser estranho, pois exprime a essência de todas as coisas. Caso soe uma música que combine com alguma cena da vida humana ou da natureza destituída de conhecimento, ou com alguma ação, acontecimento, ambiente, ou alguma imagem – então ela revela o sentido secreto dessa cena e é seu comentário mais correto e claro. Apesar de ela permitir tanto esclarecimento e resolver tantos enigmas, dá também origem a um novo enigma, a saber, a relação de sua linguagem com a da razão.

Para nos expressarmos popularmente, poderíamos dizer: a música em seu todo é a melodia da qual o mundo é o texto.

Daí ser possível sobrepor a música a uma poesia como canto, ou a uma exposição intuitiva como pantomima, ou a ambas como ópera. Essas imagens isoladas da vida humana, submetidas à linguagem universal da música, nunca correspondem ou são ligadas a ela com necessidade infalível, mas estão para ela apenas como um exemplo escolhido está para um conceito geral – expõem na determinidade do real o que a música expressa na universalidade da mera forma. Ao contrário, entretanto, a música fornece o esclarecimento mais profundo e misterioso sobre a essência íntima e própria das ações e eventos que constituem a ópera; como comentário contínuo de tudo aquilo que se apresenta no palco; desvela, por assim dizer, sua alma mais interior. Outros exemplos escolhidos ainda poderiam corresponder em grau semelhante ao sentido sempre universal de cada melodia, pois esta exprime sempre apenas a essência íntima do fenômeno, que pode ser a mesma em diversos deles. Por isso, a mesma composição serve para muitas estrofes, daí o *vaudeville*. Porém, o fato de que em geral seja possível a relação entre uma composição e uma obra ficcional ou exposição dramática se explica, como disse, por ambas serem expressões diversas da mesma essência íntima do mundo. Quando, então, num caso isolado, tal relação de fato está presente, portanto o compositor soube expressar na linguagem universal da música os estímulos da Vontade constitutivos do núcleo de um evento, a melodia da canção, a música da ópera são plenamente expressivas. Entretanto, a analogia encontrada pelo compositor entre aqueles dois tem de provir do conhecimento imediato da essência do mundo, inconsciente para sua razão, e não pode, com intencionalidade consciente, ser imitação intermediada por conceitos; do contrário, a música não expressa a essência íntima, a Vontade mesma do fenômeno, mas apenas imita de maneira insuficiente seu *fenômeno*. Isso o faz toda música descritiva, música imitativa propriamente dita. Por exemplo, todas as peças de batalha, *As quatro estações* de Haydn, também muitas passagens de sua *Criação*, tudo isso é repreensível.

Que, entretanto, o canto com palavras compreensíveis nos alegre em especial provém do fato de, neles, nosso conhecimento mais imediato e o mais mediato estarem ao mesmo tempo, e em união, ocupados: o mais imediato é o da linguagem da própria música, e o mais mediato é o da compreensão dos conceitos indicados pelas palavras.

Ademais, mediante essa união da linguagem como ficção, portanto das palavras com a música, aquelas têm de permanecer completamente *subordinadas* a esta, como ocorre no canto. Pois a música é incomparavelmente mais poderosa do que a linguagem, possui uma eficácia infinitamente mais concentrada e instantânea do que as palavras, que, por conseguinte, têm de ser anexadas a ela, têm de ser dissolvidas na música e ocupar por inteiro uma posição subordinada a esta, seguindo-a. O contrário ocorre com o melodrama, ao qual também pertence qualquer declamação palavrosa, tão frequente e atualmente em voga: aí, a palavra quer lutar com a música, soando de maneira completamente estranha. Trata-se, em verdade, da mais pura falta de gosto, sim, do maior atentado contra o gosto que é tolerado hoje em dia nas artes. A consciência do ouvinte é dividida: se ele quer ouvir as palavras, a música lhe é um barulho perturbador; ao contrário, se ele quer se entregar à música, as palavras lhe são apenas uma interrupção inconveniente da mesma. Quem encontra prazer em algo assim não deve ter nem pensamentos para a poesia nem sentimentos para a música.

O imo inefável de toda música, a seriedade que lhe é essencial, a excluir por completo o risível do seu domínio próprio e imediato, provém, portanto, de seu objeto não ser a representação, exclusivamente em relação à qual o engano e o risível são possíveis, mas seu objeto é de imediato a Vontade, e esta é essencialmente o mais sério, do qual tudo depende. É bastante peculiar como a música, por um lado, nos desperta tão íntima confiança e, por outro, é de novo destituída de compreensibilidade; ao mesmo tempo, aproxima-se bastante de nós e, de novo, permanece eternamente distante; de modo que tanto nos é imediata e interiormente compreensível de maneira perfeita como nos é de novo exteriormente bastante diferente de nosso ser e do mundo circundante; portanto, não há ponte alguma entre ambos os domínios. Isso se deve ao fato de ela expressar os estímulos internos de nossa vontade, isto é, de nossa essência, da maneira mais exata e precisa, reproduzindo-os mais puramente que qualquer outra arte; e contudo, como as demais artes, de novo mantém-se no domínio da mera representação, que é *toto genere*, em gênero inteiro diferente da Vontade como coisa-em-si: no domínio da mera e pura representação, a música, em verdade, dá a cópia completa e perfeita da Vontade, mas a Vontade mesma, portanto o real propriamente dito, permanece distante e, com ele, todo *tormento*, o qual se encontra só nele. Daí o contraste entre a essência musical tão precisamente compreensível e no entanto tão estranha e distante.

Reflitamos sinteticamente no seguinte: 1) conforme nossa explanação, a música é a exposição da *essência íntima*, do Em-si do *mundo* num único estofo, em meros tons, com a maior determinidade e verdade; essência essa que nós, em virtude de sua exteriorização mais clara, pensamos pelo conceito de Vontade; 2) por seu turno, a filosofia nada mais é que uma completa, correta repetição, expressão exata daquela essência do mundo em conceitos bastante gerais, de maneira que só mediante estes é possível uma suficiente visão de conjunto, válida em toda parte. Ora, por conta disso, a música coincide por completo em seu tema com a filosofia: dizem o mesmo em duas linguagens diferentes, e, por isso, poder-se-ia afirmar, por mais paradoxal que soe, que, caso se alcançasse uma explicitação perfeitamente correta e completa, em detalhes, da música, portanto se exprimisse em conceitos o que ela exprime em tons – seria dada de imediato uma explicitação e repetição suficientes em conceitos do próprio mundo, e assim teríamos a verdadeira filosofia. Por conseguinte, a partir dessa perspectiva, podemos parodiar o dito de Leibniz (que de um ponto de vista inferior era bastante verdadeiro) e afirmar: *musica est exercitium philosophiae occultum nescientis se philosophari animi* (a música é um exercício oculto de filosofia, no qual a mente não sabe que está filosofando). Pois *scire*, saber, sempre significa ter transferido para conceitos abstratos.

Contudo, que ainda se tenha em mente isso. A música, considerada independentemente de sua importância íntima e estética, de maneira meramente exterior e puramente empírica, nada é

Metafísica do Belo

senão o meio de conceber de imediato e *in concreto* grandes números e relações numéricas compostas, as quais, do contrário, só podemos conceber mediatamente e *in abstracto* pelo *medium* dos conceitos. Caso unamos essas duas visões diferentes e no entanto corretas da música, podemos ter uma noção da possibilidade de uma *filosofia numérica*, como era a de Pitágoras e a chinesa do Y-king, e com isso, também para nós, adquire sentido o dito fundamental dos pitagóricos: τῳ αριθμῳ δε τα παντα επεοικεν, *Sext. Emp. Hyp. adv. Math.* 104 (todas as coisas são similares a números). Por fim, apliquemos essa visão a nossa interpretação acima exposta sobre a harmonia e a melodia: percebemos então que uma mera filosofia moral, sem explicitação da natureza, como Sócrates queria introduzir, é análoga a uma melodia sem harmonia, a qual Rousseau queria exclusivamente; em compensação, uma simples filosofia da natureza, uma mera física e metafísica sem ética corresponderia a uma mera harmonia sem melodia.

A tais considerações acrescento ainda algumas analogias da música com o mundo fenomênico. Na metafísica vimos como na completude da objetivação da Vontade os graus mais elevados dela, embora objetivem do modo mais perfeito a Vontade, não eram suficientes neles mesmos, portanto não podiam aparecer sozinhos e destacados, mas, ao contrário, a Ideia de homem pressupõe os graus mais baixos de objetivação e cada um destes pressupõe outros mais baixos ainda. Exatamente assim a música, que é uma cópia imediata da Vontade, não pode produzir seu efeito somente pela simples melodia da voz alta, mas antes só é perfeita na *harmonia* completa. A voz aguda condutora da melodia, que copia o esforço concatenado do homem, precisa, para gerar toda a sua impressão, do acompanhamento de todas as outras vozes, até o baixo mais grave, que deve ser visto como sua origem comum. A melodia intervém até mesmo como parte integrante da harmonia, assim como esta naquela; e, como apenas assim, na plenitude das vozes, a música expressa o que intenta expressar, assim também a Vontade una e exterior ao tempo encontra sua objetivação perfeita somente na união completa de todos os graus que manifestam, em estádios cada vez mais nítidos, sua essência. Outra analogia é a seguinte: encontramos na metafísica anterior[107] que há uma certa conformidade e acomodação de todos os graus de fenômeno da Vontade, o que justamente dava azo à consideração teleológica da natureza; no entanto, isso se estendia, propriamente dizendo, apenas às espécies, enquanto entre os indivíduos permanecia uma disputa sem fim, em todos os graus de objetivação, motivo pelo qual o mundo se torna um contínuo campo de batalhas de todos os fenômenos variados da mesma Vontade, resultado da discórdia interna da Vontade consigo mesma. Também disso há um análogo na música, ou seja, a irracionalidade essencial e insolúvel do completo sistema tonal, isto é, sua contradição essencial consigo mesmo. De fato, um sistema perfeitamente puro e harmônico de tons é, não apenas fisicamente, mas também aritmeticamente, impossível. Os próprios números, mediante os quais os tons se exprimem, possuem irracionalidades insolúveis. Por conseguinte, nunca é pensável uma música perfeitamente exata, muito menos perfeitamente executável. Em consequência, qualquer música desvia-se da pureza perfeita e pode, quando muito, esconder o máximo possível as dissonâncias que lhe são essenciais, mediante a distribuição delas em todos os tons, o que se chama *temperatura*.

Após essa longa consideração sobre a essência da música, recomendo a todos a fruição dessa arte, antes de qualquer outra. Nenhuma outra arte faz efeito tão imediato e profundo sobre o homem, já que nenhuma outra nos permite conhecer tão profunda e imediatamente a essência verdadeira do mundo. A audição de uma música bela, plena de vozes, é por assim dizer um banho do espírito, que remove todas as impurezas, tudo o que é diminuto, ruim; cada um concorda aí no grau espiritual mais elevado que sua natureza lhe permite; durante a audição de uma

---

107 . Ou seja, a metafísica da natureza. (N. T.)

Metafísica do Belo

grande música, cada um sente de maneira nítida o que vale no todo, ou antes o que poderia valer. Naturalmente, cada arte torna possível que se fortaleça a receptividade para ela mediante formação, pois mesmo o fim, a intenção da arte, só se conhece quando se o vê alcançado. Assim, também a música exige bastante formação, pois apenas gradualmente, e por exercício do espírito, se aprende a combinar e conceber simultânea e rapidamente tantos tons variados. Se, portanto, alguém opina que toda música variegada nada significa para ele, que só consegue fruir música dançante ou canção para cítara, isso é justamente carência de formação. Aqui se tem a mais bela ocasião para essa formação e para essa fruição. Infelizmente, falta música sacra, que é a melhor para o fundamento da intelecção na essência da música e para o fundamento da formação musical. Também o próprio fazer musical contribui bastante para a compreensão da música.

Que a audição e a execução musicais sejam sempre recomendadas a todos como participação nessa arte balsâmica. Quem se entrega à ciência tem de enobrecer por inteiro seu espírito; isso flui para tudo. Um filho das musas, do qual deve provir o sal da terra, tem de em seu prazer pertencer às musas e procurar apenas divertimentos espirituais nobres. Jogar, beber e coisas semelhantes são atividades que devem ser deixadas aos filisteus. Que se gaste tempo e dinheiro, antes, indo a óperas e concertos. É sem dúvida incomparavelmente mais nobre e proveitoso quando quatro pessoas se sentam para a audição de um quarteto do que quando se sentam para uma partida de baralho.[108]

---

108. Eis aqui o chamado "Schopenhauer educador", na expressão de Nietzsche. (N. T.)

Índice remissivo

Absoluto, 38n23, 156n61

Afeto, 62, 63, 74, 75, 167, 168, 190, 204, 212, 217

Água, 99, 106, 108, 109, 147, 150, 214, 215

Alegoria, 180-192

Alegria, 25, 26, 96, 99, 100, 134, 152, 160, 171, 185, 212, 217, 226

Apreensão, 8, 23, 27, 43, 48, 64, 69, 71, 80, 83, 86, 90, 98, 105, 110, 115, 125, 144, 145, 149, 150, 152, 175, 177

Aritmética, 228, 231

Arquitetura, 19, 69, 122, 125, 127-148, 149, 150, 151, 152, 227

Arte, 14, 15, 16, 18, 24, 27, 57-59, 61, 78, 85, 86, 87, 98, 115, 116, 122, 123, 124, 125, 128, 141, 145, 147, 152, 161, 163, 170, 171, 172, 173, 175, 177, 178, 180, 183, 184, 187, 188, 189, 194, 204, 215, 227, 233, 241

Artefato, 122, 123

Artista, 69, 84, 93, 116, 145, 161, 162, 163, 175, 176, 177, 180, 202, 210, 217, 218, 233

Ascese, 19

Audição, 99, 240, 241

Baixo fundamental, 95

Beleza, 16, 24, 91, 92, 95, 100, 103, 105, 116, 119, 122, 130, 135, 146, 159, 161-169, 175, 218

Belo, 14, 15, 16, 17, 18, 19, 24, 25, 26, 27, 83, 86, 89, 96, 100, 103, 105, 106, 115, 119, 120, 122, 123, 125, 133, 145, 146, 149, 159, 160, 161, 162, 164, 167

Bom, 114, 131, 211

Cabeça, 10, 14, 35, 44, 68, 69n37, 183, 198

Canto, 235, 236

Caráter, 43, 52, 62, 67, 107, 113, 156, 159, 160, 164, 166-174, 205, 215, 216, 219, 222, 224

Causa, 8, 9, 12, 42n27, 100, 168

Causalidade, 8, 11, 13, 23n14, 30, 31n19, 34, 35, 37n22, 39,25, 42, 42n27, 47n30, 73, 127

Cérebro, 8, 42

Ciência, 14, 16, 57-59, 71, 77, 78, 89, 124, 175, 177, 241

Cientista, 10, 69n37

Clareza de consciência, 8, 61, 62n33, 84, 93, 156, 162, 163, 164, 218, 232

Coisa-em-si, 9, 10, 13, 16, 20, 29, 29n17, 31, 33, 34, 36, 37, 38n23, 39, 39n25, 40, 49, 51, 55, 55n31, 58, 59n32, 222, 229, 238

Coluna, 131, 132, 133, 136, 137, 138, 142

Comédia, 226

Conceito, 11, 19, 25, 31, 38, 67, 104n47, 115, 123, 127, 171, 175, 176, 177, 178, 180, 181, 183, 185, 186, 188, 189, 191, 193, 194, 195, 204, 220, 232, 233, 235, 236, 238

Condição, 23n14, 64, 65, 89, 92, 96, 97, 98, 110, 111, 131, 143, 188, 205, 214

Conhecimento, 7-10, 11, 14, 15, 16, 17, 18, 23n14, 24n15, 25, 26, 27, 29, 30, 33, 34, 36, 37, 37n22, 38, 40, 41, 42, 42n26, 43, 44, 45, 46, 47, 47n30, 49, 51, 53, 61, 64, 66, 66n35, 67, 68, 69, 70, 71, 72, 74, 75, 76, 77, 84, 86, 89, 92, 94, 96, 98, 99, 100, 104, 105, 106, 113, 118, 125, 127, 128, 133, 143, 144, 145, 152, 155, 156, 156n61, 161, 167, 168, 173, 174, 175, 175n68, 176, 177, 194, 202, 204, 206, 208, 211, 212, 218, 219, 222, 223, 227, 229, 234, 235, 236

Consciência, 8, 12, 13, 18, 20, 46, 47n30, 48, 61, 63, 66, 66n35, 74, 80, 84, 89, 90, 92, 93, 94, 95, 96, 97, 98, 100, 104, 105, 110, 111, 112, 119, 120, 156, 160, 162, 163, 164, 166, 184, 188, 212, 218, 219, 220, 222, 232, 234, 237

Contemplação, 16, 18, 23n14, 45, 46, 47n30, 48, 49, 58, 61, 63, 66, 68, 80, 85, 89, 91, 92, 98, 103, 104n47, 105, 107, 112, 115, 116, 119, 144, 212

Cor, 25, 116, 143, 185, 213

Crença, 176, 184

Cristianismo, 172, 173, 174

Desejo, 90, 94, 105, 232, 233

Destino, 20, 54, 55n31, 63, 114, 170, 201, 219, 221, 222, 223, 224

Determinação, 12, 16, 31, 34, 39, 106, 128, 130, 135, 140, 141, 186, 187, 219, 231

Dogma, 32

Dogmatismo, 66n35

Dom, 70, 85, 198, 215, 217n103

Dor, 11, 92, 97, 99, 218, 234

Drama, 85, 125, 211, 213, 214, 215

Efetividade, 8, 10, 29n17, 65, 66, 84, 85, 86, 121n54, 125, 164, 166, 191, 198, 216, 217

Egoísmo, 65, 222

Emblema, 187

Entendimento, 8, 11, 15, 17, 23n14, 26, 37, 37n22, 47n30, 62n33, 73, 74, 84n42, 99, 169

Erro, 39, 55, 64, 75, 76, 77, 90, 113, 116, 123, 124, 133, 164, 171, 191, 221, 223, 224

Escultor, 163, 168, 179

Espaço, 8, 9, 10, 11, 13, 18, 23n14, 30, 34, 35, 36, 37, 37n22, 40, 43, 48, 51, 55, 55n31, 58, 59, 71, 71n38, 72, 73, 96, 106, 109, 110, 111, 134, 135, 137, 140, 145, 162, 164, 187, 210

Espécie, 12, 13, 18, 30, 35, 42n26, 44, 47, 48, 52, 72, 75, 78, 80, 81, 91, 92, 98, 120, 135, 155, 156, 159, 161, 166, 167, 218, 231, 232

Espelho, 20, 46, 62, 74, 86, 156, 206, 211, 214

Espírito, 38, 38n23, 45, 46, 54, 61, 66, 68, 69, 69n37, 70, 74, 76, 93,

94, 95, 116, 125, 156, 163, 168, 172, 173, 174, 178, 180, 181, 199, 206, 213, 225, 235, 240, 241

Essência, 10, 15, 24, 26, 27, 30, 35, 44-5, 49, 51, 52, 54, 62, 63, 64, 66, 68, 70, 74, 77, 78, 79, 80, 85, 86, 91, 122, 124, 125, 129, 132, 133, 134, 138, 143, 144, 145, 156, 162, 173, 178, 184, 188, 199, 204, 205, 206, 208, 209, 212, 213, 214, 215, 218, 219, 221, 222, 223, 229, 232, 233, 234, 235, 236, 237, 238, 240, 241

Estado estético, 14, 19

Estética, 14, 15, 19, 20, 23n14, 24, 27, 45, 46, 83, 84, 84n42-43, 89, 91, 93, 95, 96, 98, 99, 100, 101, 103, 105, 115, 116, 119, 120, 121n54, 122, 124n55, 125, 128, 130, 132, 133, 134, 136, 138, 141, 144, 146, 152, 153, 155, 160, 162, 184, 238

Estilo, 20, 39, 132, 138, 142, 146, 150, 166

Eternidade, 46, 66n35, 78, 185

Etiologia, 58

Excitação, 12, 42, 42n27, 63

Experiência, 9, 10, 12, 16, 30, 33, 34, 35, 37, 54, 59, 64, 66n35, 72, 74, 77, 124, 156n61, 161, 162, 163, 164, 204, 211, 219, 221, 235

Faculdade de conhecimento, 37, 62, 67, 70, 72, 74, 79, 86

Faculdade de juízo, 17, 45n29, 69n37, 73, 84n43, 177n69

Fantasia, 64, 65, 65n34, 69n37, 96, 97, 169, 188, 193, 194, 195, 198, 199, 201, 201, 218

Fantasista, 65

Felicidade, 90, 94, 113, 151, 225, 232, 233, 234

Fenômeno, 9, 10, 13, 15, 16, 23n14, 29n17, 30, 34, 35, 36, 37, 38, 39, 39n25-26, 43, 44, 47, 47n30, 51, 52, 53, 54, 55, 55n31, 57, 58, 62, 64, 65n34, 72, 73, 74, 75, 77, 80, 85, 97, 99, 110, 111-12, 124, 125, 127, 128, 156, 161, 162, 164, 165, 179, 204, 205, 208, 221, 222, 226, 229, 230, 234, 235, 236, 240

Filosofia, 8, 10, 12, 14, 16, 20, 23n14, 24, 24n15, 31, 33, 37n22, 39, 57, 65n34, 78, 111, 121n54, 124, 238, 239

Finalidade, 116, 130, 132, 135, 136, 142, 151, 183, 193

Força, 10, 13, 30, 45, 52, 54, 55, 65, 65n34, 70, 93, 108, 109, 113, 129, 130, 131, 133, 134, 135, 138, 140, 142, 144, 152, 155, 161, 174, 177, 230

Forma, 8, 9, 12, 13, 15, 18, 23n14, 26, 27, 30, 33, 34, 35, 36, 37, 39, 40, 43, 46, 48, 49, 50, 52, 53, 55, 58, 64, 66n35, 71n38, 72, 73, 78, 103, 116, 123, 127, 131, 132, 134, 135, 143, 146, 147, 151, 156, 162, 168, 189, 220, 222, 229, 230, 235

Fruição, 14, 25, 89, 96, 99, 101, 125, 133, 134, 141, 143, 144, 152, 179, 240, 241

Fundamento, 8, 16, 17, 58, 74, 79, 85, 100, 138, 141, 143, 159, 175, 203, 206, 210, 241

Gênio, 15, 27, 54, 61-81, 62n33, 69n37, 79n40, 83, 84, 84n42, 85, 86, 162, 176, 177, 177n69, 179, 181, 211, 215, 220, 221, 233

Gravidade, 19, 52, 122, 128, 129, 130, 131, 132, 133, 134, 135, 138, 139, 140, 143, 144, 146, 147, 151, 227

Herói, 20, 54, 55n31, 66, 114, 115, 207, 222, 223, 225

História, 10, 53, 54, 55n31, 57, 170, 171, 172, 204, 206, 207, 208, 210, 211, 214, 221, 232

Ideal, 116, 163, 167, 207, 217

Ideia, 13, 14, 15, 16, 17, 19, 23, 23n14, 29-40, 38n23, 41, 42n26, 45, 46, 47, 47n30, 48, 49, 51-55, 55n31, 57, 58, 58n32, 61, 64, 65, 67, 69, 69n37, 70, 71, 72, 74, 76, 78, 80, 81, 83, 84, 85, 86, 89, 92, 95, 98, 103, 104, 106, 108, 110, 119, 120, 121, 121n54, 122, 123, 124, 125, 127, 128, 129, 134, 138, 144, 145, 146, 147, 149, 150, 151, 152, 155, 156, 159, 160, 162, 166, 167, 169, 170, 170n66, 171, 173, 174, 175, 176, 177, 178, 180, 181, 183, 188, 189, 193, 194, 202, 203, 204, 205, 206, 207, 208, 211, 213, 214, 215, 217, 227, 229, 230, 239

Imaginação, 15, 17

Imitação, 69n37, 111, 115, 132, 147, 161, 172, 236

Intelecção, 11, 51, 72, 170, 215, 241

Intelecto, 9

Intuição, 9, 11, 15, 17, 37, 38n23, 40, 42, 45, 46, 47n30, 61, 65, 66, 66n35, 68, 69, 70, 71, 83, 84, 84n42, 92, 93, 95, 96, 97, 100, 101, 112, 120, 122, 129, 134, 135, 141, 142, 144, 156, 159, 160, 171, 172, 180, 181, 189, 194, 195, 198, 201, 203, 208, 211, 212, 235

Jardinagem, 19, 122, 147, 149-153

Lei, 9, 11, 13, 30, 31n19, 34, 42, 47n30, 52, 57, 58, 72, 73, 136, 137, 161, 162, 230, 232

Liberdade, 62n33, 66n35, 95

Lógica, 24, 77

Loucura, 27, 62, 71, 75, 76, 79, 79n40, 80, 81

Maldade, 221, 223, 224

Maneirismo, 166

Manifestação, 42, 53, 122, 125, 129, 149, 151, 157, 165, 166, 204, 213

Matemática, 10, 58, 72, 73, 77, 162, 208

Matéria, 9, 13, 19, 127, 128, 129, 133, 135, 147, 152, 161, 167n65, 203, 210, 215, 230, 235

Mau, 115, 121n34, 131, 179, 189, 223

Memória, 72, 79, 79n40, 81, 172

Metafísica do belo, 7, 14-19, 23-27, 23n14, 24n15, 31n18, 84n42, 107n49, 114n52, 128, 156n61, 188

Místico, 156n62, 186

Mito, 53, 76, 186, 221

Modo de consideração, 15, 18, 59, 81, 83

Motivo, 12, 18, 20, 31n19, 42, 42n27, 43, 45, 48, 54, 55n31, 68, 71n38, 74, 90, 91, 172, 173, 209, 222, 225

Mundo, 7, 8, 10, 11, 12, 14, 15, 16, 17, 18, 20, 23n14, 24n15, 25, 26, 29, 29n17, 31n18-19, 33, 34, 35, 40, 42n26, 46, 47n30, 48, 49, 51, 53-55, 57, 58, 58n32, 62, 64, 65n34, 66n35, 67, 69, 70, 71, 74, 81, 86, 94, 96, 97, 107n49, 108, 110, 111, 112, 121n54 124, 128, 150, 152, 153, 156n61, 157, 168n65, 170, 173, 175n68 177, 178, 190n73, 196n80, 198, 202, 208, 214, 219, 221, 223, 226, 227, 228, 229, 230, 231, 233, 234, 235, 236, 237, 238, 239, 240

Música, 20, 58, 58n32, 78, 181, 227-241

Natureza, 7, 10-14, 15, 18, 19, 24, 24n15, 25, 31n18-19, 38n23, 41, 42, 42n26, 44, 52, 55n31, 58, 59n37, 64, 68, 69, 71, 77, 78, 84, 84n42-43, 87, 93, 94, 95, 103, 104n47, 106, 108, 109, 113, 115, 122, 124n55, 125, 129, 134, 135, 138, 140, 141, 143, 149, 150, 152, 155, 156, 160, 161, 162, 163, 174, 177, 179, 183, 184, 186, 187, 198, 202, 203, 204, 210, 212, 214, 215, 216, 217, 218, 219, 230, 231, 234, 235, 239, 240

Necessário, 51, 86, 92, 93, 98, 106, 109, 120, 133, 164, 177, 205, 228

Necessidade, 9, 12, 14, 55, 90, 94, 97, 110, 128, 133, 136, 145, 147, 171, 225, 235

Negação da Vontade, 18, 19, 174, 225

Nunc stans, 40

Objeto, 8, 9, 12, 13, 15, 17, 18, 20, 21, 23, 23n14, 25, 26, 29, 29n17, 30, 32, 33, 34, 35, 36, 37n22, 39, 39n25, 40, 41, 42, 43, 44, 45, 45n29, 46, 47, 47n30, 48, 49, 55, 57, 58, 59, 61, 62, 63, 64, 65, 65n34, 66n35, 67, 68, 70, 71, 72, 74, 75, 76, 80, 86, 89, 90, 91, 92, 93, 95, 96, 97, 99, 100, 103, 104, 105, 106, 108, 109, 110, 112, 113, 114, 115, 116, 119, 120, 122, 123, 125, 138, 145, 149, 150, 152, 155, 160, 165, 168, 169, 171, 172, 175, 186, 187, 198, 204, 209, 215, 235, 237

Olfato, 99

Olho, 8, 18, 61, 63, 66, 76, 85, 86, 94, 99, 100, 108, 109, 110, 113, 120, 124n55, 132, 133, 145, 152, 156, 168, 169, 173, 202, 210, 213, 223, 227

Ópera, 151, 235, 236, 241

Organismo, 177

Paisagem, 46, 69, 95, 149-153, 155, 210, 213

Paixão, 55, 74, 167, 168, 174, 212, 232

Palavra, 9, 15, 33, 37, 38, 43, 57, 58, 83, 105n48, 115, 156, 162, 166, 176, 185, 187, 188, 193, 194, 195, 199, 200, 201, 217, 218, 223, 232, 236, 237

Passado, 79, 79n40, 80, 96, 97, 105n48, 110, 149

Pensamento, 7, 8, 10, 11, 19, 24n15, 37, 38, 46, 47n30, 55, 62, 74, 81, 95, 100, 106, 112, 121n54, 136, 166, 171, 175, 178, 181, 182, 183, 184, 188, 189, 190n73, 197, 200, 201, 204, 208n96, 220, 229, 232, 237

Perigo, 17, 20, 25, 104n47, 105, 139

Personalidade, 61, 66, 84, 86, 101-02, 160, 164

Pintura, 19, 57, 69, 97, 116, 123, 125, 149-153, 155-157, 159-174, 204, 205, 207, 210, 214, 235

Pluralidade, 12, 30, 34, 35, 36, 40, 58, 175, 229, 230

Poder, 45n29, 63, 66n35, 91, 93, 104, 108, 110, 132, 139, 153, 182, 203, 219, 222, 228

Poesia, 19, 57, 58, 69, 78, 85, 97, 122, 123, 124, 145, 164, 168n65, 174, 188, 189, 190, 192, 193, 194, 199, 201, 202, 203, 204, 205, 206, 207, 211, 213, 214, 216, 218, 221, 235, 237

Poeta, 62n33, 76, 81, 164, 193, 194, 195, 198, 199, 200, 201, 205, 206, 208, 211, 213, 215, 217, 218, 219, 220, 221n104

Prazer, 25, 84, 91, 98, 100, 112, 138, 182, 226, 237, 241

Presente, 40, 63, 65n34, 68, 72, 74, 79, 79n40, 80, 96, 97

Princípio de razão, 8-10, 10, 11, 12, 13, 15, 23, 23n14, 30, 37n22, 39, 40, 41, 41-45, 45, 47, 47n30, 48, 49, 51, 53, 57, 58, 59, 65, 71, 71n38, 72, 73, 79n40, 80, 83, 89, 92, 95, 100, 106, 120, 127, 162, 170, 205

Principium individuationis, 30, 128, 222, 229

Quietivo, 18, 173, 222

Química, 194, 213

Razão, 8, 12, 16, 17, 37n22, 38, 46, 47n30, 62n33, 70, 71n38, 74, 84n42, 156n61, 175, 193, 228, 232, 233, 235, 236

Real, 36, 51, 53, 65n34, 84n42, 105, 171, 181, 182, 183, 198, 214, 218, 236, 238

Realidade, 8, 9, 15, 16, 19, 35, 51, 53, 54, 55, 64, 85, 86, 216, 217, 232

Redenção, 96, 173

Religião, 185, 186

Representação, 7, 8, 9, 10, 11, 12, 13, 15, 23, 23n14, 24n15, 29, 29n17, 30, 31, 31n18-19, 39, 40, 42n26, 45n29, 46, 48, 49, 63, 65n34, 68, 70, 71, 71n38, 75, 97, 107n49, 110, 111, 114, 116, 127, 153, 156n61, 168n65, 175n68, 180, 190n73, 194, 203, 229, 237, 238

Retórica, 104n47

Rigidez, 19, 122, 129, 130, 131, 132, 133, 134, 135, 138, 139, 140, 143, 144, 146, 147, 151, 227

Salvação, 225

Santidade, 209

Satisfação, 14, 16, 25, 45n29, 59, 83, 84, 86, 89-101, 103, 115, 119-126, 129, 134, 146, 153, 155, 160, 174, 213, 232, 233

Sem-fundamento, 11, 12

Sensibilidade, 8, 37n22, 39n25, 71n38, 161, 179, 203

Sentimento, 11, 12, 15, 16, 17, 20, 99, 101, 103, 104, 106, 107, 108, 109, 111, 112, 113, 115, 152, 177, 232, 234, 235, 237

Símbolo, 98, 185, 186, 187, 192

Simetria, 134, 135, 136, 146

Sofrimento, 14, 15, 18, 46, 62, 65n34, 76, 79n40, 90, 91, 94, 96, 97, 100, 114, 121n54, 144, 217, 221, 222, 223, 225, 226, 232, 233

Sonho, 94, 198, 220

Sublime, 16, 17, 20, 83, 87, 98, 101, 103-117, 104n47, 105n48, 119, 223

Sujeito do conhecimento, 15, 17, 18, 45, 46, 47, 49, 62, 66n35, 89, 94, 95, 176, 212

Talento, 69, 69n37, 70, 77, 221

Tato, 99

Tédio, 95, 106, 202, 232

Temperatura, 231, 240

Tempo, 8, 9, 11, 15, 16, 18, 23n14, 27, 30, 34, 35, 36, 37, 37n22, 40, 43, 46, 47n30, 48, 51, 53, 54, 55, 55n31, 58, 59, 66n35, 71, 71n38, 72, 73, 77, 78, 81, 92, 96, 109, 110, 111, 121, 131, 132, 137, 138, 162, 164, 173, 179, 181, 184, 192, 203, 205, 207, 232, 239, 241

Tormento, 90, 96, 97, 106, 125, 160, 238

Tragédia, 19, 69, 117, 171, 221, 222, 223, 224, 225, 226, 227

Unidade, 13, 38n23, 111, 122, 175, 207, 214

Verdade, 7, 8, 10, 11, 13, 14, 15, 16, 30, 58, 67, 77, 89, 96, 123, 132, 133, 134, 136, 138, 140, 146, 149, 156, 164, 165, 175, 182, 184, 187, 198, 205, 206, 207, 210, 213, 214, 216, 219, 224, 228, 230, 237

Vida, 14, 18, 38, 53, 54, 59, 63, 64, 65n34, 67, 71, 76, 80, 84, 86, 87, 90, 97, 112, 113, 114, 121n54, 131, 135, 152, 157, 161, 164, 169, 170, 173, 174, 177, 178, 179, 186, 187, 193, 195, 200, 202, 206, 209, 210, 214, 215, 217, 219, 221, 222, 223, 225, 226, 231, 232, 234, 235, 236

Visão, 12, 37, 53-55, 58, 63, 64, 81, 98, 99, 110, 112, 123, 134, 135, 144, 152, 160, 171, 187, 212, 221, 223, 225, 226, 238, 239

Vontade, 11, 12, 13, 15, 16, 17, 18, 19, 20, 25, 29, 29n17, 30, 31, 31n19, 33, 34, 39, 40, 41, 42, 43, 44, 45, 46, 47, 48, 49, 51, 52, 53, 54, 55, 55n31, 58, 61, 62, 63, 64, 65, 65n34, 66, 67, 68, 69, 71, 74, 75, 78, 85, 86, 89, 90, 91, 92, 93, 94, 95, 96, 97, 98, 99, 100, 103, 104, 105, 106, 107, 108, 110, 112, 113, 115, 116, 119, 120, 121, 121n54, 122, 125, 128, 129, 130, 131, 134, 144, 145, 149, 150, 152, 153, 155, 157, 159, 160, 161, 162, 163, 164, 165, 168, 168n65, 169, 173, 174, 193, 203, 204, 205, 209, 211, 212, 214, 215, 221, 222, 223, 225, 226, 227, 229, 230, 232, 233, 234, 235, 236, 237, 238, 239, 240

Voz, 108, 231, 232, 239

SOBRE O LIVRO

Formato: 14 x 21 cm
Mancha: 23 x 43 paicas
Tipologia: Iowan Old Style 10/14
Papel: Off-white 80 g/m^2 (miolo)
Cartão Supremo 250 g/m^2 (capa)
1ª edição: 2003

EQUIPE DE REALIZAÇÃO

Coordenação Geral
Sidnei Simonelli

Edição de Texto e Diagramação
Milfolhas Produção Editorial
Eliana Sá (Coordenação)
Célia Regina de Lima (Preparação de original e Revisão)
Patricia Sponton (Revisão)
Eveline Teixeira (Diagramação)
Olivia Frade Zambone (Assistência editorial)

IMPRESSÃO E ACABAMENTO
Hawaií Gráfica e Editora